금요일의 역사

History of Fridays

금요일의 역사

허진석 지음

머리말

금요일은 여름날의 하늘과 바다처럼 냉정하다. 태양이 사라진 날의 수평선처럼 시간의 경계가 선명해진다. 매주 금요일에 글을 한 꼭지씩 마감했다. 원고지로 여덟 장 안팎을 썼다. 수요일 오후에 시작해서, 금요일 새벽에 마감했다. 소재는 대개 역사였고, 그중에서도 사람의 이야기였다. 글은 사람의 일이다. 글쓰기는 생각과 시간의 노동이다. 나는 검은 넥타이를 맨 토마스 만의 표정을 생각하면서 키보드를 찾아 두들겼다. 활자들이 내가 불러낸 금요일의 사람들과 토마스의 생각 사이 어디엔가 끼어들었다.

심장이 고동치는 한 글 쓰는 자의 의식은 죽은 이의 세계에 반쯤 속한다. 때로는 그들과 한패이며, 좀비와도 흡사하다. 의식의 작동은 거리distance의 제의祭儀다. 죽음의 집착은 결연할 수밖에 없는 것이다. 집착에 통찰은 없다. 삶은 대부분 죽음과 직결된다. 사람의 플롯은 예외 없이 죽음의 합창이다. 삶은 감금이 된다. 감금은 고립이요 대개는 고독이다. 그래서 자유에 이르는 협궤가 된다. 역사도 삶도 자명한 질문이다. 내가 금요일에 불러낸 역사, 사람과 그들의 일은 복음과 구원처럼 운명에 닿아 있었는지 모른다.

늦은 저녁이다. 한국체육대학교 본관 2층, 태극기가 걸린 연구실에 남아 이 글을 쓴다. 운동장 저편 흐린 불빛들 사이에서 학생들이 고함을 친다. 가을이 깊어간다. 나는 스스로에게 멍청한 질문을 하면서, 군내를 풍기면서 늙어가고 있다. 나는 한 순간 내 생애의 어느 순간보다 비극적이며 절망적이다. 그러나 쿠마의 무녀처럼 매달려 삶 가운데서 죽음을 누릴지라도 끝내 묻지 않을 것이다. 무엇이 나를 이리로 보냈느냐고. 이 책에 들어간 글을 쓰며 겪은 순간들이 휘파람이나 잔기침처럼 들려준 언어들만으로도 충분하기 때문이다.

책을 만들어준 글누림 가족께, 그 오랜 인연에 감사드린다.

차례

금요일의 역사

키케로

마르쿠스 툴리우스 키케로가 기원전 106년 오늘 라치오의 아르피노에서 태어났다. 로마의 정치가, 변호사, 철학자 등으로 유명한 그는 특히 웅변과 연설이 뛰어났다. 집정관으로 일하던 기원전 63년 카틸리나의 역모를 적발해 로마를 위기에서 구했을 때가 정치가로서 최고의 시기였다. 청중의 분노에 불을 댕긴 카틸리나 탄핵 변론은 명문으로 손꼽힌다. 연설은 이렇게 시작된다. "카틸리나여, 그대는 얼마나 더 우리의 인내심을 시험하려 하는가."

이탈리아의 화가 체사레 마카리가 1889년에 그린 「카틸리나를 탄핵하는 키케로」는 이때의 일을 소재로 삼았다. 배경은 원로원. 카틸리나는 화면 오른쪽에 홀로 앉아 있다. 키케로는 네 차례 연설로 카틸리나를 탄핵한다. 그가 연설하는 동안 카틸리나 주변에 앉았던 원로원 의원들은 모두 자리를 옮겼다. 물론 그림은 사실과 일치하지 않는다. 실제 탄핵은 원로원이 아니라 유피테르 신전에서 있었다. 마카리는 키케로를 노인으로, 카틸리나를 청년으로 그렸지만 사실 두 사람은 비슷한 연배였다.

키케로는 카틸리나가 집정관인 자신을 암살하고 로마공화정을 전복시킬 계획을 세웠다면서 '원로원 최종권고'를 요구했다. 원로원의 승인을 받은 키케로는 반란 가담자로 지목된 인사들에게 신속하게 사형을 선고하고 집행하였다. 카틸리나도 토벌군에게 목숨을 잃었다. 키케로는

'국부'로 추앙받았지만 재판도 없이 혐의자를 처형한 대가를 치러야 했다. 그는 '로마시민은 누구나 정당한 재판을 받을 권리가 있다'는 비판을 받고 기원전 58년 로마에서 추방됐다.

키케로는 그리스의 웅변술과 변론술에 정통했다. 변론술의 대가이자 고전 라틴 산문의 창조자이며 동시에 완성자라고 불린다. 그의 문체는 라틴어, 이탈리아어 뿐 아니라 영어와 프랑스어 등에 큰 영향을 주었다. 그의 글 가운데 「카틸리나 탄핵」을 비롯한 연설 쉰여덟 편, 『국가론』과 『의무론』을 포함한 여러 철학서, 율리우스 카이사르 등과 주고받은 서간문 등이 전한다. 이 중 『의무론』은 르네상스 인문주의자들과 존 로크, 샤를 드 몽테스키외 같은 근대의 사상가들, 나아가 임마누엘 칸트의 윤리학에까지 영향을 준 고전이다. 독일의 재상 오토 폰 비스마르크가 "정치가가 되려는 사람은 반드시 읽어야 한다."고 했을 만큼 널리 알려졌다.

이 책은 아테네에 유학 중인 아들이 올바르게 성장해주기를 바라는 아버지의 마음이 담긴 편지 모음이다. 때는 기원전 44년, 카이사르가 암살된 직후였다. 키케로는 아들에게 도덕적 삶이야말로 궁극적으로 유익한 삶이라고 가르친다. 그가 보기에 인간에게는 ▶개인의 도리 ▶공동체의 일원으로서 도리 ▶자연의 일부로서 도리를 다할 의무가 있다. 참된 삶은 이러한 의무를 충실히 이행하는 삶이요, '도덕적 선(善)'을 추구하는 삶이다. 키케로는 여러 의무 중에 '공동체에 대한 의무'가 우선한다고 강조한다.

도덕적 선은 진리를 추구하고 정의를 실천하며 용기를 잃지 않되 절제할 줄 아는 삶 속에서 실현된다. 키케로에게는 "무엇이든 도덕적으로 선한 것이 아니라면 유익한 것이 아니고 지켜야 할 의무의 대상도 아니다." 그러므로 '유익하지는 않지만 도덕적으로 선할 수 있다'거나 '도덕적으로 선하지 않지만 유익할 수 있다'는 명제는 성립하지 않는다. 그러니 '유익한 것=도덕적 선'이고, 사람들의 마음을 사로잡아 자기 자신에게 유리하게 붙잡아 두는 것이 덕의 속성이다.

02020628
원소

    1970년대 서울 가정집의 응접실은 대청마루에 딸린 작은 방이었다. 마당에서 정면으로 바라보이는 그 방은 유리문을 단 책장과 앉은뱅이책상, 두툼한 방석이 지켰다. 책장에는 『삼국지(연의)』나 『대망』 같은 소설과 외국어 서적 몇 권이 꽂혔다. 『삼국지』와 『대망』 같은 책을 읽어 인생을 공부한다던 시절이다. 일류 소설가들이 『삼국지』 번역(또는 평역)을 낼 때마다 신문에 이런 광고가 실렸다. "인생뿐만 아니라 군사, 정치, 경제, 사회에 대한 지식과 지혜가 무궁무진 담긴 고전." 『대망』도 다르지 않다. "인간문제의 디파트먼트요, 치국경세, 입신의 수완인 장대한 '인간치세의 경략서'", "기업인과 직장인의 필독서."

    흔히 『대망』을 일본의 삼국지라고 했다. 역사를 배경으로 삼아 난세에 등장한 영웅들의 이야기를 담았다는 점에서 비슷하다. 역사란 3진법인가.『삼국지』에는 천하의 운명을 가른 3대대전이 나오고,『대망』에는 전국시대의 3대영웅이 등장한다. 곧 관도대전, 적벽대전, 이릉대전이며 오다 노부나가, 도요토미 히데요시, 도쿠가와 이에야스다.『삼국지』의 3대대전은 그때마다 역사의 변곡점이 된다. 관도대전에서 이긴 조조는 하북을 평정해 천하를 경영할 바탕을 다진다. 적벽대전은 촉오동맹의 승리로 천하삼분을 현실화하며 이릉대전은 촉한의 쇠퇴로 이어진다.

『대망』은 인간학이라고도 한다. 난세 속에서 사람을 다스리고 나아가서 세상을 평정하는 이야기에 주목한다. 오다에서 도요토미, 도쿠가와로 이어지는 정반합의 이치는 두견이의 비유에서 선명해진다. 새장 속의 두견이가 울지 않을 때 오다는 울지 않는 새는 베어버린다는 냉혹한 결단을, 도요토미는 수단과 방법을 가리지 않고 울게 한다는 권모술수와 집요함을, 도쿠가와는 두견이가 울 때까지 기다린다는 끈기와 인내를 표상으로 삼는다. 그러니 역사는 곧 사람의 일이며 마음의 사업이 아닐 수 없는 것이다. 피가 튀는『삼국지』의 3대 대전도 장막을 걷고 들여다보면 결국은 인간역사(人間歷史)다.

큰 흐름을 결정한다는 점에서 관도대전은 가장 중요한 싸움일 수 있다. 원소는 비록 서출이나 명문가의 후손이었고 하북의 비옥한 땅을 차지해 후한 말기의 패자로서 손색없었다. 관도대전에서 패하기 전까지는 가장 압도적인 세력을 구축했다. 용모가 수려했으며, 말과 행동에서는 왕의 위엄이 느껴졌다고 하니 환관 가문 출신인 조조가 넘기 힘든 벽이었으리라. 그러나 뛰어난 인재를 얻고도 측근의 주장에만 귀 기울이고 실패의 책임을 부하에게 전가하는 그의 처신은 궁극적인 실패로 귀결되었다. 원소가 202년 오늘 숨을 거둔 지 5년이 지나기 전에 그의 세력은 먼지처럼 소멸하지 않았는가.

하여, 정사 『삼국지』의 저자 진수는 이르기를 "겉으로는 관대했지만 속으로는 질시하고, 모략을 좋아하였으며, 결단력이 없고, 인재가 있어도 등용하지 않고, 예의를 버리고 편애를 숭상했다."고 했다. 연의를 쓴 나관중은 원소를 무능한 인물의 전형으로 묘사했다. 반면 『후한서』를 쓴 범엽은 "호협한 기백으로써 따르는 무리를 얻었으며, 마침내는 웅패의 뜻을 마음에 품었다."고 하였다. 다만 덧붙이기를 "자긍심이 강해 오만하며 스스로의 기량을 지나치게 과신했으므로 (다른 사람의 간언을 받아들이며) 선을 행하는 데에 문제가 있었다. 그렇기에 관도에서 패하기에 이른 것이다."라고 평하였다.

03431206

성 니콜라스

대한민국은 신앙의 자유를 보장한다. 불교와 기독교가 중심이지만 서울에 이슬람 사원도 있다. 기독교도 구교와 신교가 공존한다. 천주교와 정교회는 구교, 개신교와 성공회는 신교에 속한다. 하지만 천주교와 정교회, 개신교는 모두 예수 그리스도를 믿고 신앙의 뿌리가 같기에 '형제교회'라고 부른다. 천주교에는 명동성당, 개신교에는 영락교회나 새문안교회와 같은 상징적인 성전이 있다. 하지만 정교회 성전의 존재를 아는 사람은 드물다.

성 니콜라스 대성당이 서울특별시 마포구에 있다. 1905년 현재의 경향신문 사옥 터에 러시아 정교회 선교사들이 세운 정동 성 니콜라이 성당을 아현동에 옮겨 다시 지었다. 서울 지하철 5호선 애오개역 4번 출구로 나가 왼쪽 세 번째 골목으로 들어가면 성 니콜라스 대성당이 나온다. 니콜라스는 3~4세기 동로마제국에서 활동한 성직자다. 서기 270년 3월 15일에 태어나 343년 오늘 세상을 떠났다. 서울에는 성 니콜라스를 수호성인으로 하는 성당이 두 곳 있다. 하나는 아현동에 있는 정교회 성당, 또 하나는 중구 정동에 있는 대한성공회 서울주교좌성당이다.

니콜라스는 소아시아의 리키아(지금의 터키 안탈리아 지방)에서 태어났다. 부유한 가정의 아들이었다. 기독교를 믿어 신부가 된 니콜라스는 기독교 쇄신과 선교에 힘썼다. 특히 주교가 된 다음에는 사회적 약자를 돌보는 데 헌신했다. 부모가 일찍 세상을 떠나면서 남긴 막대한 유산도 모두 가난한 사람들을 돕는 데 썼다. 사정이 이렇다 보니 니콜라스의 교구는 늘 자금이 넉넉하지 못했다. 성직자들이 끼니를 거를 정도였다고 한다.

니콜라스가 가난한 집의 세 딸을 도운 일화는 매우 유명하다. 지참금을 마련하지 못해 딸들을 시집보낼 수 없게 된 아버지가 세 딸을 사창가에 팔 결심을 한다. 니콜라스가 소문을 듣고 사람들이 모두 잠든 밤에 그

집을 찾아갔다. 그는 황금이 든 자루 세 개를 창문으로 던지고 돌아갔다. 덕분에 세 딸은 사창가로 팔려갈 위기를 면하고 모두 결혼했다. 이 외에도 죄 없는 죄수들을 사형 직전에 살려내거나 난파한 배에서 승객들을 구조하는 등 전설이 수없이 많다. 이런 인물이니 산타클로스의 원형이 되어도 이상한 일은 아니다.

니콜라스가 세상을 떠나고, 훗날 시성(諡聖)이 되자 성인의 기일(12월 6일)이 그를 기리는 날이 되었다. 네덜란드에서는 지금도 '성 니콜라스의 날'을 기념한다. 아이들은 성 니콜라스가 주는 과자를 받기 위해 신발을 집밖에 내놓는다. 성 니콜라스를 뜻하는 라틴어 '상투스 니콜라우스(Sanctus Nicolaus)'의 네덜란드식 애칭은 '신터 클라스(Sinter Klaas)'다. 네덜란드 이주민들이 그들의 전통을 신대륙에 퍼뜨려 신터 클라스는 산타클로스(Santa Claus)가 되었다. 소설가 워싱턴 어빙이 『뉴욕의 역사』에서 성 니콜라스를 뉴욕의 수호성인으로 만들면서 산타클로스는 더욱 대중화되었다. (베탄 패트릭·존 톰슨)

1822년 뉴욕의 클레멘트 클라크 무어 교수가 딸을 위해 「성 니콜라스의 방문 이야기」라는 시를 썼다. 그는 산타클로스를 뚱뚱하고 마법을 부리는 사람으로 묘사했다. 1881년 만화가 토마스 네스트는 『하퍼스 위클리』란 잡지에 산타 그림을 실을 때 무어의 시를 참고했다. 흰 수염이 수북한 둥근 얼굴에 행복한 표정을 짓는 사나이. 그 사나이는 털이 달린 밝은 빨강색 옷을 입고 장난감이 가득 든 자루를 들고 있다. 오늘날 우리가 알고 있는 바로 그 산타클로스다.

황제 발렌스

에디르네는 터키의 가장 서쪽에 있는 도시이다. 북서쪽으로 불가리아, 서쪽으로 그리스, 남서쪽으로 에게해와 면한 에디르네주의 한가운데다. 런던과 이스탄불을 잇는 철도가 지나며, 간선도로로 중부 유럽과 이스탄불을 연결하는 교통의 요지이다. 트라키아의 부족들이 최초로 정착해 살았고 일찍부터 로마 제국에 편입됐다. 125년 황제 하드리아누스에 의해 재건되고 확장돼, 그의 이름을 따서 하드리아노폴리스로 개명됐다.

에디르네는 아나톨리아와 발칸반도 사이의 주요 통로였기에 전쟁터를 면치 못했다. 특히 378년 오늘 동로마 군과 고트족 연합군 사이에 벌어진 하드리아노폴리스 전투는 서로마제국의 멸망으로 이어진 역사의 변곡점이다. 에드워드 기번은 『로마제국 쇠망사』에서 하드리아노폴리스 전투를 일컬어 "손실 면에서 로마가 과거 칸나에 전투에서 입은 피해에 필적하며, 로마에 미친 영향은 칸나에 전투의 패배보다 더 치명적이었다."고 평가했다. 칸나에 전투는 기원전 216년 한니발이 이끄는 카르타고 군이 이탈리아의 칸나에평원에서 로마의 5만 대군을 섬멸한 사건을 말한다.

역사학자들은 하드리아노폴리스 전투의 원인을 고대의 난민 위기에서 찾기도 한다. 서기 376년, 고트족 20만명이 도나우강 북쪽 기슭에 몰려들었다. 이들은 원래 흑해 북쪽 연안에 살았는데, 훈족의 침략을 받아

난민으로 전락했다. 고트족은 로마 제국에 들어가 살기를 원했다. 동로마제국의 황제 발렌스는 고트족의 트라키아 이주를 허락하고 지방 정부에 그들의 정착을 도우라고 명령했다. 하지만 트라키아의 총독 루키피누스는 황제의 명을 어기고 고트족의 재산을 빼앗았다. 이듬해 여름 굶주림을 이기지 못한 고트족의 저항이 시작됐고, 결국 황제가 출정해야 하는 전투로 이어졌다.

발렌스의 군대는 1만5000~3만 명, 고트족 연합군의 병력은 1만~2만 명으로 짐작된다. 서로마 황제 그라티아누스가 파견한 지원군까지 합치면 고트족을 압도하는 전력을 갖출 수 있었을 것이다. 하지만 발렌스는 큰 실수를 한다. 고트족 연합군의 병력을 과소평가하고 휘하 장군 세바스티아누스의 주장을 받아들여 그라티아누스가 보낸 지원군이 도착하기도 전에 공격에 나섰다. 결과는 참혹했다. 로마군 총사령관 세바스티아누스와 부사령관 트라야누스가 전사했고 대대장 서른다섯 명을 잃었다. 발렌스도 죽음을 면치 못했다. 화살에 맞아 죽었다고도 하고, 오두막에 숨었다가 고트족이 지른 불에 타 죽었다고도 전한다.

역사는 대규모 전투의 승패를 가르는 여러 원인 중에 지휘자의 판단을 가장 높은 곳에 놓곤 한다. 율리우스 카이사르가 불행한 최후에도 불구하고 로마 역사상 희대의 영웅으로 손꼽히는 이유도 갈리아와 브리타니아 전역(戰役)을 통해 증명한 지휘능력 때문이다. 명량대첩의 기적은 이순신이라는 영웅의 존재를 빼고는 설명하기도 이해하기도 어렵다. 성급한 출정이 가져온 발렌스의 참패는 지도자의 어리석음이 초래하는 결과가 어떤지를 선명하게 보여준다. 쉽게 이길 수도 있었을 싸움이 참패로 귀결되는 이유 가운데 상당수는 경적(輕敵)이다. 어떤 시대, 어떤 국가, 어떤 종류의 전쟁에서도 이 진리는 변하지 않는다.

15640215

갈릴레오 갈릴레이

아르노 강(江)은 아펜니노 산맥에 속한 팔테로나 산에서 시작되어 리구리아 해까지 240㎞를 쉼 없이 흐른다. 토스카나를 적시며 굽이치는 동안 피렌체와 피사를 통과한다. 피렌체에 있는 베키오 다리는 단테와 베아트리체의 옛 이야기에 사로잡힌 관광객들로 북적인다. 베키오 다리에서 맞는 저녁은 달콤하다. 그러나 피사의 오래된 성과 교회, 도시를 가로지르는 아르노 강과 그 위를 지나는 단정하고 굳센 다리 위에서 바다를 향해 곤두박질치는 황금빛 태양을 목격한다면 피렌체를 영영 잊어버릴지도 모른다.

피사는 아르노강이 리구리아 해에 뛰어들기 전에 마지막으로 숨을 고르는 도시다. 11세기 말 제노바·베네치아와 패권을 다투는 해상공화국이었다. 13세기 들어 제노바에 밀렸지만 이후에도 문예의 중심지로서 위엄을 잃지 않았다. 아르노 강의 여러 세기에 걸친 퇴적작용이 해안선을 서쪽으로 밀어내 오늘날 피사는 항구도시가 아니다. 우리에게 이곳은 아름다운 대성당과 신비로운 사탑(斜塔), 우리 사고의 지평을 근본적으로 바꾼 과학자 갈릴레오 갈릴레이의 이름과 함께 떠오른다.

피사의 사탑은 이탈리아에서 가장 오래된 대성당(Duomo di Pisa) 동쪽 광장에 약 55m 높이로 지은 8층탑이다. 2015년 현재 5.5도 정도 북쪽으로 기울어 있다. 1590년 어느 날, 갈릴레오는 피사의 사탑 7층에서 납으로 만든 지름 10㎝짜리 공과 떡갈나무로 만든 공을 동시에 떨어뜨렸다. 공은 나란히 땅에 떨어졌다. 낙체의 속도가 무게에 비례한다는 아리스토텔레스의 이론을 뒤집은 결과였다. 같은 높이에서 자유 낙하하는 물체는 질량과 관계없이 동시에 떨어진다. '갈릴레이의 낙체의 법칙'이다.

갈릴레이가 피사의 사탑에서 실험을 했다는 증거나 기록, 목격자가 없다. 갈릴레오는 1564년 오늘 피사에서 태어나 피사대학교를 나온 이 도시 최고의 '프랜차이즈 스타'다. 갈릴레오가 아무도 모르게 피사의 사탑에서 실험을 할 수도, 그럴 이유도 없다. 더구나 실험을 했다는 해에 갈릴레오는 파도바 대학에서 일했다. 갈릴레오의 낙체 실험은 그의 전기를 쓴 빈첸초 비비아니가 지어낸 이야기다.

갈릴레오는 천재였다. 수학자로서나 물리학자로, 천문학자로 초인적인 경지에 올랐다. 망원경을 만들어서 천체를 관찰했으며 목성의 위성 네 개를 비롯해 수많은 천체를 발견했다. 갈릴레오가 발견한 이오·에우로파·가니메데·칼리스토를 '갈릴레오 위성(Galilean satellite)'이라고 한다. 그가 감수해야 했던 종교재판은 시대를 앞선 천재가 짊어져야 할 숙명이었을지 모른다.

갈릴레오는 교황 우르비노 8세가 연 종교재판에 출석하기 위해서 1633년 2월 13일 로마에 도착했다. 그의 혐의는 「두 가지 주요 세계관에 대한 대화」라는 글에서 교회가 믿는 지구가 우주의 중심인 '천동설'을 부정하고, 태양이 우주의 중심인 '지동설'을 설파한다는 것이었다. 심문은 1633년 4월 12일에 시작되었다. 이 시대 종교재판이란 '답정너'였다. 종교재판은 피고가 유죄임을 전제로 했다. 피고는 변론이 아니라 고백과 회개를 요구받았다. 갈릴레오에게는 선택의 여지가 없었다.

그래도 고문을 받지는 않았다. 갈릴레오는 피렌체의 메디치 대공이 후원하는데다 우르비노 8세 교황과도 친분이 돈독했다. 또한 수도원에서 어린 시절을 보낸 독실한 신자였기에 과학을 손에 쥐고 신의 권능에 도전하려 들지 않았다. 69세의 갈릴레오는 6월 22일 산타 마리아 소프라 미네르바 성당에서 이단적 견해를 "맹세코 포기하며, 저주하고 혐오한다."는 문서에 서명한다. 이때 돌아서면서 "그래도 지구는 돈다."고 중얼거렸다지만 이 또한 피사의 실험처럼 지어낸 이야기다. 훗날 제자들에게 말했을지는 모르겠다. 갈릴레오는 1642년 1월 8일 제자 두 사람과 이야기를 나누다 갑자기 쓰러져 세상을 떠났다. 제자들은 갈릴레오의 유언을 듣지 못했다.

갈릴레오가 신념을 포기하는 문서에 서명했다고 해서 양심을 저버렸다고 할 수 있을까. 그는 진리를 보았고, 진리가 불변임을 알았을 것이다. 갈릴레오 이후 천문학의 역사가 어디를 향해 흘러갔는지 우리는 안다. 여름밤 올려다본 하늘의 뭇 별들이 그려내는 동심원을 바라보면서도 지구의 과속(過速)을 느끼는 지혜는 갈릴레오 같은 과학자들이 발견해낸 선물이다.

갈릴레오가 "그래도 지구는 돈다."고 했다는 전설은 거짓말이다. 그래도 지구는 자전과 공전을 하며, 우리는 이 현상이 진실임을 안다. 아르노강이 굽이치고 머뭇거리며 기어이 리구리아 바다에 이르듯 진실은 항상 제 길을 찾아낸다. 어둠이 빛을 이긴 적이 없듯 거짓은 진실을 이기지 못한다. 빛의 고을에는 오직 빛이 있을 뿐이다.

16060131
가이 포크스

박창진 민주노총 전국공공운수노조 대한항공직원연대 지부장이 지난 22일* 서울 여의도 국회 정론관에서 정의당 비례대표후보 경선 출마 선언을 했다. 그는 이 자리에서 '브이 포 벤데타 가면'을 얼굴에 쓰는 퍼포먼스를 했다. 가면은 낯익다. 우리는 2018년 5월 14일 광화문에서 열린 대한항공 사주 '갑질' 항의 집회에서 저 가면을 보았다. 지난해 4월 16일 에콰도르 반정부 시위에서, 11월 첫날 이스라엘 가자지구에서 열린 팔레스타인 사람들의 시위, 같은 달 5일 홍콩 정부의 '범죄인 인도법안'(송환법)에 반대하는 홍콩 폴리텍 대학 학생들의 시위, 같은 날 스페인 카탈로

---

* 2020년 1월.

니아 분리 독립을 요구하는 100만 시위대의 행진에서 저 가면을 보았다.

『브이 포 벤데타(V for Vendetta)』는 만화다. 앨런 무어가 쓰고 데이비드 로이드가 그렸다. 주인공은 혁명을 일으켜 전체주의 정부를 전복시키려는 무정부주의자 '브이'이다. 배경은 디스토피아가 된 1980~90년대의 영국. 벤데타(vendetta)는 증오의 대상을 기어이 무너뜨리는 핏빛 대결을 가리킨다. (김낙호) 디스토피아는 유토피아와 반대되는 공동체 또는 사회, 주로 전체주의적인 정부에 의해 억압받는 사회다. 만화에서는 핵전쟁으로 파괴된 영국을 파시스트들이 지배한다. 가이 포크스로 변장한 브이는 정권을 무너뜨리기 위해 정교하면서도 폭력적인 계획을 실행해 나간다.

우리에게는 만화보다 영화가 익숙하다. 제임스 맥테이그가 감독하고 조엘 실버와 워쇼스키 형제가 제작해 2006년 3월 17일에 같은 제목으로 개봉했다. 휴고 위빙, 내털리 포트먼, 존 허트, 스티븐 레아 등이 나온다. 주인공은 웃는 듯, 우는 듯, 뚫어지게 바라보는 듯 얄궂은 표정을 한 가면을 쓰고 있다. 한 번도 제 얼굴을 보여주지 않는다. 각종 포털이 집계한 우리 관객 수는 50만 명을 넘지 못했다. 그러나 세계적으로는 1억3200만 달러(약 1556억2800만 원) 이상을 벌어들여 상업적으로 성공했다. 온라인이나 케이블 등에서 심심찮게 볼 수 있다.

원래 이 영화는 제400회 '가이 포크스의 밤(Guy Fawkes Night)' 전날인 2005년 11월 4일에 개봉하려 했다. 가이 포크스의 밤은 영국에서 매년 11월 5일 '화약음모(Gunpowder Plot)'의 실패를 기념하는 연례행사. 화약음모는 가이 포크스를 비롯한 영국의 구교도들이 국회의사당을 폭파하고 제임스 1세와 대신들을 암살하려다 실패한 사건이다. 1605년 11월 5일의 일이다. 밀고를 당해 체포된 포크스는 런던탑에 수감되어 고문을 받았고 1606년 오늘 '교수척장분지형(絞首剔臟分肢刑)'을 당했다. 교수대에 매달아 초죽음을 만든 뒤 산 채로 장기를 적출하고 눈과 심장을 도려낸 뒤 말에 매달아 땅바닥에 굴리는 참혹한 형벌이다.

런던 사람들은 국왕이 암살을 피한 것을 축하하면서 "이것은 어떠한 위험이나 혼란도 없는 안전을 알리는 기쁨의 증거"라며 화톳불을 피웠다. 가이 포크스의 밤은 그렇게 시작됐다. 1673년 이후로는 교황으로 꾸민 허수아비를 불태웠고, 요즘엔 대부분 가이 포크스의 허수아비를 태운다. 허수아비의 이름은 '가이'다. 대개 아이들이 만드는데, 낡은 옷과 신문지로 몸을 만들고 '가면'을 씌운다. 이 때문에 19세기 영어에서 '가이'는 낡은 옷을 입은 사람을 뜻했다. 이 말이 미국으로 넘어가 점차 뜻이 바뀐 끝에 남성을 가리키는 말이 되었다.

16530816
헨드릭 하멜

2002년 7월 3일, 축구감독 거스 히딩크가 서울에 있는 세종대학교에서 명예 체육학박사 학위를 받았다. 세종대 김철수 총장은 수여식에서 "히딩크 감독은 리더십에 대한 비전과 일관성 있는 원칙을 통해 한국축구팀을 세계수준에 올려놓아 국민통합과 국위선양에 기여했다.”고 학위 수여 이유를 설명했다. 히딩크의 답사가 걸작이다. “300여 년 전의 한 네덜란드인처럼 나도 1년 반 전에는 한국에서 난파당한 배와 같았다.” 히딩크가 말한 ‘300여 년 전 난파당한 네덜란드인’은 누구일까. 두 명을 떠올릴 수 있다. 얀 야너스 벨테브레이와 헨드릭 하멜이다.

네덜란드 리프 지방에서 태어난 벨테브레이는 1626년 동양에 왔다가 이듬해 일본으로 가던 중 풍랑을 만나 표류하다가 제주도에 도착하였다. 동료 선원들과 함께 물을 구하려고 상륙했다가 조선 관헌에게 잡혀 1628년 한양으로 압송되었다. 조선에 정착한 그는 박연(朴淵)이라는 이름을 얻고 조선 여자와 혼인해 1남 1녀를 두었다. 1636년에 병자호란이 일어나자 훈련도감군을 따라 출전하기도 했다. 키가 크고 머리칼은 노랬으며 눈은 푸르고 겨울에도 솜옷을 입지 않을 정도로 건장했다고 한다.

하멜은 네덜란드 동인도회사 상선을 타고 대만에서 일본으로 가다가 태풍을 만나 1653년 오늘 제주도에 표착했다. 조정에서는 박연을 보내 조사하게 했다. 박연은 하멜 일행과 이야기를 나눈 뒤 바닷가에 주저앉아 하루 종일 옷소매가 다 젖도록 울었다. 제주도의 말이 통하지 않는 이국인들은 27년 만에 만나는 고국 사람들이었던 것이다. 이때 벨테브레이는 네덜란드 말을 거의 다 잊어서 하멜 일행은 처음에 그의 말을 알아듣기가 어려웠을 정도였다고 한다. 박연은 하멜 일행과 3년 동안 함께 지내면서 조선의 풍속과 말을 가르쳤다.

하멜은 1666년 일본으로 탈출한 다음 조선에서 겪은 일을 기록한 『난

선제주도난파기(蘭船濟州島難破記·Relation du Naufrage d'un Vaisseau Hollando-is)』를 썼다. 『하멜표류기』로 알려진 이 책은 '코리아'를 유럽 세계에 소개한 첫 서적이란 평가를 받는다. 하멜이 이 책을 쓴 이유는 조선에 억류돼지낸 13년 동안의 일지를 적어 그동안 받지 못한 봉급을 동인도회사에청구하기 위해서였다고 한다. 『하멜표류기』는 조선을 미신과 무지가 지배하는 야만의 세계로 묘사했다. 그 필치는 사뭇 조야하고 혼란스럽다.

하멜은 조선인이 "물건을 훔치고 거짓말하고 속이는 경향이 농후해서지나치게 믿어서는 안 된다."라고 했다가도 "기독교도인 우리 유럽인이부끄러울 정도로 선한 사람들"이라고 평가한다. 한 곳에서는 조선 사람이 "남에게 해를 끼치고도 부끄럽게 생각하지 않고 오히려 영웅적인 행위를 한 양 우쭐댄다."고 했다가, 다른 곳에서는 "성품이 착하고 매우 곧이 잘 듣는 사람들이어서 원하는 대로 속여 먹을 수 있다."고 썼다. "조선사람들은 연장자를 공경하고, 아이들은 밤낮으로 독서를 하며, 어린애들이 책을 이해하고 해석하는 것을 보면 정말 경탄할 만하다."고 했다가"양반이나 중들은 절에서 유흥을 즐기는 무리로, 한국의 사찰은 매춘굴이나 술집과 같다."고 쓰기도 했다.

19세기에 외국인들이 쓴 텍스트에 등장하는 '코리안'은 "더럽고 게으르며 미개"했다. "겁이 많고 무기력하다."거나 "부도덕하며 정신적으로 정체"되어 있고 "스스로 통제하는 자질이 없는 민족" 같은 표상이 사용됐다. 하멜의 표류기는 '코리아'에 대한 자료가 제한적이던 시대에 부정적인 이미지를 재생산하는 재료 가운데 하나였다. 이러한 이미지는 부메랑처럼 돌아와 한국인들에게 자학의 도구로 악용되었다. 한때 국무총리 후보로 지명된 언론인이 '기독교적 자학사관'과 '친일사관'을 비판받으면서 낙마한 데서 보듯 한국인의 사고 속에 기생하며 끊임없이 분열과 자해의 소재이자 모티브가 된다.

인도네시아 바타비아(현 자카르타)에 자리를 잡은 네덜란드 동인도회사는 『하멜표류기』를 통해 일본이 조선과의 교역에서 많은 이익을 얻고 있다는 사실을 알게 됐다. 동인도회사는 조선과 직접 통상하기 위해 1,000톤급 상선 코레아호를 네덜란드에서 건조했다. 그러나 네덜란드가 조선과 교역하면 관계를 끊겠다는 일본의 반발 때문에 코레아호는 조선에 도착하지 못했다고 한다. 조선과 세계 사이에는 오래전부터 중국 아니면 일본이 있었고, 조선은 그 사실조차 모르는 경우가 대부분이었다.

16550515
세바스티앙 보방

해가 진 뒤 브장송(Besançon)에 도착했다. 비가 내렸다. 크리스마스 때 설치했을 장식조명이 어두운 골목 곳곳을 비추고 있었다. 어둠속 어디선가 물소리가 들렸다. 저녁을 먹고 호텔 로비를 나섰을 때는 다행히 비가 그쳤다. 2003년이 막 시작되고 있었다. 나는 그때 신문기자로서 회사의 지원을 받아 독일 쾰른에서 체육을 공부했다. 방학이 되자 아내와 딸이 날아왔다. 나는 여행을 함께 하기로 결심했다. 파리를 거쳐 스위스와 오스트리아를 누비는 자동차 여행이 그렇게 시작됐다. 브장송의 축축한 포도(鋪道)를 걷을 때, 나에게는 아내와 딸에게 해줄 말이 있었다. 모름지기 여행에서 가이드를 하려면 미리 공부를 해야 한다.

브장송은 프랑스 동부 부르고뉴-프랑슈-콩테 지방의 두(Doubs) 주에 속한다. 풍부한 역사문화유산과 독특한 건축 덕분에 1986년부터 '예술과 역사의 도시'로 불린다. 율리우스 카이사르는 『갈리아 전기』에서 원정 첫해의 겨울 숙영지를 베손티오(Vesontio)에 세웠다고 기록했다. 시간이 흐르면서 V가 B로 바뀌어서 브장송이 되었다. 신성로마제국과 부르고뉴공국, 합스부르크 왕가, 스페인의 지배를 받다가 1674년 프랑스군이 점령해 오늘에 이어진다. 이 일을 기록한 아담 뮐렌의 유화와 장 마르탱의 태피스트리가 전한다.

브장송은 두 강이 휘감고 지나간 환곡내지(環曲內地, 강의 줄기가 둥글게 고리모양을 만들며 흘러 생긴 지형에서 그 고리에 감싸인 땅)에 단정하게 자리를 잡았다. 우리나라의 영월 청령포나 안동 하회마을과 흡사하다. 구시가지는 정말 아름답다. 남동쪽에 생테티엔 산이 있어 도시를 굽어본다. 여기에 도시를 상징하는 건축물, '브장송 요새'가 우뚝 섰다. 1655년 5월 15일에 생 레제 보방에서 태어난 세바스티앙 보방이 루이 14세의 명을 받아 이 요새를 세웠다. 1668년에 착공하여 1683년에 완공하였다. 보방이 1667년부터 1707년까지 세운 300여 도시요새 가운데 하나다. 2008년에 유네스코 세계문화유산으로 등재되었다.

보방은 축성과 공성(攻城)에 모두 능했다고 하니 창과 방패를 양손에 쥔 사나이였다. 툴롱 군항을 건설하고 운하를 파기도 했다. 전쟁사를 통틀어 처음으로 참호를 활용한 군인이다. 1667년 플랑드르 전쟁에 종군했고 1668년 릴의 성채 사령관, 1703년에는 육군 원수가 되었다. 1707년, 보방은 루이 14세에게 '왕령 십일조 세안'을 제시했다. 면제되는 계층 없이 수입의 5~10%를 세금으로 부과하자는 내용이다. 그는 '노동과 부역 그리고 세금을 지불함으로써 왕국 전체를 부유하게 하는 하층민들'의 처지를 살피라고 진언했다. 보방의 주장은 왕의 진노를 샀다. 결국 원수의 신분으로 감옥에 갇혔다.

보방은 같은 해 3월 30일 파리에서 죽었다. 바조슈에 묻혔다가 앵발리드에 이장되었다. 그가 고안한 별 모양의 요새 설계 이념은 후세로 이어져 군사건축학에 큰 영향을 미쳤다. 미합중국 국방부 건물인 '펜타곤'도 오각형 구조이다. 보방이 프랑스 북쪽 도시 릴에 세운 요새를 떠올리게 한다. 보방은 릴에 지은 요새가 마음에 들었는지 이곳에 '요새의 여왕'이라는 이름을 지어 붙였다. 브장송에 다녀온 지 17년. 우리 집의 여왕에게 옛 기억을 물었으나 기억하지 못했다. 옛 도심을 장식한 루미나리에 불빛만 떠오른다고 했다. 딸은 '호랑이 담배 피던 시절'이라며 웃었다. 역시 가이드가 가장 많이 기억한다.

카날레토

'바다의 제국' 베네치아를 가장 잘 그린 화가. 지오반니 안토니오 카날 (Giovanni Antonio Canal)이 1697년 오늘 태어났다. '카날레토'로 더 잘 알려진 풍경화의 대가다. 그는 이 기적과도 같은 도시의 풍경을 꼼꼼하게 묘사하면서 빛과 대기가 빚어내는 미묘한 효과를 포착하는 데 천재적인 재능을 발휘했다.

베네치아 토박이('운하'를 뜻하는 Canal이 그의 성이다!) 카날레토가 젊은 날에 그려낸 베네치아의 풍경들은 한결같이 걸작이다. 카날레토는 초기작인 「산마르코 광장」이나 「석공들의 뜰」 「동쪽을 바라보는 대운하 입구 풍경」에서 이미 빛과 그림자를 다룰 줄 아는 예술가임을 증명한다.

하지만 카날레토의 예술은 베네치아의 운하와 바다를 그려낼 때 가장 빛을 냈다. 「대운하 입구 풍경」은 상징과 같은 작품이다. 산타 마리아 델라 살루테 성당 앞에서 노를 젓는 곤돌라 사공들은 옛 옷을 입은 21세기의 사나이들처럼 생동감 넘친다. 「대운하에서 열린 경주대회」에서는 건강한 함성이 메아리친다. 한 시대를 지배한 해상공화국의 패기가 공간마다 충만했다.

6세기 훈족에 쫓긴 로마인들이 리알토 섬을 중심으로 석호에 나무기둥을 박아 베네치아를 세웠다고 한다. 내다 팔 물건이라고는 봉골레(조개)뿐이었다는 베네치아가 어떻게 지중해의 주인이 됐을까. 이 공화국의 위대한 역사에 주춧돌을 놓은 두 인물이 있다. 피에트로 오르세올로와 엔리코 단돌로. 베네치아공화국의 국가원수인 도제(Doge)들이다.

오르세올로는 서기 1000년 아드리아 해의 해적을 쓸어버리고 달마티아를 획득해 교역항로를 확보한다. 베네치아 역사에 선명한 '오르세올로의 출항'이다. 이 승리 이후 수세기동안 아드리아 해에는 베네치아에 도전할 경쟁자가 없었다. 단돌로는 1204년 십자군 원정대를 움직여 콘스탄티노플을 점령한 다음 막대한 부와 이권을 베네치아로 옮겨다 놓았다.

베네치아공화국의 해상 패권을 상징하는 의식이 '바다와의 결혼식(Sposalizio del Mare)'이다. 바다와의 결혼식은 오르세올로의 달마티아 정복을 기념하기 위해 시작되었다. 도제는 매년 기독교의 기념일인 '주님 승천 대축일'에 배에 올라 행렬을 이끌고 리도 앞바다로 출항한다. 그리고 축성된 반지를 바다에 던지면서 외친다. "진실하고 영원한 주님의 증표로써 우리는 그대 바다와 결혼한다!"

베네치아는 바다와 떨어질 수 없는 숙명을 타고난 도시다. 괴테는 1786년 9월 28일 저녁, 배를 타고 경이로운 섬의 도시에 들어가면서 뼛속 깊이 파고드는 고독과 더불어 인간역사의 숭고함을 체감한다. 곤돌라를 타고 운하를 누빈 그는 "이는 인간의 힘을 결집시켜 만들어낸 위대하고 존경할 만한 작품이고, 지배자가 아닌 민중의 훌륭한 기념물이다."라고 경탄한다.

카날레토는 바다와의 결혼식 장면을 두 장 남겼다. 1732년과 1734년에 완성한 두 작품 모두 화려하고도 엄숙한 의식을 짐작하게 해준다. 베네치아 공화국은 1797년 프랑스의 침략을 받아 멸망했다. 그해 5월 16일 나폴레옹 군이 두칼레 궁전(도제의 관저)에 프랑스 국기를 게양했다. 그러나 바다와의 결혼식은 오늘날에도 계속된다. 매년 베네치아 시장이 작은 바지선에 올라 의식을 집전한다.

17181122
에드워드 티치

시인 박제천은 1984년 미국 아이오와 국제창작프로그램(IWP)에 참가한다. 그의 시집 『장자시』에 감명 받은 주최 측에서 초청했다. 시인은 평생 우정을 나눌 친구를 아이오와에서 만난다. 뤼베크에서 태어나 브레멘에서 방송 일을 하는 독일 시인 미하엘 오거스틴(Michael Augustin)이다. 두 사람은 메이플라워아파트 8층에서 석 달 동안 살았다. 박제천은 이때의 일을 시로 기록했다.

'아이오와에서 녀석과 함께 들르는 술집은 두 군데/아일랜드 맥주만 파는 집과 18개국 55종의 맥주를 파는 집/아일랜드 맥주를 마시며 우리는 아일랜드 시인들을 위해 건배했고/수많은 나라의 맥주를 음미하며 우리는 다른 세계 다른 사람들을 위해 건배했다/그런 밤마다 우리는 아이오와의 새벽거리를 걸어서 돌아왔다 (중략) 다리를 지날 적엔 검은 개울 물에 번쩍번쩍 빛나는 오줌을 싸 갈겼다…' (박제천의 「어깨동무」 중에서)

박제천은 장발에 콧수염을 단 오거스틴을 '해적 같다'고 놀렸다. 오거스틴은 다음날 아침 사전을 뒤적여 '술고래'라는 한국어를 찾아냈다. 그날 이후로 해적과 술고래는 더욱 진진하게 술을 마셔댔다. 두 사람은 영어로 대화했다. 언어는 자주 엇갈렸지만 서로를 100% 이해했다. 체구는 달라도 영혼의 무게가 일치했다. 박제천은 이때를 "세계를 바라보는 시각이 물리적으로 환기된 시기"라고 기억한다.

박제천이 오거스틴을 보고 떠올린 해적은 어떤 모습일까. 요즘 아프리카 동해안이나 동남아시아 바다에서 설치는 흉포한 무리와는 같지 않으리라. 굳이 찾는다면 피터 팬의 적수인 '후크 선장'과 비슷하지 않을까. 어쩌면 스티븐슨의 『보물선』에 나오는 실버를 닮았을지 모른다. 이들은 분명 악당이지만 무섭기보다 익살맞다. 외팔이와 외다리라는 장애 또는 결핍이 이들의 공통분모다.

후크나 실버는 이야기 속의 해적이다. 그러나 현실 속에는 인간의 역사를 바꾼 진짜 해적들이 출몰했다. 한때 카이사르와 로마의 패권을 다툰 폼페이우스는 지중해의 해적을 소탕해 명성을 드높였다. 베네치아의 도제(국가원수) 피에트로 오르세올로는 아드리아해의 해적을 몰아내고 위대한 해상공화국으로 가는 길을 열었다. 신라의 장보고는 당나라 해적들을 쓸어버리고 동북아시아의 해상권을 장악했다. 조선의 이종무는 왜구의 소굴 쓰시마를 정벌해 『실록』에 이름을 새겼다.

해적이 늘 토벌의 대상은 아니었다. 영국의 프랜시스 드레이크는 친척이 운영하는 노예 무역선에서 일했다. 1568년, 스페인 함대의 습격을 받아

거액의 이익금과 엘리자베스 1세 여왕에게서 빌린 선박까지 뺏겼다. 분노한 드레이크는 해적의 운명을 받아들였다. 여왕이 내준 '해적 허가증'(사략 허가증·privateer's license)을 내걸고 스페인 상선을 공격했다. 그가 약탈한 금은보화는 왕실의 재원이 되었다. 드레이크는 훗날 기사작위를 받고 영국함대 사령관으로서 스페인의 무적함대를 격파하는 공을 세웠다.

드레이크는 성공한 해적이다. 그러나 1680년에 태어난 '검은 수염' 에드워드 티치의 운명은 정반대였다. 티치는 서인도 제도와 미국 동부 해안을 누비며 역사상 가장 흉포한 해적이라는 악명을 떨쳤다. 그는 약탈한 배에 생존자를 남기지 않았다. 1718년 11월 22일, 티치는 자신이 저지른 악행에 값을 치렀다. 버지니아의 로버트 메이너드 중위가 소규모 병력으로 티치의 무리를 섬멸했다. 메이너드 중위는 자신의 용맹을 과시하고 해적들을 겁주기 위해 뱃머리에 티치의 머리를 매달고 다녔다.

17310424
대니얼 디포

소설을 읽는 독자는 주인공에 동화된다. 아예 주인공이 되기도 한다. 꿈을 꾸고 있음을 분명히 알면서 그 속을 노니는 나비다. 영화를 볼 때도 마찬가지. 관객은 대개 주인공과 한편이 된다. 『태양은 가득히』의 주인공 톰(알랭 들롱)은 친구의 심장에 단도를 꽂은 살인자다. 하지만 형사들이 톰을 체포하려는 마지막 순간, 관객들은 아련한 감정에 사로잡히고 만다. 난파당한 사나이, 로빈슨 크루소가 무인도에 상륙한 직후부터 우리는 그의 생존이 우리의 문제인양 집착하는 것이다.

크루소는 영국의 대니얼 디포가 쓴 소설의 주인공이다. 디포는 런던 사람이다. 태어난 날은 불분명하지만 죽은 날(1731년 4월 24일)은 확실하다. 1719년에 발표한 『로빈슨 크루소』로 세상에 이름을 널리 알렸다. 소설의 원래 제목은 '요크의 선원 로빈슨 크루소의 생애와 이상하고 놀라운 모험'이다. 조난을 당해 아메리카 대륙 오리노코 강 하구 근처 무인도 해변에 표류한 크루소는 스물여덟 해 동안 자급자족한다. 18년째 되던 해에는 식인종에 붙들린 프라이데이를 구출하여 하인으로 삼고, 마지막에는 무인도에 기착한 영국의 반란선을 진압하여 선장을 구출하고 고국으로 돌아간다.

기독교도의 눈으로 소설을 읽으면 고립무원이 된 한 인간의 영적순례기이다. 고난과 역경을 통해 자신을 향한 신의 섭리를 깨달아가는 종교적 성찰 과정을 그려냈다. 현대에 다시 읽는 『로빈슨 크루소』는 인종차별과 근대의 오만, 서구우월주의, 제국주의의 범벅이다. 유럽 백인인 주인공은 흑인 청년을 하인으로 삼고 기독교 세례를 준다. 프라이데이라는 이름을 지어주는 행위는 기독교 세계관의 실천을 상징한다. 이런 이유 때문에 현대의 독자와 작가는 『로빈슨 크루소』를 '다시' 읽고 '겹쳐' 읽고 '되받아'쓰려 한다.

이권우는 「책읽기의 달인, 호모 부커스」에서 『로빈슨 크루소』를 겹쳐 읽는 예로 『로빈슨 크루소의 사랑』(험프리 리처드슨)과 『방드르디, 태평양의 끝』(미셸 투르니에)을 든다. 리처드슨의 책은 '혈기 넘치는 크루소가 성욕을 어떻게 해결했을까'라는 의문에서 시작한다. 투르니에는 『로빈슨 크루소』가 품은 서구 중심적 사유를 비판한다. 2003년 노벨문학상 수상작가 존 쿳시가 다시 쓴 로빈슨 크루소 이야기도 있다. 『포(Foe)』. 소설은 크루소의 섬에 한 여자가 표류하면서 시작된다. 작가는 우리가 알고 있는 크루소에 대한 모든 신화를 재점검한다.

포에 나오는 크루소는 비열하고 고집스러운 늙은이다. 섬에서 탈출할 생각 따위는 전혀 없다. 쿳시는 주인공인 수전 바턴의 시각으로 크루소와 프라이데이, 소설가 디포를 새롭게 해석한다. 서구의 정전을 패러디하는 탈식민주의 문학의 대표적 기법인 '되받아 쓰기(write back)'를 통해 소설과 경험 사이의 간극을 살펴보면서 소설의 의미와 구상에 대해 묻고 있다.

그러나 디포의 소설을 너무 야박하게 읽고 싶지는 않다. 로빈슨 크루소는 여전히 인간의 위대함을 보여준다. 그가 성욕을 어떻게 해결했는지는 몰라도 28년 세월 동안 지키고자 분투한 인간으로서의 자존은 존경받아 마땅하다. 한 사나이의 무인도 행적으로 서구 근대사회를 비판하려던 디포의 진심도. 서구우월주의와 인종차별, 기독교 우선주의는 계몽의 시대를 살아간 디포가 어찌할 수 없는 굴레였을지도 모른다. 사람에게는 정말, 어쩔 수 없는 사정이 있는 것이다.

알렉산더 폰 훔볼트

알렉산더 폰 훔볼트가 1769년 오늘 베를린에서 태어났다. 그는 훗날 종합적 지식을 대표하는 인물로서 이름을 남겼다. 산과 바다를 비롯해 강, 해류, 도시, 거리 등 그의 이름이 닿지 않는 곳이 없다. '훔볼트 해류' '훔볼트만' '훔볼트강' '훔볼트산' '훔볼트 펭귄' ' 훔볼트 오징어'…. 미국 에는 그의 이름을 딴 도시가 여덟 곳이나 있다. 그는 하늘과 땅 그 사이 모든 창조물을 측정하고 기록했다.

훔볼트는 프로이센 귀족의 후예다. 형인 빌헬름 폰 훔볼트와 함께 1789년까지 가정교사에게서 교육을 받은 다음 프랑크푸르트·베를린· 괴팅겐 대학 및 프라이부르크 광산학교에서 배웠다. 지리·지질·천문·생 물·광물·해양 등 자연과학 모든 분야에서 재능을 발휘했다. 특히 라틴아 메리카를 탐험(1799~1804년)해 불멸의 업적을 남겼다. 그는 5년에 걸쳐 베 네수엘라의 오리노코-아마존강 상류, 에콰도르의 키토 화산과 안데스산 맥, 페루 해안을 조사했다.

『훔볼트의 대륙』을 쓴 울리 쿨케는 훔볼트의 남미 탐험을 "과학적 조 사가 이뤄진 최초의 탐험"이라고 적었다. 종래의 남미 탐험이 약탈이나 식민지 지배를 위한 지도 제작 등에 머무른 반면 훔볼트는 남미의 동식 물 표본을 채취하고 스케치하며 기압계를 비롯한 과학 기자재를 동원하 여 각종 수치들을 측정했다. 그는 탐험 결과를 6만여 쪽에 이르는 보고서로 남겼다.

훔볼트는 자연을 전 지구적 힘(global force)의 관점에서 바라보았다. 자연을 하나의 생명망(web of life)으로, 기후를 대기·대양·대륙 간의 상호 작용 시스템으로 이해한 최초의 과학자다. 인간이 초래한 기후 변화의 위험성을 최초로 경고했고 노예제와 단일 재배, 착취에 기초한 식민지는 불평등과 환경 파괴를 초래한다고 주장했다.

훔볼트의 영향력은 엄청났다. 찰스 다윈은 "훔볼트가 없었다면 비글호를 타지 않았을 것이고 『종의 기원』도 쓸 수 없었을 것"이라고 했다. 요한 볼프강 폰 괴테는 "훔볼트와 함께 하루를 보내며 깨달은 것이 나 혼자 몇 년 동안 깨달은 것보다 훨씬 더 많다."고 했다. 프로이센의 왕 프리드리히 빌헬름 4세는 "노아의 홍수 이후 가장 위대한 인물"이라고 찬양했다.

『자연의 발명』을 쓴 안드레아 울프는 훔볼트를 '양면적 인간'이라고 평가했다. 훔볼트는 식민주의를 비판하고 남미 혁명을 지지했지만 프로이센왕의 신하였다. 미국의 자유와 평등 사상에 감동했지만 노예제는 비판했다. 존경을 받았지만 매서운 언변 때문에 두려움도 샀다. 저서는 베스트셀러가 됐지만 가난했다. 가진 돈은 마지막 한 푼까지 가난한 젊은 과학자에게 주려 했다.

훔볼트는 나이 일흔에 『우주(Kosmos)』를 써서 과학의 대중화에 큰 공헌을 했다. 지질학과 지리학을 다룬 이 책은 과학 역사상 손꼽히는 걸작이다. 『우주』는 그가 살아 있는 동안 4권까지 나왔다. 훔볼트는 5권째를 집필하던 1859년 아흔 살을 일기로 사망했다. 죽을 때까지 펜을 놓지 않은 그는 세상을 떠날 순간이 다가오자 이렇게 말했다.

"얼마나 장엄한 햇살인가! 마치 지상을 하늘로 불러들이는 듯하구나!"

17850104
그림 형제

하나우에서 브레멘까지 약 600㎞. 독일 여행 안내서는 이 길을 '동화의 길(Maerchen Strasse)'이라고 알려준다. 하나우는 그림 형제(Brueder Grimm)가 태어난 곳이고 브레멘에는 '브레멘 음악대'의 동상이 있다. 자동차로 달리는 동화의 길은 아름답기 그지없다. '괴테의 길(Goethe Strasse)', '낭만의 길(Romantische Strass)', '옛 성의 길(Die Burgenstrasse)'과 더불어 손꼽히는 관광 코스다.

하나우를 떠나 브레멘으로 가는 길에 먼저 슈타이나우에 들른다. 그림 형제가 어린 시절을 보낸 곳이다. 해마다 3월부터 12월까지 인형극을 상연한다. 대부분 『그림 동화』를 소재로 만든 작품들이다. 슈타이나우에서 북쪽으로 운전하면 알스펠트가 나온다. 「빨간모자」의 무대다. 그림형제는 카셀에서 가장 오래 살았고 마르부르크대학을 나왔다. 자바부르크는 「잠자는 숲속의 공주」의 배경이 된다.

그림 형제는 야콥 루드비히 카를 그림과 빌헬름 카를 그림을 일컫는다. 1785년 오늘 태어난 야콥이 형이다. 형제는 대학에서 법학을 전공해 괴팅겐에서 교수로 일했다. 둘 다 다재다능했는데 특히 야콥은 근대 게르만 언어학의 개척자로 명성이 높다. 그가 저서인『독일어 문법(Deutsche Grammatik)』에서 정리한 음운법칙을 '그림의 법칙'이라고 한다. 하지만 형제의 가장 큰 업적은 1812년에 초판을 낸『그림 동화』로 집약된다.

『그림 동화』의 정확한 제목은 '어린이와 가정을 위한 옛날이야기(Kinder-und Hausmaerchen)'이다. 「개구리 왕」, 「라푼젤」, 「헨젤과 그레텔」, 「신데렐라」, 「빨간 모자」, 「브레멘 음악대」, 「어리석은 한스」, 「백설공주」, 「하멜른의 피리 부는 사나이」, 「털북숭이 공주」, 「양치기 소년」처럼 우리가 아는 독일 동화 대부분을 그림 형제가 정리했다. 이들은 또한 1852년부터 8년에 걸쳐 쓴『독일어 대사전』열여섯 권으로 불멸의 업적을 새겼다.

『그림 동화』를 읽다 보면 숲의 한기(寒氣)를 느낀다. 빨간 모자를 쓴 소녀도, 깊이 잠든 공주도 숲속에 있다. 숲은 그림 동화의 고향이자 독일 정서의 근원이다.『그림 형제의 길(바다출판사·2015)』을 쓴 손관승은 "숲은 게르만족의 정신적 고향"이라고 했다. 유대인에게 사막이 있어 유일신과 성경이 탄생했듯 게르만족의 어둡고 차가운 숲에서『그림 동화』가 탄생했다는 것이다. 그들에게 숲은 영혼의 고향이자 상상력의 샘, 독일 정신의 뿌리이다.

독일인들은 자신의 정체성을 뼈에 새긴 최초의 역사적 경험도 숲에서 한다. 서기 9년 9월, 게르만 부족들이 니더작센 주와 노르트라인베스트팔렌 주에 걸쳐 있는 토이토부르크 숲(Teutoburger Wald)에서 침략자 로마의 3개 군단을 섬멸했다. 지휘자는 로마인들이 '아르미니우스'라고 부르는 헤르만. 이 전투 이후 로마는 라인강 너머 게르만의 땅을 다시 넘보지 못했다. 헤르만은 불굴의 독일 정신을 상징하는 첫 아이콘이 되었다.

독일은 숲에서 역사와 전설, 무엇보다 자기 자신을 발견하고 간직했다. 그러니 독일인은 숲의 민족이며 독일은 곧 숲이다. 발트.

17971129
가에타노 도니제티

'사랑하는 것은 사랑을 받느니보다 행복하나니라.'

청마(青馬)의 첫 줄은 짜릿하다. 유치환. 오늘도 에메랄드빛 하늘이 내다뵈는 우체국 창문 앞에서 '너'에게 편지를 쓰는 사나이. 그는 안녕을 고하며 '설령 이것이 이 세상 마지막 인사가 될지라도 사랑하였으므로 나는 진정 행복하였네라'고 고백한다. 붉은 마음은 괴로움을 열락으로 삼는다. 사랑은 무심할 뿐인가. 시인의 언어는 만고에 빛나거니와 고통은 이미 심장을 찌른다.

그 고통이 두려웠으리라. 인간은 '사랑의 묘약'을 발명하였다. 이 영약은 즉효를 낸다. 트리스탄과 이졸데를 보라. 아일랜드 청년과 공주의 사랑은 걷잡을 수 없다. 그 사랑이 운명마저 불태운다. 『한여름 밤의 꿈』에서 레뤼산드로스와 데메트리오스는 사랑의 노예가 되었다. 에로스의 화살에 맞은 꽃즙이 눈꺼풀을 적신 것이다. 그러나 묘약은 위험한 처방. 죽기를 각오해야 한다. 트리스탄과 이졸데가 비운 잔 앞에서 시녀 블랑게네는 절규한다. "당신들은 죽음을 마셨습니다."

왕자에게 반한 인어공주는 마녀를 찾아가 사람 될 약을 청한다. 그리하여 두 다리를 얻고 목소리를 잃었다. 공주가 들이킨 마약은 묘약의 다른 버전이다. 공주는 왕자의 목숨과 자신의 목숨 가운데 하나를 버려야 할 운명 앞에 놓인다. 로미오와 줄리엣을 죽음으로 인도한 저 원망스런 물약도 묘약의 또 다른 버전이라면? 어찌하여 사랑의 묘약은 이토록 음산한 예언을 품고 있는가.

하지만 1797년 오늘 베르가모에서 태어난 사나이, 가에타노 도니체티는 사랑 앞에서도 사랑의 묘약 앞에서도 두려움이 없었다. 그가 쓴 오페라 『사랑의 묘약』에서는 진심을 담은 사랑이 형편없는 포도주조차 신비의 영약으로 둔갑시켜 가난한 시골 청년의 운명을 바꿔 놓는다. 줄거리는 다음과 같다.

네모리노는 농장주의 딸 아디나를 사랑한다. 그녀의 마음을 얻고자 돌팔이 약장수 둘카마라가 파는 사랑의 묘약을 사서 단숨에 마신다. 그리고는 아디나를 찾아가 '내일이면 모든 것이 달라질 것'이라고 큰소리 친다. 그러나 그가 마신 묘약은 싸구려 포도주. 아디나는 술 냄새 풍기는 네모리노가 불쾌할 뿐이다. 술에서 깬 네모리노는 그날 저녁 아디나가 군인 벨코레와 결혼한다는 소문을 듣는다.

네모리노는 불굴의 사나이. 그가 부르는 저 유명한 아리아, 「남 몰래 흘리는 눈물」을 들어보라. "하느님, 죽어도 좋습니다. 이 이상 아무 것도 바라지 않겠습니다. 아, 하느님 죽어도 좋습니다. 이 이상 아무 것도 바라지 않겠습니다. 죽어도 좋습니다. 사랑으로 죽을 수 있다면!" 이야말로 청마의 붉은 심장이요, 인어공주의 순정이 아닌가. "죽음의 신과 영원한 계약을 맺으리, 내 사랑을 위해서!"(『로미오와 줄리엣』에서 로미오의 대사)

하지만 도니제티의 하느님은 냉혹한 창조주가 아니다. 네모리노는 애가 탄 나머지 사랑의 묘약을 더 마시기로 한다. 그런데 돈이 없네. 궁리 끝에 벨코레의 부대에 입대해 받은 돈으로 묘약을 산다. 이제야 약효를 보는가. 삼촌이 세상을 떠나며 막대한 유산을 남긴다. 대번에 일등신랑 감이 된 네모리노는 이게 다 묘약 덕이라고 믿는다. 아디나는 네모리노가 자신의 사랑을 얻고자 군인이 될 생각까지 했다는 사실을 알고 감동한다. 다음 이야기는 상상에 맡긴다.

18111027
아이작 싱어

'주먹이라고 불리기엔 그녀의 손은 너무 작다. 작은 손. 옷본을 끊임없이 재봉틀 바늘 밑에 넣는 손. 여기저기 바늘에 찔린 흉터가 있는 섬세한 손. "잠잘 때마다 내가 주먹을 꼭 쥐고 잔다는구나, 싸움터로 나가는 사람 같대." 외로운 손.'

소설가 신경숙이 1995년에 발표한 「외딴방」에 나오는 구절이다. 신경숙은 이 소설로 이듬해 만해문학상을 받았다. 소설가의 체험을 담은 성장 소설이다. 열여섯 살에 상경하여 공장에서 일하며 산업체 학교를 다닌 서른두 살 '나'의 개인사를 다루고 있다. 한 소녀가 성인이 되어 가는 과정, 그 이후 공동체와 조화를 모색하는 내용을 담았다.

저 작고 외로운 손의 주인은 작품 안에서 가장 중요한 역할을 한다. 오로지 희생만을 강요당한 인물, 그 누구도 기억하지 않는 철저히 소외된 인물이다. 그는 '나'와 같은 학교, 같은 공장에 다닌다. 신경숙은 그를 삶의 고단함 앞에 좌절하고 마는 여린 성품의 소유자로 그렸다. 의상실 재단사인 애인으로부터 임신한 아이를 지우라는 말을 듣고 자살한다.

소설 속에서 재봉틀이 있는 풍경은 정물 또는 영정과도 같다. 고요하다. 그러나 재봉틀은 결코 조용한 기계가 아니다. 서울 종로구 창신동에 있는 봉제공장 골목에 가보라. 한때 한옥이 즐비하여 흥인지문 밖 서울의 해묵은 풍경을 짊어지고 섰던 그곳. 한옥들을 헐고 서둘러 지은 붉은 벽돌 슬라브 건물의 지하와 반지하, 때로는 건물 전체에서 기계음을 토해내며 외국인 듯 시간이 간다.

그런데 왜 우리는 재봉틀을 떠올릴 때에 고요와 고독, 고즈넉한 슬픔을 함께 떠올릴까. 외국인 노동자의 거칠고 상처 난 손이 아니라 희고 곱고 가는 손가락과 손등을 떠올릴까. 재봉틀은 공장의 굉음, 개발도상기 한국의 노동과 어린 여성의 희생, 고향집을 지키는 어머니의 고독한 바느질과 같이 자신을 둘러싼 수많은 이미지들 가운데 그리움이라는 감정의 객관상관물로 살아남았다.

이렇게 되는 데 신경숙 같은 예술가들의 노역이 기여했을 수 있다. 하지만 그보다는 홀로 삯바느질을 해 아들을 키워낸 옛 어머니들의 한 많은 사연들이 우리 무의식의 원형으로 잠재했기 때문일 것이다. 어머니는 하필 어둠이 짙은 밤을 골라 흐릿한 불빛 아래 정물처럼 고요히 앉아 한 땀 한 땀 바느질을 해나갔으리라.

재봉틀은 바느질을 하는 기계, 바늘과 실로 만들어 내는 연속된 바늘땀으로 천을 짜 맞추는 데 사용하는 기계다.(브리태니커사전) 재봉틀의 아이디어는 영국의 토머스 세인트가 냈지만 세계 가정의 필수품으로 만든 사람은 1811년 10월 27일에 미국 뉴욕의 피츠타운에서 태어난 미국 사람 아이작 메리트 싱어다. 19세 때 견습 기계수리공이 되어 착암기(鑿巖機)와 조각기(彫刻機) 특허를 얻은 재주꾼이다. 할부판매와 스타를 고용한 광고 등 현대적인 판매 기법으로도 역사에 이름을 남겼다.

싱어는 1851년 보스턴 기계공장에서 일하는 동안 러로 앤드 블로젯(Lerow and Blodgett) 재봉틀의 수리를 부탁받았다. 11일 뒤 개선된 재봉틀을 설계·제작하여 특허를 내고, I. M. 싱어사를 통해 판매했다. 그가 설계·제작한 기계는 바느질을 곡선 형태로 계속해서 할 수 있도록 수평판 위에 바늘대가 달린 암(arm)이 걸려 있다. 따라서 어떠한 부분에 대해서도 바느질을 할 수 있었다. 그 뒤에 나온 거의 모든 기계는 그가 설계한 기본 특성에 따라 만들어졌다. (다음백과)

우리나라에 처음 재봉틀이 들어온 해는 1877년이다. 강원도 금화 사람으로서 독립운동가 김규식의 아버지인 김용원이 일본에 갔다가 재봉틀을 구입했다. 싱어가 제작한 물건이었을 것이다. 우리나라에서 재봉틀은 1965년에 '부라더 미싱'이 나오면서 대중화되었다. 부라더 미싱은 부산정기주식회사가 일본의 부라더 공업과 합작 생산했다. 1970년대만 해도 혼수 목록 1호였다. '미싱'은 영어의 '소잉 머신'(sewing machine)을 뒷글자만 따서 일본식으로 발음한 것이다.

18310322
요한 볼프강 폰 괴테

메피스토펠레스는 악마다. 인간을 악덕으로 유혹해 계약한다. 악마와 계약한 인간은 그 손에 찢겨 지옥에 떨어진다. 국적을 따지면 독일이다. 구사노 다쿠미는 『환상동물사전』에 메피스토텔레스가 털북숭이이며 부리와 날개가 있다고 썼다. 인간의 모습으로 나타날 때는 뿔 두 개에 박쥐 날개, 당나귀 발굽을 달았다. 하지만 다른 모습으로도 변신한다.

괴테가 쓴 『파우스트』에도 메피스토펠레스가 나온다. 1832년 오늘 세상을 떠난 괴테가 죽기 일 년 전에 완성한 작품이다. 메피스토펠레스는 검은 개나 어린 학생, 귀공자의 모습으로 파우스트 박사 앞에 나타난다. 박사는 학문에 통달했으나 결코 만족하지 못하고 고뇌하는 사람. 악마는 박사를 유혹할 수 있다고 신에게 장담한다.

장담은 내기로 이어진다. 메피스토펠레스는 신의 세계 창조가 실패했다고 주장한다. 특히 인간. 파우스트 박사를 보라는 것이다. 만족을 모르고 방황하지 않는가. 그러나 신은 인간을 신뢰한다. "그가 비록 지금은 오직 혼란 속에서 나를 섬기지만, 나는 그를 곧 밝음으로 인도하리라."

내기는 파우스트와 메피스토텔레스, 인간과 악마의 대결이 된다. 파우스트는 자신도 모르는 사이에 신의 대리자로서 싸운다. 신은 "당신이 허락하면 박사를 끌어 내리겠다."는 악마에게 "네게 맡긴다."며 불개입을 약속한다. 그리고 약속을 충실히 지킨다. 이제 박사는 등대 없는 밤바다에 홀로 뜬 돛배처럼 신의 돌봄 없이 선악을 구분하고 자기 판단에 따라 도덕적 행위를 해야 한다. 즉 인간의 대표로서 신의 그늘에서 벗어나 성숙한 존재가 되어야 한다.

『파우스트』에서 가장 빛나는 대목이다. 인간은 '주님의 종'을 벗어나 자신이 주인이 된다. 그가 일궈나가는 세계의 운명은 신이 아니라 인간의 의지와 실천에 따라 결정된다. 창조는 신의 노동이 아니라 인간의 과제가 되었다. 「파우스트와 현대성의 기획」을 쓴 김수용은 이 대목을 "중세적 신본주의의 종말을 고하는 더할 수 없이 극명한 현대적 인본주의의 선언"이라고 본다.

메피스토펠레스가 파우스트 박사에게 제안한다. 이 세상에서는 내가 너를 섬겨 명령에 따르고 저승에서는 반대로 하자. 그는 박사가 "너는 아름답다."고 말하면 그 목숨을 거두기로 한다. 마지막 장면에서 박사가 말한다. "매일 매일 정복한 자만이 자유를 누릴 수 있다. 이것이 나의 결론이다. 이 자유로운 곳에서 자유로운 민중과 함께 하리라. 이 순간에 말하리라. 멈추어라, 너는 참으로 아름답구나!" 악마가 박사의 영혼을 챙기려 한다. 그러나 하늘에서 천사들이 내려와 박사를 구원한다.

괴테가 창조한 파우스트 박사는 신이 인간에게 부여한 한계를 극복하려는 시대의 욕구를 열정적이고도 비극적으로 구현한 인물이다. 더 높은 곳을 향해 끝없이 나아가는 자아실현의 과정은 인간 존재를 무한한 역동의 세계로 인도한다. 괴테가 썼듯 "인간은 노력하는 한 방황하게 되어 있다." 괴테는 또한 메피스토펠레스를 악을 갈구하지만 결과로서 선을 남기는 존재로 그린다. 그러므로 인간에게는 파우스트 박사와 메피스토펠레스의 모습이 모두 깃들였다.

괴테는 『파우스트』를 완성한 뒤 봉인해 버렸다. 세상은 그가 죽은 다음에야 이 걸작을 만날 수 있었다. 괴테는 『파우스트』를 완성함으로써 한 세계를 맺고 다른 세계를 열어보였다. 사실 역사의 모든 국면은, 절망의 세기이자 새로운 시작을 알리는 신호이며 갈림길이다.

18390720
바노

김 로사, 김 누시아, 김성임, 김장금. 1839년 오늘 세상을 떠난 여성들이다. 조선의 두 번째 천주교 박해인 기해박해(己亥迫害) 때 희생되었다.

역사는 이 사건을 "표면적으로는 천주교를 박해하기 위한 것이었으나, 실제에서는 시파(時派)인 안동김씨로부터 권력을 탈취하려는 벽파(僻派) 풍양조씨가 일으킨 것"이라고 정리한다. (두산백과) 신앙을 지키려다 목숨을 잃은 사연은 저마다 절실하다. 네 사람 모두 편안하지 않았다. 김로사는 일찍 남편을 잃고 친척집에 얹혀살았고, 김누시아는 조실부모하고 교우들의 잔심부름을 해 호구하였다. 김성임은 남편의 버림을 받았으며 김장금도 젊을 때 남편을 여의고, 어머니와 함께 가난하게 살았다. 인간의 영혼은 곤궁 속에 강해지기도 하고 죄악으로 치닫기도 한다.

스물두 살 꽃 같은 나이에 서소문 밖에서 참수된 김누시아의 사연은 참으로 마음 아프다. 강원도 강촌에서 태어나 서울에서 자란 그녀는 어려서 부친을 여의고 아홉 살 때 모친에게서 천주교를 알게 되어 입교했다. 열네 살이 되자 평생 동정을 지키기로 결심하였다고 한다. 박해가 시작되자 4월 11일에 자수하여 3개월 옥살이 끝에 순교하였다. 1925년 7월 5일 교황 비오 11세에 의해 복자(가톨릭 교회가 죽은 사람의 덕행성을 증거하여 부르는 존칭)에 올랐고, 1984년 5월 6일, 교황 요한 바오로 2세에 의해 성인의 반열에 올랐다.

현대에 이르러 문명사회에서 신앙의 대가로 목숨을 요구하는 사례는 거의 없다. 극단주의자들의 행위는 일탈에 불과하다. 그러나 박해와 순교로부터의 안전이 곧 인간의 신앙 내지 신념의 자유를 보장하지는 않는다. 신앙과 신념의 자유는 고래로 인간 지성이 갈구해온 목표임에도 불구하고. 미망을 향해 질주하려는 야생의 회귀본능이 인간의 내면에서 꿈틀거릴 때도 있다. 미망의 불구덩이는 인간이 내면에 있으되, 곳곳에 그 마성을 반영처럼 드러낸다. 곧 당파와 패거리이며 온라인 공간의 공동체이며 댓글의 쓰레기장이다.

2005년 2월. 나는 진회색 포드승용차를 타고 벨기에의 바노(또는 반뇌, Banneux)를 향해 달렸다. 쾰른을 떠나 4번고속도로를 타고 리에주 방향으로 달리다 유로하이웨이 40, 42번을 잇달아 갈아탄 뒤 62번 지방국도로 접어들면 야트막한 산록에 바노로 접어드는 입구가 보인다. 바노는 가톨릭의 '성모발현성지'다. 1933년 1월 15일부터 3월 2일 사이에 베코베지몽의 맏딸 마리에트에게 여덟 번 모습을 드러내 가난하고 병든 사람을 위해 기도할 것을 약속했다. 바노는 회개와 치유의 기적을 일으키는 장소가 되었고, 1949년 성지로 공식 발표되었다. 이전까지 성모를 만난 어린이들은 모두 수도자가 되었지만 마리에트는 결혼하여 가정주부가 되었다. 그는 바노를 찾는 순례자들을 위해 봉사하며 살았다.

흐린 가운데 싸늘한 바람이 부는 아침 바노를 향해 출발했다. 뒤셀도르프에 머무르던 안양대학교 철학과의 강학순 교수가 동행했다. 그는 신교를 믿지만 신앙의 뿌리는 하나임을 잊지 않는다. 벨기에 국경을 넘을 무렵 강 교수가 말했다. "인류의 신앙은 박해의 시기에 더욱 빛을 내고 많은 기적을 일구었다. 그러나 물리적 박해가 사라진 작금의 신앙계는 예수의 가르침으로부터 너무 멀리 떨어지는 경우가 있다." 한반도에서의 물리적 박해는 불과 한 세기 전의 일. 우리는 많은 대화를 나누었다. 그리고 바노에 도착했음을 알려주는 초콜릿색 표지판을 볼 무렵 이런 결론에

도달한 것 같다. "박해는 여전히 계속되고 있으며 더욱 가혹하다. 악마의 책략으로 느껴질 만큼 종교와 신앙의 위치는 위험하다. 작금의 물질주의와 세속주의야말로 당대 기독교에 대한 가공할 박해가 아닐 수 없다."

현대는 백색순교(白色殉敎)를 요구한다. 날마다의 삶 속에서 순교의 각오로 살아가는 그 결단을 백색순교라고 부른다. 가정이나 일터나 모든 만남에서 순교적 각오로 인내하고 섬기고 베풀고 나누고 돕는 일이 백색순교다. 이 실천과 가치가 어찌 종교와 신앙의 가라지에만 머무르겠는가. 우리의 나날이, 오늘 우리에게 호소하고 있지 않은가? 강 교수는 내가 귀국한 뒤 열어본 메일에 이렇게 적었다. "나이가 들어갈수록 세상의 가치와 영합하고 교활해져가는 부패한 본성을 십자가에 못 박고, 숨겨진 탐욕과 이기심을 날마다 장사지내는 치열한 회개의 기도와 고백성사가 필요함을 절감하고 있다."

나는 바노에 네 번 갔다. 독일에 공부하러 간 2002년 여름, 방학을 맞아 퀼른에 온 아내와 딸이 동행한 그해 겨울, 그리고 어머니를 잃고 마음이 무너진 2005년 2월에 두 번 갔다. 강 교수와 동행했을 때다. 눈 내린 바노는 이때가 처음이었다. 안내소와 기념품점에는 '휴가'라는 팻말이 나붙었다. 소성당에 들러 기도하고, 십자가의 길을 걷고, 허공에 더운 입김을 뿜으며 말없이 숲을 지났다. 볕이 내리는 곳에서 눈이 녹아 작은 시내를 이룬 십자가의 길을 걸으면서 행복감과 해방감을, 그리고 이미 세상을 떠난 부모에 대한 사무치는 그리움을 느꼈다.

박해

9월은 한국천주교회에서 정한 '순교자 성월'이다. 그리고 오늘은 '성 김대건 안드레아와 성 정하상 바오로와 동료 순교자 대축일'이다. 역사를 살피면, 1846년 6월 5일 김대건 신부의 체포를 계기로 시작된 병오박해가 종결된 날이다. 김 신부는 9월 16일 새남터에서 순교했다. 3일 후 현석문이, 20일에는 임치백과 남경문, 한이형, 이간난, 우술임, 김임이, 정철염이 목숨을 잃었다. 『승정원일기』는 마지막 일곱 명이 맞아죽었다고 기록했다. 그들이 장살형(杖殺刑)을 선고받았지만, 모진 매를 맞고도 목숨이 붙어있던 사람들은 교수형으로 숨을 끊었다는 기록도 있다.

한국천주교는 이승훈이 1784년에 베이징에서 베드로라는 세례명으로 신자가 되면서 시작되었다. 서양 선교사가 들어오기 전에 스스로 복음을 받아들인 특별한 역사다. 하지만 신앙의 자유를 누리기까지 100여 년에 걸쳐 순교로 점철된 죽음의 행진을 면하지는 못했다. 신유박해(1801년) 때 서울에서만 300여 명이 희생됐다. 기해박해(1839년) 때 참수된 신자는 70명이요, 매를 맞거나 옥중에서 병사한 신자도 60명 이상이다. 병인박해(1866년)의 순교자는 8000~1만 명으로 조선 전체 신자의 절반에 이르렀다.

기해박해 때 순교한 정하상은 죽음을 앞두고 박해를 주도한 우의정 이지연에게 보내는 「상재상서(上宰相書)」를 쓴다. 복음의 이치와 신앙의 자유를 역설한 글이다. 믿는 사람의 결기가 선명하거니와 참혹함 또한 외면하기 어렵다. "성교(聖敎)를 믿는 사람들은 우리 임금의 자식이 아니란 말입니까? 옥중에서 죽어가고 성문 바깥에서 처형되는 것이 끊이질 않아 피눈물은 도랑을 이루었고, 통곡이 하늘에 울리고 있습니다." 정하상은 곤장을 무수히 맞고 주뢰(周牢)형을 당했다. 「술재상서 정보록일기(述宰相書 丁保祿日記)」는 "두 넓적다리와 살갗은 모두 벗겨져 떨어져 나가고 뼈가 드러났다. 피는 용솟음쳐 땅으로 흘러들었지만 얼굴빛은 평소와 다름없었다."고 기록했다.

우리는 조선이 천주교를 박해한 이유를 '조상제사 거부'라고 단순히 생각한다. 조상제사 거부는 유교 국가의 근본 질서, 즉 왕과 권력 구조의 절대성에 대한 거부를 함축한다. 그래서 천주교의 교리는 조선 체제의 정당성을 해체할 수도 있는 폭약을 간직했다. 사람은 누구나 '아버지 하느님'의 자녀라는 의식은 계급에 대한 도전이다. 약자에 대한 착취와 폭력을 제어하지 않는 제도와 관행에 짓눌려 살다 죽어 가는 사람들에게 정의와 평등, 사랑의 가르침은 혁명을 예고하고 있다. 조선 기득권층은 분노와 공포를 함께 느꼈을 것이다.

천주교 박해의 역사는 1886년 6월 4일 조불수호조약(朝佛修好條約)과 더불어 종언을 고한다. 프랑스는 조약 전문 제9조 2항에 '교회(敎誨)'를 명기함으로써 포교의 자유를 인정받았다. 그러나 이승훈의 세례로부터 235년, 김대건 신부의 순교로부터 173년이 지난 오늘에 이르도록 천주교의 사명은 미완으로 남아 있다. 과잉과 결핍, 권력과 민중 사이의 단층은 변함없이 선명하다. 변화와 개혁에 대한 열망은 언제나 시간의 수레 바퀴를 붙들어야만 지속 가능한 기득권의 저항에 부딪친다. 그리하여 박해는 계속된다. 그 주체이자 도구는 정치와 미디어, 법과 제도를 적용하는 대상과 방식의 차별, 마타도어, 가짜뉴스와 같은 것들이다.

18490208
주제페 마치니

그루네발트(Grunewald)는 독일 베를린의 남서쪽에 있는 숲이다. 넓이가 40㎢나 된다. 아름드리 나무가 울창하다. 옛날에는 사냥터였다고 한다. 요즘도 야생동물이 심심치 않게 눈에 띈다. 숲 서쪽에 하펠 강이 흐른다. 강물 위에 흩어지는 오후 햇살은 그지없이 아름답다. 그루네발트 탑(Grunewaldturm)을 찾으면 이 풍경을 제대로 감상할 수 있다. 그루네발트 탑은 1899년 6월 9일에 공개되었다. 해발79m의 카를스베르크 언덕 위에 신고딕 양식으로 지은 탑이다. 높이 55m이며 빌헬름 1세 황제(1797~1888)의 탄생 100주년을 기념하기 위해 세웠다. 그래서 처음 이름은 빌헬름 황제탑(Kaiser-Wilhelm-Turm)이었다. 빌헬름 황제는 1866년 프로이센-오스트리아 전쟁에서 이기고 1871년에 독일을 통일했다.

탑 안에 들어가면 홀 가운데에 황제의 대리석 조각상이 서 있다. 구리로 만든 부조 네 개가 황제를 바라본다. 오토 폰 비스마르크, 헬무트 폰 몰트케, 알브레히트 론, 프리드리히 카를 황태자다. 독일 제국의 공신들이다. 특히 빌헬름 황제의 절대적인 신임을 받은 철혈재상(鐵血宰相) 비스마르크는 통일의 기수였다. 그의 명성 때문이었을까. 1936년 베를린올림픽에 참가한 일본의 마라톤 팀은 그루네발트 탑을 남쪽에서 북쪽으로 오르는 비탈길을 '비스마르크 언덕'이라고 불렀다.* 베를린 어디에도 없는 수수께끼 같은 지명이다. 일본 대표로 나간 조선 청년 손기정은 이 언덕에서 경쟁자들을 모조리 따돌리고 금메달을 향해 나아간다.

한 나라가 기틀을 다져 안팎의 존중을 받기 위해서는 통일이 필수다. 분열된 독일은 나폴레옹의 사냥감이었다. 그러나 통일은 그들을 세계사의 주인공에 되게 했다. 2차대전 이후 동서로 나뉜 형제가 다시 하나를 이룬 지금 독일은 유럽의 리더다. 통일 재상 비스마르크와 헬무트 콜의 이름은 청사에 빛날 것이다. 통일의 영웅은 독립의 영웅처럼 위대하다. 바람 앞의 등불 같던 터키의 독립을 지켜냈기에 아타튀르크(터키의 아버지)는 국부로서 그 존재가 우뚝하다. 독립과 통일이 한 언어일 때도 있다. 독립과 통일은 한 순간에 다가온다. 언어의 정수는 시(詩)다. 독립운동가 만해(萬海) 스님은 1926년에 낸 시집『님의 침묵』에 머리말(군말)을 쓰면서 왜 마치니의 이름을 올리셨는가.

"'님'만 님이 아니라 기른 것은 다 님이다. 중생(衆生)이 석가(釋迦)의 님

---

* 이 언덕을 내려와 다시 만나는 얕은 오르막길을 비스마르크 언덕으로 보는 견해도 있다. 전체적으로 이 견해가 우세하다. 그러나 표상으로 볼 때는 그루네발트 탑이 선 언덕이 비스마르크 언덕의 이미지와 더 가깝다.

이라면 철학은 칸트의 님이다. 장미화(薔薇花)의 님이 봄비라면 맛치니의 님은 이태리다. 님은 내가 사랑할 뿐 아니라 나를 사랑하느니라. 연애가 자유라면 님도 자유일 것이다. 그러나 너희는 이름 좋은 자유의 알뜰한 구속(拘束)을 받지 않느냐. 너에게도 님이 있느냐. 있다면 님이 아니라 너의 그림자니라. 나는 해 저문 벌판에서 돌아가는 길을 잃고 헤매는 어린 양(羊)이 기루어서 이 시를 쓴다.”

주제페 마치니(Giuseppe Mazzini)는 주제페 가리발디·카밀로 카보우르와 함께 이탈리아 통일 운동의 3걸(傑)이다. 제노바에서 태어나 변호사가 되었으나 오스트리아의 압정에 신음하는 조국의 해방과 통일을 소망하여 생애를 바쳤다. 두 번이나 사형 선고를 받는 형극(荊棘)의 길이었다. 1849년 오늘은 마치니가 혁명군을 이끌고 로마 공화국을 선포한 날이다. 그가 가로되 “조국은 땅이 아니다. 땅은 그 토대에 불과하다. 조국은 이 토대 위에 건립한 이념이다. 그것은 사랑에 대한 사상이며, 그 땅의 자식들을 하나로 엮어내는 공동체에 대한 의식이다.”라 하였다. 이 거룩한 언어가 싸구려 정치꾼의 입을 옮겨 다녀 애석하나 그 빛이 바랠 리는 없다.

다가오는 27~28일** 베트남에서 북미 정상이 두 번째로 만난다. 두 사람의 공안(公案)은 핵폭탄과 미사일이겠으나 우리에게는 굳게 지른 빗장 너머 통일의 길을 내다보는 일. 그 일이 오롯이 우리만의 일이 아니어서 유감이다. 그러나 간난과 신고를 외면하고 어찌 미래를 꿈꾸랴. 비스마

** 　2019년 2월.

르크는 철과 피(Eisen und Blut)를 외쳤으나 우리에게 선택은 염원과 인내 뿐이다. 중생이 석가의 님이라면 철학은 칸트의 님이요 마치니의 님은 이탈리아이며 우리의 님은 오호라 조국, 곧 통일 한국인 것을.

18511019
마담 루아얄

1778년 12월 19일 프랑스의 베르사유 궁에서 여자아이가 태어났다. 왕과 왕비가 결혼한 지 7년 만에 낳은 첫 아이였다. 마리 테레즈 샤를로트(Marie Therese Charlotte). 훗날 마담 루아얄(Madame Royale)이라고 불렸다. 어머니는 딸을 엄하게 교육했다. 공주를 데리고 하층민들이 사는 곳을 방문하고 그들을 베르사유로 불러 딸로 하여금 대접하고 장난감을 나누어 주게도 했다.

왕실은 선대에 비하면 검소했다. 왕과 왕비는 왕실 예산의 10% 정도만 소비했다. 왕비는 남편이 지어준 궁전을 소박하게 장식했다. 빈민구제에 관심이 컸다. 1784년에는 가난한 사람들을 돕는 데 돈을 다 써서 딸에게 새해 선물을 주지 못했다. 빈민들을 돕기 위해 드레스를 팔고 국민들이 '악마의 음식'이라며 꺼리는 감자에 대한 혐오감을 없애려 감자 꽃으로 머리를 장식했다.

그러나 백성들은 왕비에 대해 잘 몰랐다. 거만하고 사치스러운 여인으로 알았다. 전원풍의 궁전은 호화별장으로 소문났다. 진주목걸이를 뇌물로 받았다는 누명도 썼다. 왕비는 프랑스대혁명 때 왕과 함께 목숨을 잃었다. 죄목은 근친상간. 시누이와 함께 자신의 아들을 겁탈했다는 내용이었다. 여덟 살이던 아들은 어머니의 죄목이 무슨 뜻인지도 몰랐다.

왕비는 1793년 10월 16일 거름통을 싣는 수레에 실려 콩코드 광장에 있는 사형대로 끌려갔다. 남편이 죽은 이튿날이었다. 그녀는 실수로 사형집행인의 발을 밟자 사과했다. "미안해요. 일부러 그런 게 아니에요." 죽기 전에 시누이에게 편지를 남겼다. "우리를 대신해 복수하려 하지 말기를. 나는 적들이 나에게 한 행동을 모두 용서합니다."

왕비의 이름은 마리 앙투아네트, 남편은 루이 16세다. 그녀에 대한 비난에는 '가짜뉴스'가 많았다. 가짜뉴스는 피에 굶주린 자들의 주술이다. 그 목적은 의식적이든 무의식적이든 살인이다. 왕비의 악마성을 표현하는 대표적 예는 그녀가 했다는 "빵이 없으면 과자를 먹으면 되지."라는 말이다. 하지만 마리 앙투아네트는 말종이 아니었다. 두 가지 이야기가 있다.

첫째는 왕비가 굶주린 아이들을 보고 신하에게 "브리오슈(단과자빵)를 주세요."라고 명했다는 것, 둘째는 장 자크 루소가 1769년에 낸 『고백록』(또는 『참회록·Les Confessions』)에 적은 내용을 누군가 갖다 붙였다는 것이다. 루소는 1736년부터 1742년까지의 삶을 기록한 제6편에 이 내용을 적었다. 자신은 안주 없이 술을 못 마시는데 신사체면에 직접 빵을 살 수는 없었다는 대목이다.

"공주가 난처한 경우를 모면한 이야기가 생각났다. 백성들에게는 먹을 빵이 없다는 말을 듣자 '그러면 브리오슈를 먹는 게 좋겠다.'하고 대답했다는 이야기다. 그래서 나도 브리오슈를 샀다."(홍승오 번역·294쪽)

마리 테레즈는 혁명의 불길 속에 살아남아 1814년 나폴레옹이 몰락하자 파리로 돌아가 왕태자비가 됐다. 그러나 이듬해 나폴레옹은 엘바 섬에서 탈출해 파리로 진군한다. 모두 두려워 탈출하기 바빴다. 마리 테레즈만 군대를 소집해 맞서려 했다. 나폴레옹은 "그 가문의 유일한 남자"라며 감탄했고 그녀의 탈출을 막지 않았다.

마담 루아얄은 1851년 오늘 오스트리아의 프로스도르프에서 죽었다. 일흔두 살이었다.

18520405
프란츠 에케르트

축구대표 팀이 경기를 할 때 두 나라의 국가를 연주한다. 이때 외국 선수들은 대개 국기를 바라보며 힘차게 노래한다. 우리 선수들은 눈을 감고 묵념을 하는 경우가 많다. 그 표정에 비장함이 보인다. 언제 어디서건 국가를 부르거나 들을 때 우리는 내면에 차오르는 벅찬 감정을 경험한다.

애국가는 안익태가 작곡했다. 안익태는 친일인명사전에 오른 인물이라 그가 작곡한 국가(國歌)를 불러서는 안 된다는 주장이 끊이지 않는다.

가사는 누가 지었는지 확실하지 않다. 윤치호가 지었거나 당대 지사들의 뜻이 모인 결과라는 주장도 있다. 처음엔 이 가사를 스코틀랜드 민요「올드 랭 사인(Auld Lang Syne)」의 곡조에 얹어 불렀다. 그러다가 1935년 안익태가 새 애국가를 작곡하고 이전의 가사를 얹어 발표했다.

사실 애국가는 법으로 정한 공식 국가(國歌)가 아니다. 임시정부 때부터 관습적으로 국가의 지위를 유지해왔을 뿐이다. 광복 후 귀국한 임시정부 요인들은 여전히 '올드 랭 사인 애국가'를 합창했다. 북한이 1947년 새 애국가를 확정하자 남한에서도 1949년 제헌의회에 애국가 건이 상정됐다. 그러나 '통일이 될 때까지' 법정 공식 애국가 제정은 보류됐다. 그래서 관행적으로 '안익태 애국가'가 국가의 자리를 지켜왔다.

안익태 애국가와 올드 랭 사인 애국가 이전에도 여러 애국가가 있었다. 『한국민족문화대백과』는 갑오경장 이후 각종 애국가가 널리 불리기 시작하여 1896년 무렵에 각 지방에서 불린 애국가만도 10여 종류에 이른다고 했다. 그러다가 대한제국 황실이 정한「대한제국 애국가(大韓帝國 愛國歌)」가 등장한다. 이 곡을 작곡한 사람은 독일의 프란츠 에케르트다. 독일 제국의 해군 소속 음악가였던 에케르트는 한국민요「바람이 분다」에서 선율을 취하여 작곡했다고 한다. '에케르트 애국가'의 가사는 이렇다.

"하느님은 우리 황제를 도우소서. 성수무강하시어 용이 해마다 물어오는 구슬을 산같이 쌓으시고 위엄과 권세를 하늘아래 떨치시어 오! 영원토록 복과 영화로움이 더욱이 새로워지게 하소서 하느님은 우리 황제를 도우소서."

영국 국가와 매우 흡사하다. "하느님, 저희의 자비로우신 여왕 폐하를 지켜 주소서. 고귀하신 여왕 폐하 만수무강케 하사 (중략) 승리와 복과 영광을 주소서…." 실제로 1898년 무관학도들이 부른 애국가는 영국 국가인 「신이여 황제를 보호하소서(God save the king)」의 선율과 가사를 그대로 가져다 쓴 것이라고도 한다. 에케르트는 일본의 국가(기미가요)도 작곡하였다. 대한제국 애국가는 1910년 일제강점 이후 금지곡이 되었고, 「기미가요」가 공식 국가가 되었다.

에케르트는 1852년 오늘 프로이센의 노이로데(현재는 폴란드의 노바루다)에서 태어나 브레슬라우 음악학교와 드레스덴 음악학교를 졸업했다. 해군 군악대장으로 일하다 대한제국의 초청을 받아 1901년 2월 7일 내한하였다. 서양식 군악대를 만들고 대한제국 국가를 작곡하는 데 힘을 기울였다. 고종의 50회 생일인 1901년 9월 7일 국가를 연주하여 큰 찬사를 받았다. 황실에서는 훈장을 내려 치하했다.

에케르트가 만든 군악대는 1907년 대한제국의 군대가 일본에 의하여 강제로 해산될 때 함께 해산되었다. 에케르트도 일자리를 잃었다. 그러나 그는 독일로 돌아가지 않고 한국에 남아 후진을 양성했다. 1916년 8월 6일 세상을 떠나 8월 8일 서울 양화진에 안장되었다. 천주교 신자인 그의 장례식은 명동 성당에서 열렸다. 일본 정부도 대표를 파견하여 조의를 표하였다.

18620110

리볼버

"열정적이고 재빨리 소진되는 생명을 가진 여름이 시작되었다. 긴 낮은 찌는 듯했지만 불타는 깃발처럼 금방 타올라버렸고, 짧고 무더운 달밤 다음에는 짧고 무덥고 비 내리는 밤이 이어졌다. 꿈처럼 빠르게, 온갖 형상들로 충만하여, 열병처럼 달아오르다 사그라졌다." (헤르만 헤세)

섬세하고 예민한 화가 클링조어가 어느 해 여름 자신을 찾아온 죽음의 그림자를 느낀다. 그는 남은 생명을 모두 끌어 모아 마지막 작품을 완성해낸다. 헤르만 헤세가 1920년에 발표한 『클링조어의 마지막 여름』. 여름 한 달 만에 썼다는 이 소설은 고뇌하는 지성으로서 헤세와 화가 빈센트 반 고흐의 얼굴을 겹쳐 보여준다. 그래서일까. 우리 독자들이 가장 많이 읽었을 민음사 판(版) 번역본은 고흐가 그린 「밀짚모자를 쓴 자화상」을 표지에 담았다.

"고흐는 그(헤세)의 마음속에서 꿈틀거리는 하나의 뜨거운 화두였다. 클링조어의 얼굴에서 문득문득 고흐의 얼굴이 스치고, 클링조어의 친구인 루이스의 얼굴에서 언뜻언뜻 고갱의 얼굴이 스치는 것은 그 때문일 것이다. 귀가 잘린 자화상을 그리며 광기와 예술혼 사이에서 길을 잃었던 고흐의 분노는 헤세의 클링조어가 자화상을 그리며 느끼는 고통과 닮았다."(정여울)

우리는 고흐의 여름이 어떻게 끝났는지 듣거나 읽었다. 고흐는 1890

년 7월 27일 프랑스의 오베르 쉬르 우아즈 근처에 있는 밀밭에서 자신의 가슴에 권총을 쏘았다. 즉사하지는 않았고, 피를 흘리며 숙소로 돌아가 고통을 받다가 이틀 뒤 숨을 거뒀다. 고흐가 죽던 해에 그린 「밀밭」은 그의 마지막 작품은 아니다. 그러나 화가의 최후를 떠올리게 할 만큼 강렬하다. 그림 속 까마귀들은 총성에 놀라 일제히 날아오르는 것 같다.

1965년, 한 농부가 오베르 쉬르 우아즈의 들에서 권총 한 자루를 발견한다. 7㎜ 포켓 리볼버였다. 리볼버는 실린더의 회전을 이용한 연발 권총이다. 1862년 오늘 세상을 떠난 미국의 무기업자 새뮤얼 콜트가 1836년에 내놓은 '콜트 패터슨 리볼버'가 대표적이다. 농부가 발견한 리볼버는 프랑스의 르포슈가 제작한 물건이다. 권총은 고흐가 머물던 라부 여인숙의 주인에게 넘어가 자손에게 이어졌다. 고흐를 죽음에 이르게 했다는 꼬리표도 함께.

고흐의 죽음은 오랫동안 논란거리였다. 자살이 아니라는 주장도 있다. 미국의 임상병리학자 겸 총상 전문가 빈센트 디 마이오는 2016년에 발표한 「진실을 읽는 시간」에서 여러 법의학적 증거를 제시하며 타살 가능성을 제기했다. 고흐가 들에서 놀던 아이들이 잘못 쏜 총에 맞았다는 주장도 있다. 자살인지 타살인지도 분명하지 않으니 들에서 주운 권총이 정말 고흐를 죽게 했는지 증명하기는 더 어렵다.

지난해 6월 20일, '예술의 역사에서 가장 유명한 권총'이 파리의 경매사 옥시옹 아르-레미 르 퓌르가 진행한 경매에 나왔다. 이 소식이 전해지자 "위대한 화가의 비극적인 삶을 상업적으로 이용한다."는 비난이 빗발

쳤다. 논란과 무관하게 경매는 성공적이었다. 오베르 쉬르 우아즈의 권총은 감정가의 세 배나 되는 16만2500유로(약 2억1400만원)에 낙찰됐다. 구매자는 미술품 수집가로만 알려졌다. 혹시 외로운 화가 고흐의 영혼이 수집가의 손을 빌려 권총과 여러 논란을 함께 거두었는지도 모르겠다.

18640508
백용성

전라북도 장수군 번암면에 죽림정사가 있다. 아름다운 절집이다. 봄이면 돌담을 따라 심은 매화가 흐드러지고, 가을이면 법고를 품은 누각 아래 은행잎이 황금빛으로 물든다. 본디 죽림정사는 인도 마가다국에 있었다는 불교 최초의 사원을 이른다. 상서로운 사연을 담은 까닭인가. 우리나라에는 죽림정사가 참으로 많다. 경상북도 구미시에도 죽림정사가 있다. 이곳은 조선의 유학자들이 학문을 논하던 곳이다.

장수군의 죽림정사는 백용성 스님의 생가 곁에 들어섰다. 스님의 생가, 대웅보전, 용성기념관 등이 단정하게 어우러졌다. 백용성 스님은 만해 한용운 스님과 더불어 기미독립선언문에 이름을 올린 분이다. 스님으로서 독립선언에 참여한 분은 만해 스님과 용성 스님 둘뿐이다. 1864년 5월 8일에 태어난 스님의 속명은 백상규(白相奎)요, 법명은 진종(震鍾)이다. 용성(龍城)이라는 법호로 널리 알려졌다.

기념관에 들어서면 스님의 입상(立像)이 순례객을 맞는다. 그 오른편에 작은 풍금이 하나 있고, 스님이 풍금을 치며 노래하는 모습을 담은 부조가 벽을 대신했다. 스님은 불자들에게 찬불가를 가르칠 때 이 풍금을 사용했다고 한다. 스님이 풍금을 치는 모습은 언뜻 떠올리기가 쉽지 않다. 큰스님들에게는 속인(俗人)이 상상하기 어려운 특별함이 있는가. 만해의 시집 『님의 침묵』에 실린 서른한 번째 시는 「포도주」, 청주도 탁주도 아닌 '와인'이다.

"…님이여 그 술을 연잎 잔에 가득히 부어서 님에게 드리겠습니다/님이여 떨리는 손을 거처서 타오르는 입술을 축이셔요//님이여 그 술은 한 밤을 지나면 눈물이 됩니다/아아 한 밤을 지나면 포도주가 눈물이 되지마는 또 한 밤을 지나면 나의 눈물이 다른 포도주가 됩니다…"

만해와의 인연이 지극하기에, 스님이 시집에서 노래한 '님'이 백용성 스님을 가리킨다는 주장도 있다. 독립운동에 참여해 달라는 만해의 간청에 침묵으로 답하며, 참선에 빠져든 스님을 향한 원망의 외침이라는 것이다. 만해의 님은 보통 조국, 중생 또는 불법, 희망과 이성의 상징 등으로 이해된다. 시집 『님의 침묵』에서 서시 역할을 하는 「군말」을 읽으면 만해가 노래한 님의 윤곽이 드러난다.

"님만 님이 아니라 기룬 것은 다 님이다. 중생이 석가의 님이라면 철학은 칸트의 님이다. 장미화의 님이 봄비라면 마시니의 님은 이태리(伊太利)이다. 님은 내가 사랑할 뿐 아니라 나를 사랑하나니라. … 너에게도 님이 있느냐. 있다면 님이 아니라 너의 그림자니라. 나는 해 저문 벌판에서 돌아가는 길을 잃고 헤매는 어린 양이 기루어서 이 시를 쓴다."

백용성 스님의 삶은 현실에 눈감은 면벽 승려와 거리가 멀다. 그는 중생의 고통을 기꺼이 나누고자 했다. 일제가 1911년 사찰령을 내려 조선 불교를 접수하려 들자 폐지운동을 일으켜 저항했다. 1924년에는 불교 종합지 『불일(佛日)』을 창간하여 불교 대중화에 나섰다. 1928년에는 『조선말 화엄경』을 펴내 역경사업에 불을 댕겼다. 그의 노력은 "한국불교를 바로 세우는 일이자 정신적 광복운동"이라는 평가를 받는다.

백용성 스님은 뛰어난 선승이요 행동하는 지식인이었다. 구도의 삶 60년 가운데 앞선 30년은 깨달음을 얻으려는 상구보리(上求菩提)요, 뒤의 30년은 중생을 불법으로 이끌고자 하는 하화중생(下化衆生)이었다. 스님은 1940년 2월 24일 서울 대각사에서 열반에 들었다. 임종 직전 제자들에게 "그동안 수고했다, 나는 간다."고 했다.

18690510
대륙횡단철도

1872년 10월 2일 저녁. 영국 신사 필리어스 포그는 하인 파스파르투와 함께 런던을 떠난다. 80일 안에 세계를 일주할 작정이다. 발단은 소소한 입씨름이었다. 포그는 클럽에서 카드게임을 하다 '세계를 일주하는 데 며칠이나 걸리겠느냐'는 논쟁에 끼어들었다. 포그가 "80일이면 충분하다."고 하자 다른 회원들은 불가능하다고 반박한다. 논쟁은 2만 파운드가 걸린 내기로 발전했다.

포그는 면도하는 데 쓸 물의 온도를 반드시 화씨 86도에 맞춘다. 이 온도를 맞추지 못한 하인을 해고할 정도로 엄격한 사람이다. 감정을 잘 드러내지 않지만 모험을 주저하지 않는 배짱도 있다. 포그는 온갖 어려움을 이겨내고 목표를 이뤄낸다. 처음엔 시한보다 하루 늦었다고 생각했지만 시차로 인한 착오였음이 밝혀진다. 포그는 아슬아슬하게 클럽에 도착해 회원들 앞에 모습을 나타낸다.

쥘 베른이 쓴 소설 『80일간의 세계일주』는 흥미진진하다. 출간된 해는 1873년이다. 베른이 소설을 발표하기 전에 지구촌에서는 굵직한 사건이 잇달아 벌어졌다. 1869년 11월 17일 수에즈운하가 개통되었고 같은 해 5월 10일에는 미국 최초의 대륙횡단철도가 완공되었다. 1870년 3월 7일에는 인도반도철도가 개통되었다. 베른의 소설에서 포그 일행도 수에즈운하를 통과해 인도반도철도와 미국 대륙횡단철도를 이용한다.

대륙횡단철도는 교통을 발전시켜 도시 형성에 기여했다. 상품의 거래와 인구의 이동 등 근현대 사회의 변화를 자극하고 촉진하였다. 그러나 지역 고유의 전통을 파괴하고 환경을 훼손하며 선주민들의 권익을 박탈하거나 침해하는 부작용도 컸다. 선주민의 땅을 철도 공사용으로 무상몰수한 미국 정부의 정책은 생존권 투쟁을 불렀다. 미국 정부는 폭력으로 원주민과의 충돌에 대처했다.

베른의 소설에서는 비유럽 세계에 대한 편견과 왜곡이 곳곳에 보인다. 제국주의 시대 작가의 한계일 것이다. 문학평론가 조성면은 포그 일행의 이동경로를 주목한다. 런던-수에즈-봄베이-캘커타-홍콩-요코하마-샌프란시스코-뉴욕-런던. 그는 2017년 경인일보에 쓴 칼럼에서 "이들의 여행지는 영국의 식민지이거나 그 영향 아래 있는 국가들"이며 "포그의 여정은 자본의 식민지 순례 여행"이라고 짚었다.

대륙횡단철도는 한동안 우리의 시야 밖에 있었다. 남북의 분단은 대한민국을 섬나라로 만들었다. 그러나 지난해 남북정상회담에서 철도 연결이 구체적으로 논의되자 불현듯 유라시아 횡단철도라는 화두가 우리 의식의 전면에 떠올랐다. 한반도를 출발한 열차가 아시아와 유럽을 가로질러 대서양에 이르는 장면이 꿈이 아닐 수도 있다. 이미 1936년에 반도의 청년 마라토너 손기정은 열사흘을 기차로 달려 베를린에 갔다.

지난해* 12월 26일 KBS 라디오의 시사 프로그램에 출연한 박흥수 사회공공연구원 연구위원은 남북 철도 연결을 '대륙으로 뻗어나가는 길'이라고 표현했다. 그는 이 사업이 탄력을 받으면 서울역이 국제역으로 거듭난다면서 이렇게 말했다. "서울역은 이미 국제역이었습니다. 70년 전에도요." 프로그램 진행자가 물었다. "한 5~6일이면 (서울역에서 파리나 베를린에) 갈 수 있지 않을까요?" "그래도 열흘은 걸릴 겁니다."

---

* 2018년.

알프레트 베게너

1527년. 마젤란 선단이 세계일주 항해를 마친 지 5년이 지났을 때다. 이 무렵에 나온 세계지도가 있다. 아메리카 대륙의 동쪽 해안선과 유럽 및 아프리카의 해안선이 비슷한 곡선을 그리며 흘러내린다. 지도를 본 사람들이 '두 대륙이 원래 붙어 있다가 보이지 않는 힘 때문에 갈라졌다'는 상상을 할만 했다.

프랜시스 베이컨은 이런 유사성이 '단순한 우연이 아닐 것'이라고 보았다. 알렉산더 폰 훔볼트는 단순히 대륙의 모습이 유사하다는 차원을 넘어 생물, 지질, 지리 등의 유사성을 지적하기도 했다. 그러나 이를 과학적인 수준의 논의로 이끌어낸 사람은 알프레트 로타르 베게너다. 1880년 오늘 독일의 베를린에서 태어났다.

베게너는 1912년에 『대륙의 기원(Die Entstehung der Kontinente)』이라는 책을 냈다. 그는 책에서 "아주 오랜 과거에 판게아(Pangea)라는 거대대륙으로 함께 붙어있던 아메리카 대륙과 유럽, 아프리카 대륙이 나뉘기 시작하고 이들이 계속 더 작은 대륙들로 쪼개지면서 오늘날의 지구 모습이 되었다."고 주장했다. 곧 '대륙 이동설'이다.

대륙 이동설을 뒷받침하는 증거도 제시했다. 판게아 대륙을 짜 맞춰보면 대륙모양이 서로 맞물리며 대륙 내부에 흩어진 산맥들이 한 줄로 나란히 이어진다는 것이다. 베게너는 대서양이 가로지른 남아메리카와 아프리카 해안을 따라 특정한 지질학적 구조나 동식물의 화석이 동시에 나타나는 사실도 주목했다.

그러나 대륙 이동설은 당시로서는 받아들이기 어려운 주장이었다. 베게너도 거대한 대륙을 그렇게 멀리 옮길 수 있는 힘이 무엇인지 설명할 수 없었다. 지질학자들의 반발 속에 대륙 이동설은 잠복했다. 베게너는 1930년 그린란드를 탐사하다가 죽었다. 그런데 제2차 세계대전 이후 해양학자들의 연구로 대륙 이동설이 새삼 주목을 받는다. (김경렬)

1968년에 '판 구조론'이 나왔다. 판구조론은 대륙을 판으로 정의했다. 대륙을 움직이는 원동력은 맨틀의 대류로 설명하였다. 판은 지각과 최상부의 맨틀로 이루어진 암석권의 조각이다. 암석권의 조각이 유동성을 갖는 맨틀의 일부인 연약권 위를 움직인다. 이러한 판의 움직임으로 지진, 화산활동, 구조산맥들이 생겨난다.

결국 두께 100㎞정도 되는 지구 표면이 여러 조각으로 쪼개져 상대적으로 운동하고 있다는 것이다. 이 이론에 따르면 커다란 판 일곱 개(북아메리카판·남아메리카판·유라시아판·태평양판·아프리카판·인도-호주판·남극판)와 중간 판(카리브판·나스카판·필리핀판·아라비아판·코코스판·스코티아판), 나머지 작은 판들이 지구를 덮고 있다.

때로는 영감이 과학을 앞질러 진실을 꿰뚫는다. 그 섬광이 새 지혜의 가능성을 연다. 이백은 노래하였다. "천지는 만물의 여관, 시간은 영원한 길손."(春夜宴桃李園序) 그러나 대륙 또한 대지의 바다 위를 떠도는 나그네임에랴. 베게너의 직관은 그로 하여금 우주를 질주하는 푸른 별에서 멀미를 느끼게 했을지 모른다.

9만 리 장천(長天)이라 했던가. 이 거리는 곧 지구의 둘레요 정지궤도 위성의 높이다. 또한 장자가 가로되 "붕(鵬)새가 있어 한 번 날갯짓에 9만 리를 난다." 하였다. 장자여, 베게너여. 혼몽한 나비의 꿈(胡蝶夢) 속에서 무엇을 보았는가.

18890426
루드비히 비트겐슈타인

올해는* 철학자 루드비히 비트겐슈타인(Ludwig Josef Johann Wittgenstein)의 탄생 130주년이다. 비트겐슈타인은 1889년 오늘 오스트리아의 빈에서 태어났다. 제철사업으로 성공한 아버지 슬하에서 자란 '금수저'다. 그의 집엔 교양과 품위가 넘쳐서, 요하네스 브람스나 구스타프 말러 같은 예술가들이 일상처럼 드나들었다고도 한다. 비트겐슈타인의 생애는 몇 가지 인연으로 해서 아돌프 히틀러와 연결된다. 히틀러는 비트겐슈타인보다 일주일 앞서 태어났고(4월 20일) 린츠에 있는 국립실업학교(레알슐레)에서 함께 공부했다. 히틀러는 성적이 나빴고, 비트겐슈타인과 동갑이었지만 두 학년 아래였다.

히틀러의 유대인에 대한 혐오가 비트겐슈타인에게서 느낀 열등감 때

---

* 2019년.

문이라는 주장도 있다. 그러나 둘 사이에 각별한 인연을 짐작하게 하는 에피소드 따위는 없다. 다만 비트겐슈타인과 히틀러가 함께 나온 사진이 전할 뿐이다. 히틀러는 학교에서 "이상한 유대인을 만났다."고 말한 적이 있다는데 그 이상한 유대인이 비트겐슈타인일지 모른다. 비트겐슈타인은 유대인이며 엄청난 부자의 아들로서 독일어의 2인칭 존칭 대명사인 'Sie'를 사용하는 등 귀족적인 티를 냈다고 한다. 비트겐슈타인이 부잣집 자제들이 가는 김나지움이 아니라 실업학교에 진학한 데는 사업가 아버지의 뜻이 작용했을 것으로 본다.

비트겐슈타인이 히틀러와 마주치는 지점이 또 하나 있다. 오토 바이닝거(Otto Weininger). 1902년 빈 대학을 졸업하고, 이듬해 『성과 성격(Geschlecht und Charakter)』을 발표한 다음 이탈리아를 여행하고 돌아와 스스로 목숨을 거뒀다. "천재가 아니면 죽는 게 낫다."는 어록을 남긴 사나이다. 『비트겐슈타인 평전』(필로소픽)은 사춘기의 비트겐슈타인이 "바이닝거의 저작을 읽고 자신의 정체성을 끝없이 고민하며 천재의 의무에 사로잡힌다."고 설명한다. 바이닝거는 유대인이었는데, 히틀러는 「참모본부에서의 독백(Monologe im Fuehrerhauptquartier)」이라는 글에서 "유대인은 다른 민족들이 해체되는 것으로 살아간다는 사실을 알고 자살한 오토 바이닝거 말고는 인정할 만한 유대인이 없다."라고 했다.

비트겐슈타인의 철학은 전기와 후기로 나뉜다. 케임브리지 대학에서 버트런드 러셀의 제자로 지낸 시기부터 1차 세계대전 이후 시골에서 교사생활을 하기까지를 전기, 교사생활을 마치고 케임브리지 대학으로 돌아간 뒤 사망할 때까지를 후기로 구분한다. 전기를 대표하는 책이『논리철학논고(Logisch-Philosophische Abhandlung)』, 후기를 대표하는 책이『철학적 탐구(Philosophische Untersuchungen)』이다.

비트겐슈타인에 대해 조금이나마 아는 사람이라면 그의 유명한 경구를 떠올릴 것이다. "말할 수 없는 것에 대해서는 침묵해야 한다." 비트겐슈타인은 일기장에 "한 문장에는 하나의 세계가 연습 삼아 조립되어 있다."고 썼다. 이러한 사고의 바탕 위에서 기존 철학, 특히 형이상학이나 도덕학에서 신이나 자아, 도덕 등은 실제 그것이 나타내고자 하는 것이 없어서 뜻(Sinn)이 없다고 보았다. 따라서 이러한 개념에 대한 논의는 무의미하다고 주장한다. 하지만 비트겐슈타인은 편집자에게 보내는 편지에서 오히려 말할 수 없는 것을 더 중요하게 생각한다고 고백했다. 말할 수 없는 것은 증명할 수 없어서 무의미한 것이 아니며, 증명하려 하여 도리어 무가치하게 만들지 말라는 뜻이었다.

비트겐슈타인 탄생 130주년을 기념해서 책이 여러 권 나왔다.『비트겐슈타인 평전』,『색채에 관한 소견들』(필로소픽),『철학, 마법사의 시대』(파우제) 등이다. 볼프람 아일렌베르거는『철학, 마법사의 시대』의 첫 장을 비트겐슈타인의 박사학위 구술시험 장면으로 시작한다. 1929년 6월 18일, 러셀은 불혹의 비트겐슈타인에게 박사학위를 주기 위해『논리철학논고』를 박사논문으로 인정하기로 했다. 비트겐슈타인이 러셀의 질문에 어떻게 대답했는지 기록이 전하지 않는다. 다만 비트겐슈타인은 "오늘은 여기까지만 하자."는 말로 시험을 마친 뒤 러셀의 어깨를 토닥이며 이렇게 말했다고 한다.

"괜찮아요. 당신들이 이해 못할 줄 알았어요."

18900125
넬리 블라이

프랑스 사람 쥘 베른(Jules Verne)은 인간이 아직 하늘을 날거나 깊은 바다에 들어가기 전에 우주, 하늘, 해저 여행 이야기를 썼다. 라이트 형제가 역사상 처음으로 동력 비행기를 조종하여 지속적인 비행에 성공한 해는 1903년이다. 인간이 심해에 마음먹고 들어간 때는 1966년이다. 이 해 1월 23일에 자크 피카르(Jacques Piccard)와 돈 월시(Don Walsh)가 미국 해군 소속 '트리에스테'를 타고 마리아나 해구의 수심 1만916m까지 잠수했다.

현대인의 상상 세계를 극적으로 확대한 그를 '과학 소설의 아버지'라고 부른다. 베른과 어깨를 겨룰 만한 작가는 휴고 건즈백(Hugo Gernsback), 허버트 조지 웰스(Herbert George Wells) 정도다. 건즈백은 『랄프 124 C41 플러스-2660년의 로맨스』(1912)에서 형광등·플라스틱·레이더·테이프 레코더·텔레비전 등을 예언했다. 그의 이름을 딴 휴고상은 과학소설 최고의 상으로 꼽힌다. 웰스는 『타임머신』(1895), 『투명인간』(1897), 『우주전쟁』(1898) 등을 썼다.

베른은 조금 특별한 사람이다. 그가 영화와 애니메이션 등 현대 예술

장르에 미친 영향은 매우 크다. 베른이 『해저2만리』(1869)에서 창조한 네모 선장은 가상 세계의 슈퍼스타다. 하지만 그는 우주와 과학의 세계가 아니라 대지와 대양이라는 아날로그의 세계에서도 상상력을 발휘했고, 독자에게 최고 수준의 지적 쾌감을 제공할 줄 알았다. 『80일간의 세계일주』(1873)는 우리에게 『해저2만리』 이상으로 깊은 인상을 남겼다. 이 소설은 1956년 마이클 앤더슨이 감독하고 데이빗 니븐이 주연을 맡은 같은 제목의 영화로 만들어졌다. 영화는 아카데미 작품상, 촬영상, 편집상, 음악상, 각본상을 휩쓰는 성공을 거두었다.

『80일간의 세계일주』는 영국 신사 필리어스 포그가 클럽 친구들과 2만 파운드 내기를 걸고 프랑스인 하인 파스파르투와 함께 80일 만에 세계를 일주한다는 내용이다. 모험을 즐기며 꼼꼼하고 감정을 잘 드러내지 않는 포그는 온갖 어려움을 이겨내고 내기에서 이긴다. 시한보다 하루 늦었지만 지구 반대편의 시차로 인한 착오였음이 밝혀져 아슬아슬하게 클럽에 도착하는 장면이 마지막 하이라이트다. 1936년에 프랑스의 시인이자 소설가인 장 콕토(Jean Cocteau)와 그의 친구 마르셀 킬(Marcel Khill)은 베른 탄생 100주년을 기념해 80일간 세계 일주를 한 다음 그 기록을 책으로 남겼다.*

미스터 포그의 여행은 어디까지나 베른의 머릿속을 종횡한 모험이다. 콕토는 현실의 세계를 누볐다. 베른의 상상과 콕토의 체험 사이를 한 여

---

* 다시 떠난 80일간의 세계일주.

성의 기적 같은 도전이 가로지른다. 1890년 오늘, 미국 기자 넬리 블라이(Nellie Bly)가 세계일주를 마치고 뉴욕으로 돌아갔다. 스물다섯 살 처녀는 4만5000㎞에 이르는 여행을 72일 6시간 11분 14초에 마쳤다. 1889년 11월 14일에 뉴욕을 떠나 영국, 프랑스, 이탈리아와 수에즈운하를 거쳐 스리랑카의 콜롬보, 홍콩, 페낭 반도, 일본을 거쳐 다음 해 1월 25일에 돌아갔다. 소속사는 여행 기획을 남성 기자에게 맡기려 했지만 어림없었다. 넬리는 으름장을 놓았다.

"남자를 보내면 같은 날 다른 신문사 대표로 출발해 그 남자를 이겨버리겠다."

넬리는 보통 여성이 아니었다. 그는 1885년 『피츠버그 디스패치』에 실린 「여자아이가 무슨 쓸모가 있나(What Girls Are Good For)」라는 칼럼을 읽고 격분해 '외로운 고아소녀'라는 가명으로 반박문을 보냈다. 그의 원래 이름은 엘리자베스 코크레인(Elizabeth Jane Cochran)인데, 이 일을 계기로 같은 신문의 기자가 되었다. 넬리의 활약은 눈부셨다. 특히 1887년 뉴욕 블랙웰스섬 정신병원에 잠입해 정신병원의 끔찍한 환경과 환자 학대를 고발한 기사는 큰 반향을 일으켰다. 이 보도를 계기로 미국 정부는 병원의 상황을 개선하고 의료 시스템을 혁신했다. 이 업적은 넬리에게 탐사보도의 창시자라는 명예를 안겼다.

넬리 블라이는 1895년 사업가인 로버트 시먼과 결혼했다. 그녀의 나이 서른하나, 시먼은 일흔세 살이었다. 남편의 건강이 나빠지자 언론계에서 은퇴해 남편의 일을 넘겨받았다. 시먼은 1904년에 숨을 거두었다.

넬리는 제1차 세계대전이 터지자 전선으로 달려가 유일한 여성 종군기자로 활약했다. 쉰다섯 살에 미국에 돌아가 칼럼을 쓰고 고아들을 돌보다 1922년 1월 27일 뉴욕의 성 마르코 병원에서 숨을 거두었다.

18970619
훈련원

"1572년 가을에 훈련원 별과(무과) 시험을 보았는데 달리던 말이 거꾸러지면서 나는 말에서 떨어져 왼쪽 다리가 부러졌다."

충무공 이순신이 남긴 기록이다. 장군은 스물여덟 나던 선조5년 8월에 무인을 뽑는 과거에 응시했으나 낙방하고 4년 뒤(1576년)에야 무과 병과(丙科)에 합격한다. 유림의 가문에서 태어나 백씨와 중씨를 좇아 유도(儒道)를 좇았다가 장인 방진의 권유로 스물두 살에 무예를 익히기 시작하여 벼슬길에 들기까지 10년이 걸렸다.

단재 신채호 선생은 『대한매일신보』에 1908년 6월 11일부터 10월 23일까지 「수군의 제일 거룩한 인물 이순신전」을 연재한다. 이순신의 『난중일기(亂中日記)』를 바탕으로 삼았다. '금협산인'이라는 이름으로 먼저 한문으로 연재하고, 며칠 뒤에 '패서성'이라는 이름으로 한글로 번역해서 실었다. 여기에 이순신의 낙마 사건을 다음과 같이 풀어 썼다.

"말달리기를 시험하다가 말 위에서 떨어져 왼다리가 절골(折骨)이 되어 한참을 혼도하였는데, 보는 사람들이 다 말하기를, 이순신이 죽었다 하더니 이순신이 홀연히 한 발로 일어서서 버들가지를 꺾어 그 껍질을 벗겨 상처에 싸매고 뛰어 말에 오르니 구경하던 모든 사람이 일제히 갈채한지라."

할리우드식 영화를 찍는다면 박진감이 화면을 메우고 관객석으로 넘쳐날 드라마틱한 장면이다. 실패에 굴하지 않은 젊은이의 패기를 보여주는 일화는 장차 한 나라를 구원할 영웅의 탄생을 알리는 프롤로그로서 손색없다. 흙먼지가 안개처럼 화면을 뒤덮고, 땀에 젖은 청년의 얼굴이 클로즈업되면 바야흐로 성웅 이순신의 대서사시가 막을 올리는 것이다.

충무공이 언급한 훈련원은 어떤 곳인가. 서울 을지로 6가에 있는 국립중앙의료원 앞에 작은 표지가 있어 훈련원 터임을 알린다. 훈련원은 경국대전에 의하면 조선시대 정3품 아문으로 서반인 무관이 담당하던 관청이었다. 1392년에 설치하여 훈련관이라 부르다가 1467년 훈련원으로 개칭하였다. 1907년에 일제에 의해 강제로 폐지되었다.

훈련원은 과거시험 중 무관을 선발하는 시험을 주관하였다. 군사들의 무예를 연마시키며, 무경칠서와 박의, 진법 등 병법을 가르치는 일을 관장하였다. 젊은 무인의 기상이 넘치는 이 관청이 서울의 동쪽, 흥인지문(興仁之門) 지척에 자리 잡음은 필연이었다. 오세훈이 서울시장으로 일할 때 헐어버린 서울운동장(동대문운동장)을 떠올려 보라.

이 운동장은 일제강점기에 들어섰지만 생각 없이 지은 시설이 아니다. 풍수 이론과 현실적 고려가 작용했다. 조선의 설계자들은 한양의 '좌청룡 (左靑龍)'인 낙산의 지기(地氣)가 약하기에 동쪽 대문은 사대문 가운데 유일하게 넉 자로 된 현판을 걸었다. 청계천을 준설하여 얻은 흙으로 언덕을 높이 쌓으니 곧 성동원두(城東原頭)다. 여기 훈련원을 두어 젊은이의 기(氣)가 배도록 했다.

1897년 6월 19일자 독립신문에 훈련원에서 열린 운동회 기사가 보인다. 16일 오후 4시 30분에 영어학교 학생들이 훈련원에서 대운동회를 했다는 내용이다. 이날 열린 운동회를 우리나라 최초의 체육대회로 보는 연구자도 적지 않다. 근대적 의미의 첫 운동회로는 통상 1896년 5월 2일에 열린 영어학교의 '화류회'를 꼽는다. 이때 영어학교 학생들이 평양의 삼선평(三仙坪)으로 소풍을 가서 '화류회'라는 운동회를 열었다는 것이다.

훈련원에서 열린 운동회는 육상을 중심으로 한 경기 종목과 놀이 종목으로 이루어졌다. 당나귀 스무 마리까지 경주에 참가했으니 규모가 작지 않았음을 짐작할 수 있다. 독립신문은 운동회가 끝난 다음 열린 시상식도 보도하였다. 시상자는 영국의 총영사 부인이었다. 상품은 은시계, 시곗줄, 은병, 주머니칼, 명함갑 등 귀한 물품들이었다. 독립신문은 '이 상품들은 내외 유지들이 추렴한 300원으로 중국 상하이에서 사온 물건들'이라고 썼다.

함석헌

1961년 5월 16일 새벽, 박정희 소장이 이끄는 장교 250여 명과 사병 3500여 명이 군사정변(軍事政變)을 일으켰다. 전국에 계엄이 선포되었다. 침묵의 겨울이 왔다. '총과 칼로 사납게 윽박지르고/논과 밭에 자라나는 우리들의 뜻을/군화발로 지근지근 짓밟아대고/밟아대며 조상들을 비웃어 대는' 겨울공화국. (양성우) 이 때 잡지 『사상계』 7월호에 실린 칼럼 한 꼭지가 시대의 양심에 불을 댕긴다. 제목은 '5·16을 어떻게 볼까', 필자는 함석헌이다.

"그때(4·19)는 맨주먹으로 일어났다. 이번엔 칼을 뽑았다. 그때는 믿은 것이 정의의 법칙, 양심의 도리였지만 이번에 믿은 것은 연알(총알)과 화약이다. 그때는 민중이 감격했지만 이번엔 감격이 없다. 그때는 대낮에 내놓고 행진했지만 이번엔 밤중에 몰래 했다. … 민중만이 혁명을 할 수 있다. 군인은 혁명 못한다. 아무 혁명도 민중의 전적(全的) 찬성, 전적 참가를 받지 않고는 혁명이 아니다. 그러므로 독재가 있을 수 없다."

함석헌은 1901년 오늘 평안북도 용천군에서 태어났다. 사전은 그를 '독립운동가, 종교인, 언론인, 사회운동가' 등으로 정의한다. 함석헌은 이 가운데 어느 틀에도 포박당하지 않는다. 목사로 보는 사람도 있지만 본인이 좋아할지는 모르겠다. 그는 1934~35년 『성서조선』에 연재한 글을 모아 1950년에 『성서적 입장에서 본 조선역사』를 냈다. 이 원고를 손보고 4.19와 5.16에 대한 평가를 더해 1965년에 『뜻으로 본 한국역사』를 완성한다. 서문에 이렇게 썼다.

"나는 이제 기독교인만 생각하고 있을 수 없다. 그들이 불신자라는 사람도 똑같이 생각하지 않으면 안 된다. 내게는 이제 믿는 자만이 뽑혀 의롭다 함을 얻어 천국 혹은 극락세계에 가서 한편 캄캄한 지옥 속에서 영원한 고통을 받는, 보다 많은 중생을 굽어보면서 즐거워하는 그런 따위 종교에 흥미를 가지지 못한다. 나는 적어도 예수나 석가의 종교는 그런 것은 아니라고 생각한다. 혼자서 안락하기보다는 다 같이 고난을 받는 것이 좋다."

함석헌의 사상을 드러내는 총괄적 어휘가 '씨알사상'이다. "인간이란 무엇인가? 생명이란 무엇인가? 진리란 무엇인가?… 씨알사상은 위의 세 가지 근본적 질문을 품고 사색하고 고뇌했던 그의 혼에서 탄생한 결실물이다. 씨알사상은 그의 생명사상의 토양 속에서 움트고 자란 꽃이요 나무이다." (김경재 한신대학교 명예교수, 논문 「생명철학으로서 함석헌의 씨알사상」)

박노자는 「국가의 살인」이라는 글에서 함석헌을 "20세기 한국에서 거의 유일하다 싶은 기독교적 평화주의 사상가"라고 했다. 함석헌에게는 반공을 명분 삼은 폭력과의 타협이 없다. 그는 1970년부터 10년에 걸쳐 『씨알의 소리』에 머리말을 썼다. '씨알에게 보내는 편지'. 출판인 김언호가 감탄했듯이 한 편 한 편이 시대와 역사와 인간을 성찰한 명문들이다. 읽을 때마다 글은 심장의 생각이며 양심의 노동임을 깨닫게 한다. 이런 글이 보인다.

"씨알의 바탕인 흙이 무엇입니까. 바위가 부서진 것입니다. 바위를 부순 것이 누구입니까. 비와 바람입니다. 비와 바람은 폭력으로 바위를 부순 것 아닙니다. 부드러운 손으로 쓸고 쓸어서, 따뜻한 입김으로 불고 불어서 그것을 했습니다. 흙이야말로 평화의 산물입니다. 평화의 산물이기에 거기서 또 평화가 나옵니다."

19010927
김동환

'아하, 무사히 건넜을까/이 한밤에 남편은/두만강을 탈 없이 건넜을까./저리 국경 강안(江岸)을 경비하는/외투 쓴 검은 순사가 왔다— 갔다—/오르명 내리명 분주히 하는데/발각도 안 되고 무사히 건넜을까./소금 실이 밀수출 마차를 띄어 놓고/밤 새가며 속 태우는 젊은 아낙네/물레 젓던 손도 맥이 풀려서/파! 하고 붙는 어유(魚油) 등잔만 바라본다./북국의 겨울밤은 차차 깊어 가는데.'

파인(巴人) 김동환은 함경북도 경성 사람이다. 1901년 오늘 태어났다. 1925년 신문학 사상 최초의 서사시로 꼽히는 대표작 「국경의 밤」을 내놓으면서 조선 문단에 혜성처럼 등장했다. 이 작품은 두만강 근처의 한 마을을 배경으로, 일제의 눈을 피해 강을 건너간 남편을 그리는 아내의 애타는 심정을 그려낸다. 우리 민족이 견뎌야 하는 고통스러운 삶의 현실과 나라를 잃고 헤매는 유랑민의 고달픔이 행간마다 선연하다.

파인은 중동학교를 나와 일본 도요대학 영어영문학과에 진학했으나 관동대지진이 발생하자 학업을 중단하고 귀국했다. 함북에서 발행된 북선일일보와 조선일보, 동아일보 등에서 기자로 근무하며 시 창작 활동을 시작했다. 1924년 시 「적성(赤星)을 손가락질하며」가 『금성(金星)』이라는 잡지의 추천을 받아 문단에 데뷔하였다. 1929년부터는 종합잡지 『삼천리』, 순문예지 『삼천리문학』을 주재하면서 경영에도 손을 댔다.

일제강점기의 수많은 예술가들이 그랬듯 파인의 삶과 예술에도 빛과 어둠이 뚜렷하다. 파인은 데뷔 이후 한동안 암담한 민족의 현실과 고통을 노래함으로써 '신경향파'로 분류되었다. 그러나 갈수록 향토적이며 애국적인 감정을 토로한 서정시를 많이 발표했다. 북방의 정서와 짙은 낭만, 향토적인 느낌이 물씬 풍기는 민요풍의 언어가 특징이다. 그러나 그의 예술적 성취는 1940년대에 활발히 전개한 친일 활동으로 빛을 잃고 말았다.

파인은 창씨개명에 순응하여 시로야마 세이주(白山青樹)로 이름을 바꾸었다. 삼천리 사를 배경으로 친일 단체에서 활동하면서 전쟁 지원을 위한 시를 발표했다. 그의 친일 작품은 젊은이들에게 참전할 것을 촉구하는 시 「권군취천명(勸君就天命)」(1943)을 비롯하여 스물세 편에 이른다. 2002년 발표된 친일 문학인 42인 명단과 친일파 708인 명단, 민족문제연구소가 2008년 발표한 친일인명사전 수록예정자 명단에 빠짐없이 파인의 이름이 보인다. 친일반민족행위진상규명위원회가 발표한 친일반민족행위 705인 명단에도 들어 있다.

파인의 친일은 운명의 무자비함을 새삼 일깨운다. 그는 아버지 김석구와 어머니 마윤옥의 3남3녀 중 셋째로 태어났으되 사내 중에 맏이여서 장남으로 자랐다. 김석구는 러시아 블라디보스토크와 만주를 오가며 장사를 하다가 파인이 어릴 때에 지린에서 일본군에게 살해되었다. 아비 죽인 원수를 위해 충성하다 친일의 오명을 쓴 시인의 행장이 애처롭지 않은가.

파인은 광복 후 이광수, 최남선 등과 함께 반민족행위특별조사위원회에 체포되어 재판을 받고 공민권을 제한받았다. 한국전쟁 때 납북돼 1956년에는 재북평화통일촉진협의회에 참여했다. 그 후 평안북도 철산군의 노동자수용소에 송치되었다가 1958년 이후 사망했다고 한다. 2002년 8월 14일, 그의 아들이 아버지의 친일 행적을 인정하고 용서를 구했으니 또한 구슬픈 가족사가 아닐 수 없다.

"아버지가 일제 말엽에 한 때 저지른 치욕적인 친일행위를 뉘우치고 변절고충을 고백하면서 '반역의 죄인'임을 자처했던 바 있음을 되새겨 보면서, 저는 가족을 대신하여 국가와 민족 앞에 깊이 머리 숙여 사죄합니다."

민영환

　서울특별시 종로구 견지동 우정국로 59. 우정총국 건물(사적 제213호)이 있는 곳이다. 우정총국은 조선시대 후기 우체업무를 담당하던 관청으로 우리 역사상 첫 우체국이다. 조선정부는 일본, 영국, 홍콩 등 외국과 우편물교환협정을 체결하고, 1884년 11월 18일 최초로 근대적인 우편 활동을 시작하였다. 우정총국 건물은 같은 해 12월 4일 김옥균, 서재필, 박영효 등 개화당 사람들이 갑신정변을 일으킨 장소이기도 하다.

　안국동 네거리에서 남쪽, 종각 방향으로 우정국로를 따라 걷다 보면 오른쪽에 우정총국 건물이 보인다. 앞면 다섯 칸, 옆면 세 칸 규모에 팔작지붕을 얹은 단정한 구조다. 1972년 12월에 체신부가 인수하여 체신기념관으로 활용했다. 지금도 우표와 문헌 등 우편 관련 사료를 전시하는 기념관이다. 1987년 5월에 보수공사를 크게 하면서 기념관의 기능을 보완했다. 그 결과 현재의 건물은 원래의 모습과 같지 않다.

　우정총국 건물 뒤쪽에 우정공원이 있다. 공원이라고 하기에는 조금 작고, 우정총국이나 조계사에 딸린 공간처럼 느껴진다. 노숙인들이 여럿 자리를 차지하고 있어 시민들의 발길이 잦지는 않다. 공원에 동상 하나가 우뚝 서 있다. 계정민충정공영환지상(桂庭閔忠正公泳煥之像). 충정공의 동상이 이곳에 서 있음은 공이 태어난 곳이기 때문이리라.

　충정공은 1861년 8월 7일에 견지동에서 태어났다. 명성황후가 고모이며, 대과 급제자로서 어린 순종을 가르치는 동몽교관을 지냈으니 당대의 '금수저'가 아닐 수 없다. 공의 집은 서울 종로구 견지동, 지금으로 보면 조계사 경내에 있었다. 조계사 입구 우정국로에 민영환 집터 표지석이 있다. 그러니 견지동은 충정공의 동상이 설 만한 곳이다. 물론 지금은 너무나 후미진 자리여서 민망하기도 하지만. 공의 동상은 원래 1957년에 건립되어 안국동 로터리에 있었다. 그 뒤 창덕궁 돈화문 왼쪽 와룡동 1번지로 옮겼다가 2003년 종로거리 3.1절 재현행사를 계기로 현재 위치로 옮겼다고 한다.

우리는 충정공이 을사늑약에 항의하여 자결하였음을 안다. 일본이 대한제국을 강압하여 외교권을 박탈하고 통감부를 설치하는 등 국권을 빼앗으니 대한제국은 명목상으로는 일본의 보호국이지만 실상은 식민지가 되었다. 충정공은 조병세와 백관을 인솔하여 대궐에 나가 반대 시위를 했으나 일본 헌병들에게 진압당하자 스스로 목숨을 던지기로 결심한다. 청지기의 집에서 국민, 외교사절, 황제에게 보내는 유서 세 통을 남기고 자결하니 1905년 오늘 새벽 6시의 일이다. 서울 종로구 인사동 공평빌딩 근처에 있는 충정공의 자결터를 기념비가 지키고 있다.

충정공이 순국한 다음 피 묻은 옷과 칼을 상청(喪廳) 마루방에 걸어두었다. 이듬해 5월 상청의 문을 열어보니 대나무 네 줄기가 마룻바닥과 피 묻은 옷을 뚫고 올라왔다. 사람들은 그의 충정이 혈죽(血竹)으로 나타났다고 하여 절죽(節竹)이라 불렀다. 이 대나무가 '충신의 혈죽'이 되어 반향을 일으켰다. 그러자 일제는 조사를 한다며 들이닥쳐 뿌리째 뽑아버렸다.

충정공의 일가에서 혈죽을 광목천에 싸서 보관하다가 1962년 고려대학교 박물관에 기증해 오늘날까지 전한다.

19090207

안중근

 1909년 2월 7일, 러시아 그라스키노 근처에 있는 카리에 조선 청년 열두 명이 모였다. 조국의 운명이 바람 앞의 등불인 이때, 청년들은 왼손 무명지를 끊어 피로써 태극기 앞면에 '대한독립(大韓獨立)'이라 썼다. 이들은 "일제 원흉과 친일반역자들을 반드시 처단하겠노라, 만약 3년 이내에 이를 성사시키지 못하면 자살로써 동포에게 속죄하겠노라." 맹세하고 하늘에 제사를 올렸다. 이를 단지동맹(斷指同盟)이라 한다.

 같은 해 10월 26일, 하얼빈 역에 총성이 울리고 일본제국주의의 상징과도 같은 이등박문(伊藤博文, '이토 히로부미'라 해야 옳으나 어감을 고려해 우리말 독음을 사용한다)이 차가운 플랫폼에 머리를 떨군다. 조선 청년 하나가 벨기에제 브라우닝 권총의 방아쇠를 당겼으니 곧 의사(義士) 안중근, '동의단지회'라고도 하는 동맹의 취지서를 작성한 인물이다. 그는 "나는 대한의군 참모중장으로서 적장(敵將) 이등박문을 사살했다. 나를 포로로 대우하라." 고 요구했다.

 안중근은 옥중에서 글을 많이 썼고, 그 가운데 여럿이 남아 있다. '하루라도 책을 읽지 않으면 입안에 가시가 돋는다(一日不讀書 口中生荊棘)'는 유묵은 매우 잘 알려졌다. 유묵에는 공통적으로 '대한국인 안중근 서(大韓國人 安重根 書)'라고 쓴 뒤에 손바닥이 찍혀 있다. 힘차고도 단정한 휘호 아래 무명지 끝마디가 없는 왼손바닥에 먹을 묻혀 도장처럼 눌렀다.

무명지는 약지(藥指)라고도 한다. 로마인들은 무명지에 심장으로 이어지는 신경이 있다고 믿었다. 오늘날에도 병 고치는 손가락으로 알려져 있다. 자주 쓰이지 않아 깨끗한 손가락으로 인식된다(데즈몬드 모리스). 불교에서는 약사여래의 상징이다. 일본 고류사 미륵반가사유상은 약지를 구부려 원을 그리고 나머지 손가락들을 세우고 있다. 카를 야스페르스는 미륵불을 '인간 존재의 가장 청정하고 원만하며 영원한 모습의 표징'이라고 하였다(주강현).

안중근이 무명지를 끊은 지 30년이 지날 즈음, 만주일보의 1939년 3월 1일자에 반도 청년 하나가 만주군관학교에 입학하기 위해 혈서를 썼다는 기사가 보도되었다. 어느 손가락을 베어 피를 냈는지는 알 수 없다. 조선시대에 나온 『삼강행실도(三綱行狂圖)』의 「석진단지(石珍斷指)」 대목을 보면 효자 석진이 앓는 아버지를 위해 칼로 무명지를 벤다. 대개 진심을 담아 피를 낼 때는 무명지를 택한 듯하다. 반도 청년의 혈서는 무슨 뜻인가.

일제의 패망이 멀지 않은 1943년에 경성의 오케레코드에서 음반 한 장을 낸다. 조명암이 노랫말을, 박시춘이 곡을 썼다. 남인수, 박향림, 백년설이 노래를 불렀다. 1절 가사는 이렇다. '무명지(약지) 깨물어서 붉은 피를 흘려서/일장기 그려 놓고 성수만세 부르고/한 글자 쓰는 사연 두

글자 쓰는 사연/나랏님의 병정 되길 소원합니다.' 이 노래는 광복 후 가사만 바꿔 국군의 군가로 사용되었다. '태극기 그려놓고 천세만세 부르고…'

이로써 이 나라 골수에 스민 친일의 시원이 참으로 깊고도 넓을 깨닫는다. 혈서를 쓰고 만주군관학교에 기어이 입학한 그 반도의 청년은 이등박문이 죽은 지 70년 뒤 같은 날에 권총에 맞아 세상을 하직한다. 이등박문은 일하러 갔다가 죽었지만 반도 청년은 부하들과 술을 마셨다. 시바스 리갈.

19111214
로알 아문센

남극 대륙 또는 남극점을 보통 남극이라고 부른다. 남극 대륙 한가운데 남극점이 있다. 남극 대륙은 아시아, 아프리카, 북아메리카, 남아메리카에 이어 세계에서 다섯 번째로 큰 대륙이다. 면적은 자료마다 차이가 있다. 인터넷에는 1400만㎢(위키백과), 1420만㎢(다음), 1300만㎢(브리태니커) 등 다양하게 나온다. 우리 산림청의 「산림임업용어사전」에도 남극이 수록되었다. 면적을 1310㎢로 적었는데 1310만㎢의 오기일 것이다. 얼음이 덮이지 않은 남극의 면적은 약 28만㎢에 불과하다.

남극 대륙의 98%가 얼음에 덮여 있다. 얼음의 평균 두께는 1.6㎞나

된다. 지구상에서 가장 추운 곳으로, 1983년 7월 21일 구소련의 보스토크 남극 기지에서 -89.2℃가 관측되었다. 해발 고도가 가장 높은 대륙이며 가장 큰 사막이기도 하다. 해안의 강수량이 200㎜에 불과하다. 각국에서 설치한 연구기지 외에 상주하는 주민은 없다. 펭귄과 물개가 산다. 이누이트(북극해 연안에 주로 사는 어로·수렵인종)나 북극곰 같은 포식자가 없어 녀석들에게는 다행이다.

남극점은 지구 자전축의 남쪽 끝이다. 남극 대륙의 로스 빙붕에서 남쪽으로 약 480㎞ 떨어진 곳에 있다. 지리적 남극은 나침반이 남극으로 가리키는 아델리 해안(남위 약 66°00′, 동경 139°06′)이지만 지구 자기상의 남극(남위 약 60°05′, 동경 139°05′, 1971)과는 다르다. 지구의 자전축이 23.5° 기울어 있어 1년 중 6개월은 낮, 6개월은 밤이다. 남극점의 시간은 대한민국보다 세 시간 빠르다.

남극 대륙은 금, 은, 크롬, 니켈, 우라늄 등 지하자원과 석유, 천연 가스가 풍부하게 매장되어 있는 자원의 보고다. 그러나 19세기까지는 주목받는 대륙이 아니었다. 환경은 혹독하고 북반구의 주요 도시에서 너무 멀었다. 1895년 노르웨이의 레오나르 크리스텐센이 처음으로 남극 대륙을 밟았다. 1901~1904년에는 로버트 스콧이 이끄는 영국탐험대가 기지를 설치했다. 이 무렵부터 거의 매년 탐험대가 남극에 진출했고, 남극점을 밟으려는 경쟁에 불이 붙었다. 이 경쟁은 역사의 페이지에 두 사람의 이름을 새겼다.

노르웨이의 탐험가 로알 아문센은 1911년 오늘, 스콧은 이듬해 1월

17일에 남극점을 밟았다. 그러나 스콧은 돌아오는 길에 조난당해 대원 다섯 명과 함께 죽었다. 『위대한 기업의 선택』을 쓴 짐 콜린스는 '준비'가 두 사람의 성공과 실패, 삶과 죽음을 결정했다고 진단했다.

아문센은 남극점에 가기 위해 노르웨이에서 스페인에 이르는 3200km를 자전거로 달리며 체력을 다졌다. 이누이트들과 생활하며 그들의 생존 지혜와 개썰매 운행법도 배웠다. 스콧도 이누이트와 함께 지낼 기회가 있었지만 자신의 경험과 상상력을 더 믿었다. 남극을 가로지를 운송수단으로 조랑말과 모터 달린 썰매를 선택했다. 하지만 조랑말은 눈길을 잘 걷지 못했다. 모터 썰매는 금세 고장이 났다. 고영성은 『누구나 처음엔 걷지도 못했다』란 책에서 아문센의 말을 인용했다.

"승리는 준비된 자에게 찾아오며, 사람들은 이를 '행운'이라고 한다. 패배는 미리 준비되지 않은 자에게 찾아오며, 사람들은 이를 '불행'이라고 한다."

19121115
이우

서울특별시 종로구 인사동길11길 19, 지번주소로는 견지동 85-18이다. 인사마당 공영주차장 입구에 '사동궁 터'를 알리는 표지가 있다. 길가여서 얼른 눈에 띄지 않는다. 여름이면 표지 뒤쪽 공터에서 푸성귀가 자란다. 사동궁은 대한제국 고종황제의 다섯째 아들인 의왕 이강(李堈)이 살던 집이다. 대지 7,880㎡에 양옥 한 동과 한옥 수십 채가 들어선 대저택이었다고 한다. 흥영군 이우가 1912년 11월 15일 이곳에서 태어났다.

이우가 태어날 때는 한일합방(1910년) 이후라, 그 아버지 이강은 친왕(親王)에서 공(公)으로 강등당한 처지였다. 부자가 한가지로 망국의 잔재에 지나지 않았다. 그러나 황실의 피붙이가 대부분 지리멸렬 잔목숨을 부지한 데 비해 두 사람은 일제강점기 내내 그 존재감이 선명하다. 이강은 항일독립투사들과 활발히 접촉했다. 1919년에는 상하이 임시정부로 탈출을 감행했다가 실패한다. 그 뒤 일제가 여러 차례 도일(渡日)을 강요했으나 끝까지 거부했다. 이우도 아버지 못지않았다.

고종의 손자요 순종의 조카인 이우를 흔히 '조선의 마지막 왕자'라고 한다. 의왕의 측실인 수인당 김흥인이 친어머니다. 경성유치원과 종로소학교를 졸업하고 열한 살이던 1922년 일본으로 건너가 유년학교에 입학했다. 1941년에는 일본 육군사관학교를 졸업했다. 이우가 일본 육군사관학교에 진학한 이유는 1926년 12월 1일 공포된 '왕공가궤범' 때문이다. 일본 왕실령 제17호로, '왕·왕세자·왕세손·공은 만 18세가 되면 육군, 해군 무관으로 임관해야 한다.'는 내용이다.

1929년 4월 1일 이우의 육사 입교 당일부터 11월 14일까지 226일간의 일상을 기록한 일지가 있다. 「어훈육일지(御訓育日誌)」. 일본 육군사관학교 예과 제4중대 1구대장 사토 중위가 쓴 감시일지다. 사토는 일지에 이우가 체격은 왜소했지만 강인한 체력을 갖고 있었고 프랑스어를 했으며 승마 과목을 좋아했다고 썼다. 교관이 나무라면 반항하며 대들었고, 동료에게는 너그러웠다고 한다. 7월 5일자 국어(일본어) 시간에 '불사조' 강의를 듣고는 즉시 수업을 거부하고 강의에 불참했다는 기록도 있다.

이우는 성격이 강했다. 영왕의 부인 이방자 여사는 "일본 것, 특히 음식을 병적으로 싫어했다."고 증언했다. 육군사관학교 동기인 아사카 다케히코는 "조선은 독립해야 한다고 항상 마음속에 새기고 있어서 일본인에게 무엇이든 앞서려고 노력했다."고 기억했다. "화가 나면 조선어를 사용했다. 싸울 때는 조선어를 쓰니까 종잡을 수가 없었다."고도 했다. 운현궁의 가정교사 가네코는 "조선은 독립해야 한다는 신념을 갖고 있어 일본 육군에서 두려워했다."고 증언하였다.

일제는 이우를 일본 여성과 결혼시키려 했다. 야나기사와 야스츠구 백작의 딸이 배필로 내정됐다. 그러나 이우는 박영효의 손녀 박찬주와 결혼했다. 두 사람은 어릴 때 몇 번 만난 사이인데 1932년 이우가 방학을 맞아 귀국했을 때 부쩍 가까워졌다고 한다. 장충단에서 자주 데이트를 했다는 목격담이 전한다. 부부는 아들 둘을 두었다. 장남 이청은 미국의 마켓대학과 드폴대학에서 공부해 대학교수가 되었다. 차남 이강은 교통사고로 요절했다.

1941년 태평양전쟁이 터지자 이우는 동남아시아와 중국 전선에 배치되었다. 1945년 7월 히로시마로 옮겼으나 8월 6일 미군의 원자탄에 목숨을 잃었다. 몸이 불편한 부관 요시나리 히로무를 자동차에 태워 보내고 자신은 말을 타고 사령부로 출근하던 길이었다. 폭심(爆心) 가까운 곳에서

피폭된 그는 7일 오전 5시 5분 고통스럽게 숨을 거두었다. 이우의 유해를 조선으로 옮긴 8일, 요시나리는 권총 자살했다. 8월 15일 경성에서 이우의 장례식이 열릴 때, 라디오에선 일왕의 항복 방송이 흘러나왔다.

이우는 경기도 남양주시 화도읍 창현리에 있는 운현궁 가족묘지에 묻혔다. 그러나 그의 혼백은 일본에 붙들려 돌아오지 못했다. 일본은 이우를 야스쿠니 신사에 합사했다. 가족의 동의는 구하지 않았다. 자손들이 합사 명단에서 삭제하라고 끊임없이 요구하고 있으나 일본 정부는 외면해왔다.

19141123
김광균

토룬(Torun)은 폴란드 중부에 있다. 수도 바르샤바에서 자동차를 북서쪽으로 운전하면 세 시간이 채 걸리지 않는다. 비스와 강이 지나는 아름다운 도시. 토룬은 시문(市門)이란 뜻이다. 1231년 폴란드에 진출하는 독일 기사단의 요새로 건설되어 교통과 무역의 요충으로 발전하였다. 근대 이후 폴란드의 주요한 중공업 도시가 됐다. 성 요한, 성 야곱, 성모교회 등 13~14세기 고딕식 사원을 비롯해 옛 건물이 많다. 1997년 유네스코 세계문화유산으로 지정되었다.

가톨릭 사제이자 철학자, 천문학자인 미코와이 코페르니크가 토룬에서 태어났다. 라틴어로는 니콜라우스 코페르니쿠스. '태양중심설(지동설)'로 근대 자연과학의 지평을 갈아치운 사람이다. 이탈리아에서 유학할 때 알게 된 아리스타르코스의 태양중심설을 천착해 지구중심설(천동설)의 오류를 지적하고 지동설을 확립하였다. 그의 천문학 체계를 집대성한 책이 『천구(天球)의 회전에 대하여』다. 코페르니크는 이 책이 나온 해에 죽었다.

우리에게 토룬은 익숙한 도시가 아니다. 유럽 여행이 일반화되면서 바르샤바를 거쳐 토룬을 찾는 관광객이 적지 않지만 토룬 다녀왔음을 자랑삼는 나그네는 많지 않다. 구시가지에 있는 코페르니크의 생가(박물관)도 흔한 관광지 중의 한곳일 뿐이다. 하지만 나그네가 시를 읽는 독자라면 토룬을 영원히 기억하리라. 1914년 오늘 세상에 태어난 시인 김광균이 「추일서정(秋日抒情)」에서 이 도시를 노래하기 때문이다.

'낙엽은 폴란드 망명 정부의 지폐/포화(砲火)에 이지러진/도룬 시의 가을 하늘을 생각하게 한다./길은 한 줄기 구겨진 넥타이처럼 풀어져/일광(日光)의 폭포 속으로 사라지고/조그만 담배 연기를 내뿜으며/새로 두 시의 급행열차가 들을 달린다./포플라 나무의 근골(筋骨) 사이로/공장의 지붕은 흰 이빨을 드러낸 채/한 가닥 구부러진 철책(鐵柵)이 바람에 나부끼고/그 위에 셀로판지로 만든 구름이 하나.(후략)'

김광균이 도룬 시라고 쓴 곳이 바로 토룬이다. 그가 어떻게 이 시를 쓸 수 있었는지 신기할 따름이다. 시인은 개성에서 태어나 송도상업학교를 졸업하고 고무공장 사원으로 군산과 용산 등에서 일했다. 폴란드를 여행했다는 기록이 없는 그가 중공업 도시 토룬의 이미지를 선명하게 포착하여 시어로 읊어내고 있는 것이다.

「추일서정」은 『인문평론』 1940년 7월호에 게재되었다. 나치 독일과 소련의 침략을 받아 서부 지역은 독일에, 동부 지역은 소련에 분할 점령된 이듬해. 강대국의 손에 떨어진 고도(古都)는 과연 처량했을 것이다. 이 무렵 토룬을 방문한 한국인이 있었을까. 토룬은 고사하고 폴란드에 가본 사람도 손에 꼽을 정도다.

1896년 러시아 황제 대관식에 참석하기 위해 폴란드 땅을 지나간 조선의 사절단 일행이다. 민영환 등이 5월 18일 바르샤바에 들렀다. 역관 김득련이 「환구음초」와 「환구일록」에 이 때의 일을 적었다. 1927년 7월 17일 화가 나혜석이 유럽여행을 하다 바르샤바에서 하룻밤을 보냈다. 자동차로 시내를 구경하고 기록을 남겼다.

"서양(西洋) 냄새가 충분이 나는 것 갓고 (중략) 폴란드 사람들은 남녀 간에 인물이 동글납작하고 토득토득하야 모다 귀염성스럽게 생기고 모다 단아한 맛이 잇다. (중략) 철도원 기차 보이가 사각모자를 쓰고 순사는 청색복장을 하엿다."(1933년 1월 『삼천리』 제5권 1호)

1936년에 마라토너 손기정이 기차를 타고 베를린올림픽에 참가하러 가는 길에 바르샤바를 거친 기록도 있다. 같은 해 고고학자 한흥수와 영문학자 정인섭도 바르샤바에 들렀다. 최초의 폴란드 거주 한인은 유경집이란 사람이다. 어쨌든 김득련이나 나혜석, 정인섭 같은 사람들이 남긴 기록은 시기로 보아 김광균이 시를 쓰는 데 크게 도움이 되었을 리 없다. 「추일서정」은 기적 또는 수수께끼다.

김광균은 신문을 읽고 토룬의 현실을 상상했을 수 있다. 영감이 그의 뇌리를 스쳤으리라. 우주의 운행을 직관하는 데는 저녁하늘을 가로지르는 유성 하나만으로도 충분하다. 영감은 접신(接神)과도 같아서 현실의 구렁텅이에서 진리의 문턱에 이르는 길을 단숨에 열어 놓는다. 코페르니크의 지동설도 그러했을지 모른다.* 눈으로 별을 살피는 자의 가슴에는 늘 시심이 일렁이게 마련이니까.

19171221
하인리히 뵐

47그룹(Gruppe 47)은 1947년에 결성된 독일의 문학 단체다. 참가한 문학가들은 청소년기와 나치스 시대와 제2차 세계대전의 경험을 공유한 세대였다. 이들은 반나치주의와 인도주의를 표방하고 새로운 독일 문학의 창조를 모색했다. 1년에 두 번 모였지만 고정 회원은 없었다. 초청받은 사람만 참석했다. 초청 대상자는 매번 달랐다. 모임에서 작가들은 출간되지 않은 작품을 낭독했다. 이 작품에 대한 비평도 했다.

---

* 천동설도 형편없는 가설은 아니다. 우주의 움직임을 설명하는 다른 방법이었을 뿐이다. 천동설이 오류 투성이였다면 일찌감치 폐기되었을 것이다. 지동설이 천동설을 대체하는 데는 엄청난 시간과 희생이 필요했다. 그러나 패러다임의 이동은 섬광과 같은 영감의 결과다. 김광균은 뇌리를 적신 어떤 영감에 손을 맡겨 포탄에 이지러진 토룬을 그려냈을 것이다. 접신(接神)에나 비할까.

47그룹은 영향력과 규모가 확대되면서 독일 문단의 주축으로 자리잡았다. 하지만 어떤 강령도, 유파의 형성도 없었다. "47그룹의 특징은 부조화의 총체"라는 발터 옌스의 말은 47그룹 창조력의 기원을 암시한다. 그래도 방향은 분명했다. 47그룹 작가들은 나치의 선전문구 등이 독일어를 부패시켰다고 생각했다. 과장과 시적 만연체를 배제한, 무미건조하고 객관적인 언어와 서술적 사실주의를 지향하였다.

1950년부터 신인작가들을 대상으로 '47그룹 문학상'을 주었다. 수상자 중에 귄터 그라스와 하인리히 뵐이 있다. 한국의 소설 독자들에게는 그라스가 익숙할지 모른다. 많은 작가들도 그라스의 『양철북』을 읽고 영감을 받았다고 고백했다. 하지만 전후 작가들 가운데 일찍부터 두각을 나타낸 작가는 뵐이다. 그라스와 뵐은 나중에 노벨상도 받았다. 뵐이 먼저(1972년) 받았고 그라스는 27년 뒤(1999년)에 받았다.

뵐은 1917년 오늘 쾰른에서 태어나 1985년 7월 16일 랑엔브로이히에서 죽었다. 나치 시대에 청소년기를 보냈지만 히틀러 유겐트에 참여하지 않았다. 1939년 쾰른대학교에 들어갔지만 곧 제2차 세계대전이 터져 징집되었다. 1945년 4월 미군에게 붙들려 포로 생활도 했다. 전쟁이 끝난 뒤 귀향하여 글을 쓰기 시작했다. 그는 전쟁의 파괴적 본성, 전후사회의 모순과 비극적 참상, 보통사람들의 고단한 일상을 깊이 들여다보았다.

1951년에 47그룹 문학상을 받았다. 1953년에 출간한 『그리고 아무 말도 하지 않았다(Und sagte kein einziges Wort)』는 큰 성공을 거뒀다. 이 작품으로 독일 문단에서 입지를 굳혔다. 제목은 예수의 수난을 다룬 흑인

영가 「그는 아무 말도 하지 않았다(He Never Said a Mumbalin' Word)」에서 가져왔다. 1952년의 어느 주말, 한 부부를 둘러싸고 48시간 동안 벌어지는 이야기다. 뵐은 단칸방에서 자식들과 가난하게 살아가는 부부에게 독일의 과거와 현재를 투영했다. (전혜린의 이름으로 나온 같은 제목의 수필집은 이 작품과 관계가 없다.)

시인 채상우가 "좋은 시에는 그 시를 비로소 시로 이끄는 문장이 하나씩은 있게 마련"이라고 했듯이, 뛰어난 작품에는 읽는 사람의 마음을 건드리는 모서리가 반드시 있다. 『그리고 아무 말도 하지 않았다』는 먼지와 얼룩, 담배 연기로 가득한 전후의 풍경을 배경으로 삼아 쓰라린 사색과 따뜻한 대화가 조화를 이루는 뵐 특유의 글쓰기 방식을 선명하게 보여준다.

"여행을 많이 다녔다. 하지만 정작 낯선 도시에 가서는 지금 내가 여기서 하는 것과 똑같이 행동했다. 호텔 침대에 누워 빈둥거렸고, 담배를 피우거나, 아무런 계획 없이 쏘다녔다. 가끔 성당에 들어가기도 하고 멀리 묘지가 있는 교외까지 나가 보기도 했다. 허름한 술집에서 술을 마셨고, 밤에는 다시는 만나지 못할 거라 생각되는 모르는 사람들과 사귀었다."

"나는 이 세상 어느 누구보다도 나와 긴밀히 연결되어 있는 그녀의 손을 자세히 보았다. 그 손을 잡고 10년 넘게 계속 잠을 자고 식사하며 이야기를 나눴었다. 뿐만 아니라 같이 잠자는 것 이상으로 사람들을 연결시켜 주는 그 무엇이 그 손과 나를 연결시켜 주었었다. 우리에게는 서로 손을 맞잡고 기도하던 시절이 있었던 것이다."

테드 윌리엄스

야구에서 4할 타자는 타격의 완인(完人)이다. 한 시즌을 통해 완성하는 기록이므로 퍼펙트게임이나 만루 홈런에 비할 바가 아니다. 한국 프로야구에서 4할 타율을 기록한 선수는 백인천이 유일하다. 프로야구 원년인 1982년 MBC 청룡에서 뛰면서 4할1푼2리를 쳤다. 미국 프로야구에서 20세기에 4할 타율을 기록한 선수는 열세 명이다. 보스턴 레드삭스의 테드 윌리엄스는 1941년 4할6리를 기록, 20세기 최후의 4할 타자로 남았다.

1918년 오늘 샌디에이고에서 태어난 윌리엄스는 인생과 야구 양면에서 비범했다. 제2차 세계대전이 터지자 자원입대했고, 한국전쟁에도 참전했다. 2차 세계대전이 끝난 뒤 메이저리그로 돌아간 그는 1952년 4월 30일 다시 해병대 복귀 명령을 받자 마지막 타석에서 홈런을 치고 전투기 조종사로 한국 전선에 뛰어든다. 그는 서른아홉 번 출격 기록을 남겼다.

1953년 2월 16일, 평양 폭격 작전에 참가한 윌리엄스는 북한군의 대공포에 맞는다. 그러나 용케 추락을 면하고 수원의 기지까지 날아가 동체 착륙했다. 조종간을 놓고 태연한 표정으로 식당으로 향했다는 그는 똑같은 표정으로 메이저리그에 복귀했다. 첫 경기는 1953년 8월 6일에 열렸다. 상대는 세인트루이스였다. 시즌 막판 서른일곱 경기에 출전, 4할7리를 기록한 이해 그의 나이는 서른다섯 살이었다.

윌리엄스 인생의 하이라이트는 1941년이다. 그는 뉴욕 자이언츠의 빌테리 이후 누구도 달성하지 못한 '꿈의 4할'에 도전했다. 여기에는 전설이 아닌 진실이 깃들여 있다. 그해 9월 29일, 시즌 마지막 경기인 필라델피아 애슬래틱스와의 원정 더블헤더(하루 두 경기를 하는 일)를 앞두고 보스턴의 조 크로닌 감독은 윌리엄스에게 출전하지 말라고 권했다. 4할(448타수 179안타)을 기록 중이던 윌리엄스의 타율을 지켜 주고 싶어서였다. 윌리엄스는 크로닌 감독의 권유를 사양하고 두 경기에 모두 출전, 8타수 6안타를 쳐냈다. 당시는 희생플라이도 타수에 포함하던 시절이었다. 지금의 방식으로 계산하면 윌리엄스의 1941년 타율은 4할1푼2리가 된다. 윌리엄스 이후 메이저리그에서 4할 타자는 나오지 않았다.

윌리엄스는 엄청나게 당겨 치는 타자였다. 그의 특징을 눈여겨본 클리블랜드의 루 부드로 감독이 1946년 윌리엄스 시프트(Williams Shift)를 고안해냈지만 큰 효과는 없었다. 심한 슬럼프도 없었다. 1959년 부상이 잦고 회복이 늦어지면서 2할대(0.254) 타율을 처음 기록한 윌리엄스는 마흔한 살 되던 1960년에 은퇴를 발표한다. 마지막 경기는 9월 26일에 열렸고 상대는 볼티모어였다. 그는 마지막 타석을 홈런으로 장식했다.

윌리엄스는 전형적인 미국 영웅이다. 전쟁에 참전해 죽을 고비를 넘겼고, 전성기의 다섯 시즌을 전쟁에 바치고도 통산 타율 3할4푼4리, 홈런 521개를 쳤다. 윌리엄스는 1966년 명예의 전당에 헌액되었다. 1969년부터 워싱턴 세너터스 감독을 맡았으나 업적은 미미했다. 2002년 7월 5일 세상을 떠난 그의 시신은 냉동 보관되었다. 처음엔 화장을 해달라고 유언했지만 아들과 유언장을 다시 쓰면서 생각을 바꿨다고 한다.

기욤 아폴리네르

센 강이 파리를 상징하는 힘은 테베레 강(로마)이나 아르노 강(피렌체)을 압도한다. 센 강은 장엄하지 않다. 파리의 일부가 되어 제 흐름을 지킨다. 그리고 다리(橋)들이 그 위에 엎드려 인간의 걸음에 등을 맡긴다. 삶이 희극이든 비극이든, 센 강도 다리들도 개입하지 않는다. 희극일 땐 희극의 일부가 되고 비극일 땐 비극의 일부가 된다. 그래서 수많은 소설과 영화가 센 강에 걸린 다리 위에서 시작되거나 끝난다.

소설 『개선문』의 주인공 라비크는 알마 다리에서 조앙 마두를 만난다. 영화 『파리에서의 마지막 탱고』에서 주인공들은 비라켕 다리에서 처음 만난다. 『미드나잇 인 파리』는 알렉상드르 3세 다리에서 시작하는 새 사랑의 예고로 막을 내린다. 『퐁네프의 연인들』은 노숙하는 남자와 시력을 잃어가는 여인의 사랑을 그렸다. 파리에서 가장 오래된 퐁네프 다리는 영화가 나온 다음 연인들의 명소가 됐다.

사랑으로 범벅이 된 센 강의 다리 어디에 자물쇠를 사랑의 징표로 걸 수 있을까. 퐁데자르 다리는 가능할 것이다. 예술의 다리. 이 보행자 전용 다리는 거리의 화가와 음악가들로 붐빈다. 세상의 어떤 사랑을 자물쇠로 봉인할 수 있으랴. 사랑은 움직이는 것이 아닌가. 저 강물처럼. 사랑은, 그래, 그물에 걸리지 않는 바람과 같다. 그래서 세월을 닮았다. 유수와 같다고 하지 않았던가.

'미라보 다리 아래 센 강이 흐르고 우리의 사랑도 흐른다. 그러나 괴로움에 이어서 오는 기쁨을 나는 또한 기억하고 있나니, 밤이여 오라 종이여 울려라, 세월은 흐르고 나는 여기 머문다. (후략)'

기욤 아폴리네르는 1918년 오늘 파리에서 죽었다. 시인이자 평론가로서 이름을 남겼고 피카소의 친구였다. 20세기 초기를 장식한 전위 미술 이론가로 유럽 예술에 큰 영향을 주었다. 그러나 보통 사람들에게 아폴리네르는 미라보 다리와 함께 영원한 이름으로 남았다. 아폴리네르는 연인 마리 로랑생과 헤어진 다음에 이 시를 썼다. 로랑생은 뛰어난 화가였다. 아폴리네르와 친구들을 그린 초상화가 여러 점 남아 있다. 「예술가들」이라는 작품에는 아폴리네르와 로랑생이 게르트루트 슈타인, 파블로 피카소 등과 함께 등장한다.

아폴리네르와 로랑생은 1907년에 피카소의 소개로 만났다. 5년 동안 뜨겁게 사랑했다. 1911년 루브르 박물관에서 「모나리자」가 도난당할 때까지. 「모나리자」는 1911년 8월 21일 갑자기 사라졌다. 아폴리네르는 피카소와 함께 조사를 받았다. 이 일로 로랑생과 다툰 다음 갈라섰다. 그러나 사랑은 두 사람의 가슴 속에 남았다. 아폴리네르는 스페인 독감에 걸려 죽었다. 로랑생은 1956년 6월 8일 세상을 등졌다. 사인은 심장마비였다. 아폴리네르가 보낸 편지와 함께 묻혔다.

인간은 강을 건넘으로써 결심을 현실로 바꾼다. 죽음을 삶으로, 때로는 삶을 죽음으로 치환한다. 다리는 강을 건너는 통로다. 가끔은 인간을 강에 붙들어 맨다. 인간이 진정 무엇인가를 변화시키고 스스로 달라지는 순간은 강을 건너, 마침내 다리마저 떠나 버리는 순간이다. 다리는 무의식의 공간을 건너가는 조각배다. 아무리 거대해도 한 몸 싣기에 족할 뿐. 강을 건너 내면을 변화시킨 인간은 배마저 부숨으로써 영원에 든다. 카에사르의 반역도, 아폴리네르의 후회도 결국은 그런 것들이다.

19220802
전화

'당신의 환영이 다시 나타났군요. 그리 놀랄 일은 아니죠. 달이 차오르자 당신은 불현듯 전화를 했을 뿐이겠죠. 나는 여기에 앉아 전화기를 들고 한때 익숙했던 목소리를 듣고 있어요. … 지금 어디서 전화하는 건가요? 중서부 어디쯤 공중전화 박스인가요?'

가수 조안 바에즈가 1975년에 발표한 노래 제목이다. 「다이아몬드와 녹(Diamonds & Rust)」. 같은 제목으로 묶은 앨범도 있다. 한때 사랑한 남자가 걸어온 전화 한 통. 과거는 환영처럼 떠올라 눈앞에서 구체화되고 추억은 선명해진다. 남자는 조안의 전 남편 데이비드 해리스라고도 하고 젊은 날의 연인 밥 딜런이라고도 한다. 끝나버린 사랑은 폐허와도 같다. 사랑의 주인은 때로 나그네가 되어 폐허를 돌아본다. 그 감정은 대충 이런 것이다.

"그 사랑은 끝났다. 그리고 누란에서 옛 여자 미라가 발견된 것은 다시 얼마가 지나서였다. 그 미라를 덮고 있는 붉은 비단 조각에는 '천세불변(千世不變)'이라는 글자가 씌어 있었다. 언제까지나 변치 말자는 그 글자에 나는 가슴이 아팠다." (윤후명의 소설 「누란의 사랑」 중)

조안은 밥과의 사랑이 끝난 지 10년도 더 지난 뒤에 「다이아몬드와 녹」을 불렀다. 가사에 밥이 나오지는 않는다. 하지만 밥이어야 가사도 곡도 살아난다. 밥은 그린위치의 어느 호텔에서 그녀에게 느닷없이 전화를 걸었어야 한다. 조안은 밥에게 커프스단추 한 쌍을 선물했음을 기억해냈다. 그리고 노래한다. 추억은 다이아몬드와 녹이라고, 시간이 흐르면 숯은 다이아몬드로 변하고 번쩍이던 쇠는 녹슬어 버린다고.

나는 조안의 목소리 너머로 울리는 벨소리를 상상한다. 별들이 지금보다 열 배는 밝았을 시절에 가슴을 두근거리며 다이얼을 돌린 기억이 나에게도 있다. 10원짜리 동전을 절그럭거리며, 골목 저 끝까지 걸어가 백열등 아래 반들거리는 주황색 수화기를 집어 들었다. 가게마다 쪽문을 걸어 잠근 골목은 고요하였고, 나는 끝없이 망설였던 것이다. 수화기 저편에서 그녀도 기다리고 있으리라 믿으며.

전화가 아니었다면 70년대의 사랑이 가능했을까? 불가능하지는 않았으리라. 편지를 썼을 것이고, 사랑은 더 느리고 은근하되 끈질겼을 것이다. 하지만 전화는 사랑을 좀 더 짜릿하고 가슴 떨리는 무엇으로 만들어주었다. 저편의 목소리는 그녀의 얼굴을 또렷이 그려내는 객관상관물이 되어 내 가슴 속에 선명해지지 않았는가. 전화는 전기나 물리학의 범주를 뛰어넘는 신화로 우리에게 남아 있다.

전화를 만든 사람은 1922년 오늘 세상을 떠난 알렉산더 그레이엄 벨이라고 알고 있었다. 하지만 안토니오 메우치라는 사람이 벨보다 앞서 1854년에 전화기를 발명했다고 한다. 메우치는 너무나 가난해서 특허 등록비를 마련하지 못하고 임시특허를 등록했다. 벨은 1876년 미국 특허청에 정식 특허를 등록했다. 메우치는 소송을 걸었지만 승소를 눈앞에 두고 심장마비로 생애를 마쳤다.

미국 하원은 2002년 6월 6일 표결을 통해 메우치가 발명해 1860년 뉴욕에서 시연한 텔레트로포노가 최초의 전화기이며 벨은 메우치의 자료를 입수해 16년 뒤 특허를 획득했음을 인정했다. 하원결의안에는 '19세기 이탈리아계 미국인 발명가 안토니오 메우치의 삶과 성취, 그리고 전화기 발명에서의 그의 업적을 미 하원이 기리는 뜻을 표명하는' 내용이 담겼다.

19221116
주제 사라마구

여행이 대세인 시대다. 여행은 고단한 일이지만 미지와 조우하고 꿈을 현실로 바꿔주는 매력이 있다. 여행 상품도 넘친다. 인기 있는 여행지를 꼽으라면 단연 유럽이다. 여러 텔레비전 채널과 신문에 광고가 나온다. 대부분 패키지여행 광고다. 감각적인 문구로 소비자를 유혹한다. 러시아의 블라디보스토크를 '가장 가까운 유럽'이라고 표현하는 식이다.

유럽은 크고 넓구나! 한반도와 이마를 맞댄 러시아의 동쪽 도시부터 대서양으로 나가는 길목, 리스본에 이르기까지 다 유럽이라니.

하지만 오스만 제국이 두 차례에 걸쳐 빈 포위전을 결행한 16세기라면 문제가 다르다. 헝가리를 제압한 오스만은 1529년과 1683년 합스부르크 제국의 심장 빈을 포위한다. 유럽인들은 1453년 유럽의 영혼과도 같았던 콘스탄티노폴리스가 함락되는 모습을 생생히 지켜보았다. 오스만은 공포 자체였을 것이다. 이시대의 유럽인들에게 빈은 유럽의 동쪽 끝이었을지 모른다. 그러니까 리스본에서 빈까지는 유럽, 즉 (유럽인의 생각에는) 문명화된 기독교 세계의 끝에서 끝이었다고 할 수 있다.

1551년, 코끼리 한 마리가 리스본에서 빈까지 걸어서 간다. 코끼리의 이름은 솔로몬. 포르투갈의 동 주앙 3세가 오스트리아의 막시밀리안 대공에게 보내는 선물이다. 솔로몬은 사료 값도 못하는 리스본의 골칫거리. 동 주앙 3세의 결심은 처치 곤란한 후피 동물을 가장 진귀한 사물로 둔갑시킨다. 소설가 주제 사라마구(Jose Saramago)는 이 역사적 사실에서 출발해 『코끼리의 여행(A Viagem do Elefante·2008)』을 썼다. 인간과 권력의 본질 깊은 곳까지 천착한 소설이다. 그는 잘츠부르크를 여행하다 발견한 조각품에서 영감을 얻어 작품을 쓰기로 결심했다.

"'저기 저 조각들이 뭐죠?' 내가 말한 조각이란 한 줄로 서 있는 작은 나무 조각품들이었고, 그 첫 번째가 리스본의 벨렝 탑이었다. 그 뒤에 유럽의 다양한 건물과 기념물을 표현한 조각품들이 뒤따랐는데, 그것은 어떤 여정을 보여주는 것이 분명했다. 나는 그것이 16세기, 정확하게 말하자면 주앙 3세가 포르투갈 왕좌에 있던 1551년에 한 코끼리가 리스본에 서 빈까지 여행한 것을 형상화한 작품이라는 이야기를 들었다.'(사라마구, 지은이의 말)

사라마구는 알프스 산맥을 넘어 유럽 대륙을 가로지르는 솔로몬과 호송단의 이동 과정을 적어 나간다. 여행(Travel)과 곤경(Trouble)은 한 아비의 자식이라고 하지 않던가. 먼 길을 가는 동안의 우여곡절에서 코끼리를 둘러싼 인간들의 허영과 위선, 권력의 속성이 낱낱이 드러난다. 솔로몬은 "경박 때문에 존중을 희생하고, 미학 때문에 윤리를 희생하는" 인간에 떠밀려 가면서도 때때로 인간보다 더 절제된 행동을 보여준다.

코끼리의 이름은 대공을 만난 다음 '술레이만'으로 바뀐다. 솔로몬의 이슬람식 표기가 술레이만이다. 무슬림들은 예수를 '이사(Isa)'로 부르며 '신의 사도'나 '예언자'로 받아들이고 존중한다. 아랍어 이름으로 흔히 쓰는 무사(모세), 이브라힘(아브라함), 이스마일(이스마엘), 야꿉(야곱), 술레이만(솔로몬), 다우드(다윗) 등이 모두 성경에 나오는 선지자의 이름에서 따온 것이다.(이희수)

2009년 9월 8일, 스웨덴 한림원은 사라마구를 포르투갈 출신의 첫 노벨문학상 수상자로 결정한다. 선정 이유는 다음과 같았다. "상상력과 따뜻한 시선, 아이러니가 풍부한 우화적인 작품으로 허구적 현실의 묘미를 맛보게 해주었다." 부산외국어대 김용재 포르투갈어과 교수는 "사라마구의 작품세계를 이루는 네 축은 '시간', '초자연', '담론의 연속성', '여행'"이라고 분석했다. 사라마구는 과거에 비판적이지만 한편으로 과거로부터 배워야 한다는 두 가지 논리에 충실했다.

사라마구는 1922년 오늘 포르투갈의 아지냐가에서 태어나 2010년 6월 18일 스페인의 티아스에서 죽었다. 아버지는 주제 소자, 어머니는 마리아 피에데드. 사라마구는 아버지 가문의 별칭이다. 아버지의 실제 성이 아니라 별칭을 사용한 데서 세계와 인생을 바라보는 사라마구의 시선을 짐작할 수 있다.

19231227

알렉상드르 에펠

프랑스의 파리는 에펠탑과 함께 기억된다. 미국 뉴욕이 자유의 여신상, 독일 쾰른이 대성당, 터키 이스탄불이 아야소피아와 함께 떠오르듯이. 우리는 그곳을 떠날 때 작은 모형이나 마그네틱 같은 물건을 산다. 시인이자 비평가인 수잔 스튜어트는 기념품을 '노스탤지어, 즉 기원을 향한 갈망을 보여주는 대표적인 사물'로 규정한다. 그가 보기에 에펠탑 모형 같은 기념품은 "노스탤지어라는 충족될 길 없는 욕구에서 비롯되는 물건"이다. (『갈망에 대하여』, 산처럼)

에펠탑을 설계한 사람은 프랑스의 알렉상드르 귀스타브 에펠(1832년 12월 15일~1923년 12월 27일)이다. 에펠은 파나마 운하의 수문, 뉴욕 자유의 여신상 등을 설계하는 데 관여했다. 에펠탑은 1930년 뉴욕에 크라이슬러 빌딩이 들어설 때까지 세계에서 가장 높은 구조물이었다. 건립 당시 높이는 약 300m. 에펠탑은 처음에 시민들의 환영을 받지 못했다. 소설가 기 드 모파상도 에펠탑을 혐오했다. 그는 '파리에서 유일하게 에펠탑이 보이지 않는 곳', 탑의 2층에 있는 식당에서 점심을 먹었다.

파리시는 1900년에 열린 만국박람회를 위해 에펠탑을 세웠다. 박람회는 프랑스 혁명 100주년을 기념했다. 대한제국도 참여하여 갓, 모시, 가마, 돗자리 등 특산품을 전시했다. 독립국으로서 국제 사회의 인정을 받으려는 노력이었다. 그러나 애당초 어려운 일이었다. 제국주의, 오리엔탈리즘, 인종차별이 박람회를 지배했다. 에펠탑에서 멀지 않은 곳에 흑인과 카나크 족의 마을이 재현됐다. 흑인 마을엔 세네갈과 가봉 출신 아프리카인, 카나크 족의 마을엔 뉴헤브리디스 제도 등 남태평양 식민지의 주민을 전시했다.

유럽의 문물이라면 뭐든 흉내 낸 제국주의 일본은 1907년 3월 20일부터 7월 31일까지 도쿄에서 박람회를 열었다. 이때 '학술인류관'이라는 공간에 조선인을 전시했다. 이미 4년 전 오사카 박람회에서 조선 여성 두 명을 구경거리로 내돌린 일본은 이번에도 상투를 튼 남성과 치마저고리를 입은 여성을 구경거리로 삼았다. 이 사실을 안 조선은 분개했다. "예전에 우리가 아프리카 토인종을 불쌍히 여겼더니 오늘에 이르러서는 어찌 그들이 우리를 더욱 불쌍히 여기게 될 줄 알았으리오."(대한매일신보 1907년 6월 21일자)

서구 제국주의는 우월의식에 기초하고, 우월의식은 타자(화)를 필요로

한다. 그러나 일본인은 백인이 아니었고 조선은 유럽의 식민지처럼 미개하지 않았다. 유일한 선택지는 조선의 후진성을 드러내 문명화의 필요성을 강변하는 것이었다. 대한제국에 파견된 영국 기자 프레더릭 매켄지는 진실을 꿰뚫어 보았다. 그는 『대한제국의 비극(1908)』에 "피압박 민족(한국)보다 더 열등한 민족(일본)이 4000년 역사를 가진 민족을 동화시키는 것은 절대 불가능하다."고 썼다. 그는 일본 제국주의의 파산을 운명으로 이해했다. 그렇기에 그가 한 세기 전에 쓴 글은 망발을 거듭하는 일본의 오늘을 예언한다.

"일본인은 한국인의 성격이 예상하지 못한 정도로 끈질기다는 사실에 충격을 받았다. 한국인의 무표정한 얼굴 밑바닥에는 그들만의 어떤 단호한 정신력이 깔려 있었던 것이다. 일본인은 한국인을 동화하는 데 성공한 것이 아니라 오히려 한국인의 민족성을 되살리는 데 성공한 셈이다."

19240329
김복한

유교계는 3·1운동 발기에 참여하지 못하였다. 『21세기 정치학대사전』은 그 이유를 두 가지로 설명한다. 첫째, 독립선언서에 왕조를 회복한다는 언급이 전혀 없으니 유림의 전통에 어긋나는 일이었다. 둘째, 신학문을 배워 머리를 깎고 양복을 입은 자들과 자리를 같이할 수 없었다. 그리하여 기미독립선언은 불교계와 기독교계가 중심이 되었다. 그러나 유림의 독립정신은 결코 박약하지 않았다.

유림은 기미독립선언 7년 전에 대한독립의군부를 조직하여 대규모의 독립운동을 꾀했다. 대한독립의군부는 1912년에 임병찬이 고종의 밀명을 받아 만든 비밀결사단체 조직이다. 활동 목표는 일본의 총리와 조선 총독 등 주요 관리들에게 국권반환 요구서를 보내 한국 강점의 부당함을 깨우치고, 대규모 의병전쟁을 준비하는 것이었다.

1914년 5월 국권반환 요구서를 전국의 조직을 통해 일제히 발송하고, 동시에 360여곳에서 총독부로 국권반환과 일본군의 철병을 요구하는 전화를 하기로 하였다. 그러나 같은 달 23일 조직이 발각되어 계획은 수포로 돌아갔다. 유림은 이때 중심 인물을 많이 잃었다. 임병찬은 일본 경찰에 붙잡힌 뒤 거문도로 유배되었다가 1916년 병사했다.

대한독립의군부의 실패도 유림의 의지를 꺾지 못하였다. 3·1운동이 일어나자 유림 대표 137명이 전문 2674자에 이르는 '한국독립청원서'를 파리강화회의에 보내기로 하였다. 김창숙이 청원서를 짚신으로 엮어 상하이 임시정부로 가져갔다. 임시정부에서는 청원서를 영문으로 번역하고 3000부를 인쇄하여 파리강화회의는 물론 중국과 국내에 배포하였다. 이 일이 '파리장서운동'이다.

파리장서운동은 일제강점 이후 유림의 가장 조직적인 독립운동이었다. 유교적 무저항주의와 비타협주의의 표본으로서 영남 유림의 영수 곽종석이 호서 유림의 영수 김복한과 손을 잡았다는 점에서 의미가 있다.

1924년 오늘 세상을 떠난 김복한은 1906년과 1907년 홍주에서 군사를 일으킨 의병장이다. 독립운동사편찬위원회가 낸 『독립운동사』는 김복한이 서한 집필을 맡았다고 기록했다. 서명 순서는 첫째가 곽종석, 둘째가 김복한이었다.

호서 유림 쪽에서 서명 순서에 대한 지적이 나오자 김복한이 말하였다. "어찌 선후를 다투겠는가? 가장 말석에 참여해도 달게 여기겠다." 청원서 원본은 사라졌고, 알려진 요지는 이러하다. "여러 차례 일본의 기신배약(棄信背約)을 듣고 고종과 명성황후 시해에 온 국민이 품는 분울한 정과 우리의 국토를 찾고 왕조를 일으킬 뜻을 기술하였다."

유림의 독립청원운동은 4월 2일 성주의 만세시위 때 유생들이 체포됨으로써 일본 관헌에 알려졌다. 그러나 이들이 비밀을 지켜 전모가 드러나지는 않았다. 훗날 상하이에서 국내로 발송한 한문 청원서가 발각됨으로써 137명의 이름이 알려졌다. 김복한은 일경에 체포돼 석 달 넘게 서대문형무소에서 복역했다. 이미 1907년 의병 운동을 하다 체포된 뒤 일본순검에 구타를 당한 후유증으로 식사와 용변을 다른 사람에게 의지하는 불구의 몸이었다.

김복한은 1921년 사립학원인 인지사(仁智社)를 세워 후진 양성에 힘썼다. 1963년에 건국훈장 독립장이 추서되었다. 충남 홍성에 있는 사당 추양사(秋陽祠)에 그의 영정이 봉안되어 있다. 서울 중구 장충동2가에 한국유림독립운동파리장서비가 서 있다.

19270705
이종국

1927년 오늘 이종국(李鍾國)이라는 자가 죽었다. 경상북도 대구 사람. 조선과 대한제국, 일제강점기에 걸쳐 녹을 먹었다. 친일반민족행위진상규명위원회가 2009년 11월 30일에 초판을 낸 『친일반민족행위진상규명보고서(IV-14)』의 98~111쪽에 그의 친일반민족행위가 적혔다. 그의 친일은 "일본제국주의의 식민통치와 침략전쟁에 협력하여 포상 또는 훈공을 받은 자로서 일본제국주의에 현저히 협력한 행위"다. '일제강점하 반민족행위 진상규명에 관한 특별법' 2조 19호에 해당한다.

이종국은 1895년 10월 4일 경성부 주사로 벼슬길에 올랐다. 1910년 3월 17일에 경상북도 선산군수가 되었다가 경술국치 직후인 1910년 10월 1일자로 조선총독부 선산군수(고등관8등)로 명함을 바꾸었다. 경상북도 신녕군수로 일하던 1909년 11월 4일에는 '이등박문추도회'를 개최한다. 이 자리에서 안중근 의사가 쏘아죽인 이토 히로부미를 '세계의 영웅이자 한국의 은인'이라고 찬양하며 도일사죄단(渡日謝罪團) 설립을 역설한다. 1915~1917년 경상북도 지방토지조사위원회에서 일했다. 일제의 토지조사사업은 근본적으로 토지침탈과 수탈에 목적이 있었다.

기미독립만세운동이 일어난 1919년 4월 6일 대구자제단 발기인으로 참여했다. 자제단은 3·1운동을 조직적으로 와해시키려 한 가장 반민족적인 친일단체다.(조세열 민족문제연구소 사무총장) 3·1운동 참가자를 잡아들이고 첩보 및 대민 설득을 통해 민중을 만세운동에서 격리시키는 일을 했다. 자제단원은 예외 없이 밀고의 의무를 졌다.(강동진) 이렇게 볼 때 이종국의 부역은 매우 다양한 층위에서 구체적이며 적극적으로 이루어진 행위다. 매국부역자에게 1920년 9월 2일 대한민국 임시정부가 비밀단원을 보냈다. 이종국은 용케 목숨을 부지했다.

일제는 충실한 부역자에게 아낌없이 상훈을 내렸다. 1912년 8월 1일 한국병합기념장, 1915년 11월 10일 다이쇼 대례 기념장, 1922년 1월 31일 훈6등 서보장, 1926년 4월 26일 훈5등 서보장을 주었다. 조선총독부 평안남도 참여관으로 일하던 1927년 7월 5일 숨을 거두자 훈4등 서보장을 내렸다. 이종국은 친일파 708인 명단의 도 참여관 부문, 조선총독부 사무관 부문, 민족문제연구소의 친일인명사전 수록자 명단의 관료 부문, 친일반민족행위진상규명위원회가 발표한 친일반민족행위 705인 명단에 빠짐없이 등장한다.

이종국의 명이 길어 광복 이후까지 살았다면 어떤 운명을 맞았을까. 별일 없었을 것이다. 친일청산의 실패는 두고두고 우리역사의 짐이 되고 있다. '토착왜구론'이 갑자기 튀어나온 것이 아니다. 일본의 경제보복 앞에서 "민족주의에만 젖어 감정외교, 갈등외교로 한일관계를 파탄 냈다. 일본 정부가 통상보복을 예고해왔음에도 수수방관하며 사태를 악화시켰다."는 인식의 근원은 한 지역, 한 여성의 가슴 속에 있지 않다. 때로는 극단적인 주장이 가슴을 서늘하게 할 때가 있다. 한국학중앙연구원에서 교수로 일하는 전우용이 사회관계망서비스(SNS)에 내건 글.

"일본의 극우 시위대는 '한국인 꺼져라'를 외치지만, 한국의 극우 시위대는 일장기까지 들고 나옵니다. 이게 양국 간 문제의 핵심입니다. 한쪽은 군국주의 침략자 의식을 계승한 자들이 '애국세력'을 자임하고, 다른 한쪽은 식민지 노예 의식을 계승한 자들이 '애국세력'을 자임한다는 것. 저들의 공통점은 일제강점기 한국 독립운동 세력을 비방하고 공격했던 자들의 후예라는 점입니다."

19350621
프랑수아즈 사강

폴은 서른아홉 살 난 실내장식가다. 어느 일요일 아침 잠에서 깨어 문 아래 놓인 편지를 발견한다. 한때는 '푸른 쪽지'라고도 불린 속달우편. 우편집배원이 밀어 넣고 갔으리라. 거기 이렇게 쓰여 있었다.

"오늘 오후 6시에 플레옐 홀에서 아주 좋은 연주회가 있습니다. 브람스를 좋아하세요?"

폴은 바람둥이 로제와 6년째 연인 관계를 유지하고 있다. 로제에게 완전히 익숙해져 다른 사람을 사랑할 수는 없으리라고 생각한다. 그런 그녀 앞에 스물다섯 살 청년 시몽이 나타난 것이다. 신비로운 분위기에 둘러싸인 몽상가 같은 사나이. 시몽은 폴에게 반해 열정적으로 사랑을 고백한다. 시몽의 애정 공세 앞에서 폴은 불안감과 신선한 호기심을 느낀다. 젊고 순수한 청년 시몽은 그녀를 행복하게 만든다. 그러나 폴이 세월을 통해 깨달은 감정의 덧없음은 시몽의 사랑 앞에서도 그 종말을 예감할 뿐이다.

시몽은 브람스를 좋아하느냐는 물음으로 폴을 콘서트에 초대한다. 초대장 앞에서 폴은 상념에 젖는다. 전축을 뒤져 브람스의 협주곡을 찾아 듣는다. 그리고 깨닫는다. 그녀는 자아를 잃어버렸다. 로제를 진정 사랑하기보다는 사랑한다고 여겼을 뿐인지도 몰랐다. 콘서트홀에서 시몽을 만난 폴이 고백한다. "내가 브람스를 좋아하는지 잘 모르겠어요." 시몽이 대답한다. "저는 당신이 오실지 안 오실지 확신할 수 없었답니다. 분명히 말씀드리지만, 당신이 브람스를 좋아하든 좋아하지 않든 제겐 큰 상관이 없어요."

『브람스를 좋아하세요』는 프랑수아즈 사강이 써서 크게 성공한 소설이다. "인생에 대한 사탕발림 같은 환상을 벗어버리고 냉정하고 담담한 시선으로 인간의 고독과 사랑의 본질을 그렸다."는 평가에 걸맞게, 작가로서 사강의 본질을 확인하게 해준다. 평단은 사강의 작품에서 '도덕에 얽매이지 않는 자유로운 감성과 섬세한 심리묘사'를 발견한다. 사강은 1935년 오늘 프랑스 카자르크의 부유한 가정에서 태어났다. 열아홉 살이던 1954년 발표한 장편소설『슬픔이여 안녕』이 세계적인 베스트셀러가 되면서 단숨에 유럽 문단의 별이 되었다.

어느 인생에나 빛과 그늘이 공존한다. 사강은 결혼과 이혼을 반복했고 사치와 낭비가 심했다. 수면제 과용과 마약 중독, 도박과 경제적 파산을 경험하며 나락을 맛보았다. 마약 복용 혐의로 재판정에 선 그녀는 외쳤다. "타인에게 피해를 주지 않는 한, 나는 나를 파괴할 권리가 있다." 타인은 나를 동정하고 경멸할 수도 있지만 나의 삶의 방식을 결정하고 강요할 권리는 없다는 것이다. 사강은 죽음(2004년 9월 24일) 앞에서 말했다. "진정 후회 없이 신나는 인생을 즐겼다."고.

『브람스를 좋아하세요』에서 시몽은 변호사다. 함께 간 식당에서 포도주 잔을 앞에 놓고 그가 폴에게 말한다. "저는 당신을 인간으로서의 의무를 다하지 않았다는 이유로 고발합니다. 이 죽음의 이름으로, 사랑을 스쳐지나가게 한 죄, 행복해야 할 의무를 소홀히 한 죄, 핑계와 편법과 체념으로 살아온 죄로 당신을 고발합니다. 당신에게는 사형을 선고해야 마땅하지만, 고독 형을 선고합니다." 폴은 반박하지 않고 웃으며 말한다. "무시무시한 선고로군요." 그렇다. 무시무시하다.

19350712
알프레드 드레퓌스

1931년, 한 사나이가 파리 몽마르트르에서 포주를 살해한 혐의로 무기징역을 선고받고 프랑스령 기아나로 끌려간다. 사나이의 이름은 앙리 샤리에르. 그는 죄수를 태우는 배에 오른 순간부터 탈출을 결심한다. 1934년에 시작된 그의 탈출과 좌절은 이후 11년 간 여덟 차례나 거듭된다. 탈출에 실패할 때마다 그는 더욱 가혹한 형벌을 받았다. 샤리에르는 1941년, 수용자들의 무덤이라는 디아블(악마의 섬)에서 코코넛을 가득 담은 부대를 안고 바다로 뛰어든다. 그의 나이 서른여섯. 그는 1944년 베네수엘라에 정착함으로써 마침내 자유를 얻었다.

샤리에르는 1968년 자신의 체험을 기록한 『빠삐용(Papillon)』을 출간했다. 책은 여러 언어로 번역되어 '불굴의 자유혼'을 상징하게 된다. 1973년, 프랭클린 제임스 샤프너가 같은 제목으로 영화를 만들었다. 하이라이트는 절벽 탈출 장면이다. 빠삐용은 숱한 고초를 겪는 동안 머리가 백발이 되고 이도 모두 상했다. 고문을 받다 뼈를 다쳐 걸음도 절룩거린다. 그래도 꺾이지 않는다. 얼마나 남았을지 알 수 없는 인생을 체념하여 절해고도에서 끝낼 수는 없는 것이다. 바위더미에 걸터앉아 바다를, 그리고 자신의 삶을 바라본다. 그리고 날마다 절벽으로 나가 코코넛 열매를 바다에 던져 해류의 흐름을 살핀다.

빠삐용이 걸터앉은 그 바위더미는 '드레퓌스의 벤치'다. 알프레드 드레퓌스. 1859년 10월 9일 알자스에서 태어나 1935년 오늘 세상을 떠난 프랑스 육군의 장교다. 역사는 '드레퓌스 사건'으로 그를 기억한다. 드레퓌스는 포병 대위로 근무하던 1894년 독일에 군사 기밀을 넘긴 혐의로 체포되어 종신형을 선고받았다. 1896년에 진범이 밝혀졌지만 석방되지 않았고, 1899년 재심에서도 유죄 판결을 받았다. 무고한 그의 고초는 프랑스의 양심을 움직였다. 에밀 졸라는 「나는 고발한다」라는 탄핵문을 남겼다. 드레퓌스는 대통령 특사를 받고 1906년에야 복권되었다. 그의 무덤은 파리의 몽파르나스에 있다. 디아블 시절 그의 생활을 알 수 있는 기록이 전한다.

"오전 5시30분에 일어나 말린 채소를 삶아 아침식사를 했다. 오전 아홉시에 다시 삶은 채소를 먹고 채소 삶은 물을 차 대신 마셨다. 그리고 거처를 청소하고 장작을 패고 빨래를 했다. 일기와 아내 루시에게 보내는 편지를 썼다. 정오가 되면 섬을 한 바퀴 돌고 나머지 시간에는 벤치에 앉아 망망대해를 바라보았다…."

드레퓌스의 이미지는 예술가들의 영감에 불을 댕겼다. 시인 구상(具常)은 「드레퓌스의 벤치에서」를 남겼다. 시는 영화 속 빠삐용의 벗, 탈출을 단념하고 디아블에 남은 드가의 독백 형식으로 이어진다. 그 절창이 마음에 살이 되어 꽂힌다. 림보(Limbo) 또는 회색의 공간.

"…이 세상은 어디를 가나 감옥이고 모든 인간은 너나없이 도형인임을 나는 깨달았단 말일세. (중략) 빠삐용! 그래서 자네가 찾아서 떠나는 자유도 나에게는 속박으로 보이는 걸세. 이 세상에는 보이거나 보이지 않거나 창살과 쇠사슬이 없는 땅은 없고 오직 좁으나 넓으나 그 우리 속을 자신의 삶의 영토로 삼고 여러 모상의 밧줄을 자신의 연모로 변절시킨 자유만이 있단 말일세…."

춘향전

이상(1910~1937)은 일제강점기에 나고 죽은 소설가, 시인이다. 소설 「날개」, 시 「오감도」, 수필 「권태」 등을 남겼다. 「건축무한육면각체(建築無限六面角體)」처럼 난해한 작품도 많다. 그는 영화를 좋아했다. 작품에 영화나 극장이 소재와 배경으로 심심찮게 등장한다. 그와 같은 시대를 산 예술가들 중에 영화광이 많다. 예를 들어 이효석은 한 달에 일고여덟 번이나 영화를 보았고, 시나리오까지 썼다.

이상이 1937년에 발표한 소설 「동해(童骸)」에는 주인공이 친구와 단성사에서 만날 약속을 하는 장면이 나온다. 소설 속 주인공이 본 영화 제목은 알 수 없다. 일본영화일 가능성이 크다. 이상은 영화 지식도 상당했던 모양이다. 1935년 여름 평안남도 성천에서 요양할 때 쓴 「산촌여정(山村餘情)」은 영화에 대한 이상의 관심과 지식을 보여준다.

그는 "오늘 밤에 금융조합 선전 활동사진회가 열립니다. 활동사진? 세기의 총아-온갖 예술 위에 군림하는 '넘버' 제8예술의 승리. 그 고답적이고도 탐아적인 매력을 무엇에다 비하겠습니까?"라고 토로했다. 이 글에서 이상은 '따불렌즈(double lens)', '후래슈빽'(flashback)', '스틸(still)', '스폿트(spotlight)' 같은 용어를 사용해 영화 지식을 드러낸다.

1943년 7월 조선영화문화연구소에서 발간한 『조선영화 30년사』에 따르면 1903년에 우리나라에서 처음 영화가 상영되었다. 그 해 6월 23일자 황성신문에 "동대문 내 전기회사가 기계창에서 시술(施術)하는 활동사진은 매일 하오 8시부터 10시까지 설행(設行)되는데 대한 및 구미 각국의 도시, 각종 극장의 절승한 광경이 구비하외다. 허입료금(입장료) 동화 10전"이라는 광고가 보인다.

「동해」에 등장하는 단성사는 우리나라 영화의 역사가 숨 쉬는 장소다. 서울역사편찬원이 지난달 2일에 펴낸 『서울의 영화』에 따르면 1919년 10월 27일 단성사에서 최초의 한국영화 『의리적 구토』가 상영됐다. 영화에는 장충단 공원, 자동차 추격 장면, 살곶이 다리 등 서울의 익숙한 풍경이 담겼다.

1935년 오늘에는 『춘향전』이 단성사에서 개봉됐다. 경성촬영서가 제작한 우리나라의 첫 유성영화다. 앨런 크로스랜드 감독이 만든 『재즈 가수』(1927)가 유성영화로서 크게 성공한 다음 8년이 지났을 때다. 『춘향전』이 나온 지 이태 뒤에 발표된 「동해」 속의 단성사에서 주인공, 곧 이상이 본 영화도 유성영화였을 것이다.

유성영화는 토키(Talkie)라고도 한다. 필름에 소리를 입히는 기술은 영화가 발명된 뒤 얼마 되지 않아 나왔다. 그러나 영화 예술가들은 무성영화가 영화 예술을 표현하는데 가장 적합하다고 보았다. 파산 직전에 몰린 워너 브러더스가 실험 삼아 부분만 소리를 입힌 작품을 만들어 성공한 뒤 완전한 토키 작품인 『재즈 가수』를 제작했다. 변사의 설명을 듣거나 자막을 읽다가 장면과 일치하는 소리를 처음 들을 때 느낌은 각별했으리라.

첫 경험은 놀라움과 함께 다가온다. 최초의 영화는 『열차의 도착』이다. 프랑스의 오귀스트와 루이 뤼미에르 형제가 1895년 12월 28일 프랑스 파리의 그랑 카페에서 이 영화를 공개했다. 줄거리도 없이 열차가 도착하는 장면만 50초 동안 보여줬다. 그래도 정말 기차가 들이닥치는 줄 알고 놀라 달아난 관객이 있었다고 한다.

이지 라이더

청년 둘이 오토바이를 타고 미 대륙을 가로지른다. 와이어트와 빌리. 귀에 익은 이름이다. 와이어트는 서부시대를 수놓은 전설의 보안관 와이어트 어프를 떠올리게 한다. 영화 『오케이 목장의 결투』(1957)에서 버트 랭커스터, 『툼스톤』(1993)에서는 커트 러셀이 맡은 캐릭터다. 빌리는 서부의 무법자 빌리 더 키드를 생각나게 만든다. 뉴욕에서 태어나 21년을 살면서 스물한 명의 목숨을 빼앗았다. 와이어트도 빌리도 역사에 이름을 새긴 실존인물이다.

와이어트와 빌리는 가죽옷을 입었다. 와이어트는 미국 국기로 장식한 모던 스타일, 빌리는 전통적인 카우보이 스타일이다. 거기다 인디언 목걸이 장식을 했다. 현대를 달리는 카우보이들은 말 대신 오토바이를 탄다. 특히 와이어트는 보통 오토바이가 아니라 '초퍼'를 탄다. 앞 포크가 몹시 길어 바퀴가 저 앞에 있고 핸들을 잡으려면 어깨 위로 손을 올려야 한다. 저 유명한 '캡틴 아메리카(Captain America)'다.

와이어트와 빌리는 히피 청년이다. 마약을 팔아 만든 노자로 동부를 향해 달린다. 두 사람은 히피족 히치하이커를 만나 그가 속한 히피 공동체 사람들과 어울리며 자유를 만끽한다. 어느 지역에서는 축제 퍼레이드에 참가했다가 오토바이를 몰았다는 이유로 구치소에 수감된다. 거기서 만난 주정뱅이 변호사 조지도 여행에 합류한다. 여정은 순탄치 않다. 숲속에서 잠을 자다 정체를 알 수 없는 이들의 폭력에 휘말려 조지가 죽는다. 와이어트와 빌리도 충격적인 최후가 기다리고 있다.

1936년 오늘 태어난 영화감독 데니스 호퍼가 연출해 1969년에 개봉한 『이지 라이더(Easy Rider)』. 아메리칸 뉴 시네마의 대표작으로서 당대 미국 사회의 단면을 들추었다는 평가를 받았다. 아메리칸 뉴 시네마는 1960년대 후반부터 1970년대 초반까지 기성세대로부터의 단절이나 미국사회의 부정적 현실을 문제로서 다룬 영화다. 『우리에게 내일은 없다』(1967), 『이지 라이더』, 『미드나이트 카우보이』(1969) 등이 손꼽힌다. 호퍼는 아서 펜, 존 슐레진저, 프랜시스 포드 코폴라와 함께 이 장르의 거장이다.

아메리칸 뉴 시네마의 시대는 베트남전쟁, 존 F 케네디와 마틴 루서 킹의 암살 등이 연이어 발생하면서 청년 세대를 분노와 절망에 빠뜨린 시대다. 젊은이들은 소비 자본주의와 사회적 관습에 반기를 들며 그들만의 문화를 추구한다. "호프는 자연으로의 회귀를 외친 히피 문화의 감성을 『이지 라이더』에 고스란히 담았다."(안시환) 영화는 뉴욕의 빅맨 극장에서 1969년 7월 14일 개봉했다. 흥행은 대박을 쳤다. 50만 달러를 들인 영화가 수익 1900만 달러를 냈다.

『이지 라이더』는 전통 서부극에 대한 패러디이자 반역이다. 와이어트와 빌리라는 이름은 미국 문화의 양면을 상징한다. 이들은 금과 자유를 찾아 서부로 간 개척자들의 길을 반대로 달린다. 오토바이는 범죄나 무법자가 아니라 반항하는 젊음을 대변하는 문화적 아이콘이다. 잔인할 정도로 비극적인 결말은 젊음의 패배와 기성 질서의 승리를 보여주는 듯하다. 그러나 젊음은 영원한 생명으로 되살아나며 언제나 마지막 승자임을 역사가 증명한다.

19360626
나창헌

1928년 2월 15일자 동아일보 3면의 배꼽 아래쯤에 박힌 기사 한 꼭지가 눈에 띈다.

警官重圍中
羅昌憲脫走
헛물만켠일본령사관경관
上海日領舘爆破犯

지난일천구백이십륙년구월십오일에중국상해(上海)에잇는일본총령사관에 뎡시폭발장치의 폭발약을던지고저중국인차부를시켜서 폭발하게하야 세상을경동케하든라창헌(羅昌憲)(三三)은그후불란서조계백이로존이리(白爾路存爾里)일호에서세웅원(世雄院)을경영하며 진공치료에조사하고잇는것을 일본관헌이 탐지하얏슴으로 상해총사령관 경찰에서는 라창헌을 톄포하기 위하야 여러번출장하얏스나 그째마다 미리긔맥을채고 자최를감추든바 구일오전열시경 경찰서원수명은 라창헌의 거처를멀리포위하고 톄포코저 계획을꿈여노코 불국령사관 경찰의원조를 구하엿더니령장(슈狀)에씨운서명이 오랜것이라 하야 그수속에 시간이 걸렷슴으로 용이히톄포에 착수하지 못하고 겨울 불국관헌의 출동을어덧슬째에는 벌서한시간이 경과한오후열두시반경에 령장이 올째에는라(羅)는벌서도망한사실이판명되엇는바 이번톄포에 관한 불란서당국은림긔의편의를주지안코 콩연히시간을 경과케한것은 충분히조선인에 도주할긔회를준것으로보게되엇스며쏘한들은바에의하면 불란서 경찰서안에는 불영조선인과 내통하는자가잇서서 범인을 도망케하얏다하야불국관헌의태도에 분개한다더라

원문의 느낌을 살리기 위하여 신문에 실린 대로 옮겨 적었다. 내용은 이렇다. 1926년 9월 15일에 조선인 청년 나창헌이 상하이에 있는 일본총영사관 건물을 폭파하려 한다. 그는 중국인을 시켜 폭발물을 던지게 할 참이었지만 계획은 실패했다. 1년 반쯤 지났을 때 나창헌의 거처가 알려지자 영사관은 소속 경찰을 풀어 체포에 나섰다. 그러나 미리 받아 둔 영장의 유효기간이 지나 새 영장을 기다리는 사이 나창헌은 포위를 벗어나 도주하였다.

나창헌은 평안북도 희천군 진면 행천동 사람이다. 대한민국 임시정부 시대에 독립운동을 한 분이다. 1896년 1월 29일에 태어나 1936년 6월 26일 숨을 거두었다. 길지 않은 생애를 일제에 대항한 투쟁으로 시종했다. 경성의학전문학교에 다니던 그는 1919년 3·1 운동이 시작되자 학생 대표로 참가했다. 1919년 5월에는 안재홍, 이병철, 조용주, 연병호, 송세호 등이 나서 조직한 대한민국청년외교단의 특파원으로 상하이에 파견되었다. 독립운동 자금을 임시정부에 전달하고, 국내의 3·1운동 상황을 보고하기 위해서였을 것이다.

임무를 마치고 돌아온 나창헌은 대한제국의 왕족과 귀족을 상하이로 탈출시키려는 계획에 참여한다. 이들이 일제의 식민통치에 반대한다는 사실을 공포함으로써, 한국의 독립 열망과 의지를 알리려 한 것이다. 나창헌은 이 일을 위해 같은 해 8월 김가진이 총재를 맡은 조선민족대동단에 가입한다. 11월 10일 고종의 아들 이강(李堈)을 국외로 탈출시키기 위해 변장을 시켜 경의선에 태우고 중국 안동까지 갔으나 일본 경찰에 붙들려 실패했다. 나창헌은 이듬해 1월 상하이로 넘어가면서 의열 투쟁을 독립운동의 방식으로 선택한다.

1926년 1월, 나창헌은 병인의용대를 결성한다. 병인의용대의 투쟁방식은 일제의 주요 식민통치 기관 파괴, 일제 관리 및 친일 밀정의 처단, 반일 시위운동 전개 등이었다. 병인의용대는 우선 상해 일본총영사관에 대한 공격을 계획했다. 상해 일본총영사관이야말로 임시정부 요인들은 물론 독립운동가들과 한인 동포들을 탄압하던 원부(怨府)였기 때문이다.

병인의용대는 나창헌의 지휘를 받아 세 차례에 걸친 폭탄투척의거를 전개하였다.

첫 번째 의거는 1926년 4월 8일에 단행되었다. 김광선, 김창근, 이수봉 등 대원 세 명이 일본총영사관과 그 후면도로에 접한 부속건물에 폭탄 두 개를 투척하도록 했다. 두 번째 의거는 같은 해 9월 15일 나창헌이 제작한 시한폭탄을 중국인 서윤쌍(徐倫雙)에게 주어 일본총영사관을 폭파하려 한 것이다. 세 번째 의거는 1927년 강창제, 김창근, 이수봉 등이 다시 나섰다. 시한폭탄을 일본총영사관에 투척하여 창고건물을 파괴하는 성과를 거두었다.

병인의용대의 일본총영사관 폭파 의거는 당시 신문 보도에도 나타난다. 동아일보 1926년 9월 24일자 2면은 일제가 1926년 4월과 9월 두 차례에 걸친 상해 일본총영사관 폭파 의거의 배후로 나창헌을 지목하고 있다는 내용을 보도하고 있다.[*] 나창헌의 간략한 이력과 함께 폭탄 장치의 정교함에 대해 설명하고, 폭탄이 터진 현장과 의거의 배후로 지목 받고 있는 나창헌의 사진을 실었다. 나창헌은 중국 망명 생활을 하는 동안 왕성준(王成俊), 강우규(姜宇圭), 정궤(丁几) 등을 가명으로 사용하기도 했다.

병인의용대는 친일 밀정 및 주구배를 색출하여 처단하였다. 1926년 2월 1일에 최병선, 장영환, 김광선, 박인 등 네 명은 친일 밀정 박제건을

---

[*] 丙寅義勇隊의 報讐로 直接關係는 羅氏兄弟 羅晟憲 羅東憲 兩名은 容疑者로 被捉, 수범으로 지목밧는 羅昌憲은 잡히지 안어, 上海日領事館爆彈事件//羅昌憲의 略歷// 時計裝置의 爆彈自動的으로 爆發

상해 북강서로에서 처단하였다. 박제건은 최동윤, 박남제라고도 불렸는데 한중협회에 관한 자료를 일제에게 넘겨준 자다. 그로 인하여 회원 다수가 체포되었으니 독립운동 진영에서는 반드시 처단해야 했다. 병인의용대는 이 외에도 같은 해 2월에서 3월 사이에 친일 밀정 네 명을 제거하였다. 4월 16일에는 이영선을 시켜 일본총영사관 순사를 처단하려 했다.* 1926년 6월 10일로 예정된 순종의 인산일에 맞추어 의거를 수행하려고 김광선, 이영전, 고준택, 김석룡 등을 국내에 파견하기도 했다. 그러나 이들이 상하이에서 체포되어 뜻을 이루지는 못했다.

나창헌은 이후 일제의 추적을 피해 쓰촨성 완셴(萬縣)으로 가 '만현의원'을 경영하면서 독립운동을 계속한다. 1933년 1월엔 상해 프랑스 조계의 미국 기독교청년회관에서 열린 제19회 흥사단 원동대회에 참석하였다. 이때 흥사단 원동반 제5반 반원으로 선임되자 같은 해 7월 다시 상하이로 가 한 달 동안 머무르며 병인의용대를 재건하였다. 박창세를 대장으로, 강창제를 부대장으로 선임한 병인의용대는 1935년 12월 24, 25일 상하이 일본총영사관 경부보** 제거에 나서는 등 지속적인 의열 투쟁을 전개해 나갔다.

나창헌은 1936년 위암에 걸려 마흔 살을 일기로 순국했다. 독립운동사에 길이 남을 영웅의 너무나도 이른 죽음이다. 그는 한때 의사로 살아가려 하였기에 무장 투쟁과는 어울리지 않음직한 인물이었다. 하나 그는

---

* 　內屈이라는 이름으로 알려졌다.
** 　藤井이라는 이름으로 알려졌다.

의술을 단지 인간의 병을 치료하는 일로만 이해하지 않았다. 나창헌에게 의술의 목적은 대한 민족과 더 나아가 인류의 아픔을 치유하는 일이었다. 그의 희생은 헛되지 않아 대한민국은 독립을 쟁취하였다. 정부는 나창헌의 공훈을 기리어 1963년 건국훈장 독립장을 추서하였다. 나창헌이 조직한 철혈단의 선언서 한 줄이 한 사나이의 추상같은 의지를 드러내기에 마지막에 적는다.

우리 독립은 우리의 사활문제임은 췌언(贅言)을 기다릴 것이 없을 것이며, 우리들의 독립은 총과 검과 혈이 아니면 성공할 수 없다. 고로 우리들은 금후 한 사람이 될 때까지 최후의 일각까지 철과 혈로써 저 간악하고도 악독한 왜구(倭仇)를 배제할 것이다.

19360810
올림피아

행정안전부 국가기록원은 손기정(1912~2002)의 1936년 베를린올림픽 마라톤 우승 82주년을 맞아 다큐멘터리 영화 필름 『민족의 제전』과 베를린 올림픽 우승 상장 등을 복원·복제했다고 8일 발표했다. 국가기록원은 9일을 손기정이 우승한 날로 보았지만 아주 정확한 판단은 아니다. 베를린올림픽 마라톤 경기는 독일시간으로 1936년 8월 9일 오후 3시 2분에 시작됐고 손기정은 2시간 29분 19.2초만에 결승선을 통과했으니 오후 5

시 30분이 지났을 때다. 서머타임을 사용하지 않았던 시기니까 베를린과 서울의 시차는 여덟 시간, 그러니 서울에서는 10일 오전 1시 30분쯤이다.

국가기록원이 복원·복제했다는 『민족의 제전』은 독일의 영화감독 레니 리펜슈탈이 1936년 베를린올림픽을 소재로 제작한 영화 『올림피아(Olympia)』의 일부다. 올림피아는 『민족의 제전(Fest der Voelker)』과 『미의 제전(Fest der Schoenheit)』 두 부분으로 되어 있다. 뛰어난 기법과 완성도, 미학적 성취 등으로 영화사에 길이 남을 유산이라는 찬사와 나치의 선전물이라는 비판을 함께 받아왔다. 우리에게는 베를린올림픽 마라톤에서 금메달과 동메달을 획득한 손기정과 남승룡의 경기 모습을 확인할 수 있는 동영상 자료라는 점에서 대체 불가능한 가치를 지닌다.

그러나 『올림피아』에는 미리 훈련 장면을 찍어두거나 경기가 끝난 다음 다시 찍은 장면이 많이 섞여 있다. 손기정과 남승룡이 나오는 장면도 마찬가지다. 손기정은 35㎞ 지점 이후 장면에서 실제 경기 번호인 382번이 아닌 381번을 달았거나, 필름이 반전된 모습으로 등장한다. '일부러 옷을 거꾸로 입었다'는 증언은 착각이든 거짓말이든 아무튼 사실과 다르다. 남승룡도 번호를 상이한 곳에 부착한 두 장면과 훈련복을 입고 달리는 장면 등 세 가지 다른 모습으로 등장한다. 그래서 실제 경기 장면을 가려내서 보아야 한다. 멀리서 찍은 장면 중에 실제 경기 장면이 많고 가까이서 찍은 장면에는 연출된(다시 찍거나 미리 찍은) 장면이 많다.

『올림피아』는 1938년 4월 20일 아돌프 히틀러가 지켜보는 가운데 우파 팔라스트(UFA Palast)에서 공개되었다. 히틀러는 『민족의 제전』이 끝나자 박수를 치면서 자리에서 일어나 리펜슈탈에게 "당신은 최고의 작품을 만들었다. 세계가 당신에게 찬사(감사)를 보낼 것"이라고 축하했다. 영화는 발표된 뒤 국제영화제에서 상을 휩쓸었다. 1937~1938년 독일 영화상, 1938년 이탈리아 베네치아 비엔날레에서 (다큐멘터리가 아니라) 극영화 부문 최고상을 받았다. 1956년 할리우드는 이 영화를 그 시대 10대 영화로 선정했다. 세계 언론의 찬사도 줄을 이었다. 로스앤젤레스 타임스가 "위대한 경기에 대한 매혹적인 기록"이라고 극찬하는 등 언론들은 이 영화의 국제성을 언급하며 "걸작", "최고 수준의 예술작품", "지금까지 만들어진 것 중 가장 뛰어난 스포츠 영화", "영화가 스포츠에 제공한 가장 아름다운 사랑 노래"라고 표현했다.

『올림피아』에는 리펜슈탈의 의도가 과도하게 개입돼 기록영화의 기준을 넘나들고, 당시 유럽인의 아시아 이미지를 반영한다. 시상식에서 고개를 숙여 일장기를 외면하는 손기정과 남승룡의 모습은 우리를 비감하게 만든다. 그러나 리펜슈탈은 두 사람에게서 동양의 신비를 읽는다. 그는 자서전(Memoiren)에 "그들은 월계관을 쓴 머리를 숙이고 마치 종교적인 희열(喜悅)에 빠진 것 같은 모습으로 자국의 국가에 귀를 기울이고 있었다."라고 기록하였다.

난징대학살

    중국인 30만 명이 1937년 12월 13일부터 1938년 2월까지 6주간에 걸쳐 잔인한 방식으로 살해되었다. 제국주의 일본이 난징을 점령한 다음 군대를 동원해 중국인을 무차별 학살한 것이다. 일본군은 항복한 중국군 포로뿐 아니라 젊은 남자들을 닥치는 대로 끌어내 성 외곽이나 양쯔강 하구에 모아 놓고 기관총 세례를 퍼부었다. 당시의 일을 전하는 기록은 참담하기 이를 데 없어 차마 말이나 글로 옮기기 어려울 지경이다. 이른바 난징대학살.

    일본군은 포로나 민간인을 가리지 않고 잔인하게 죽였다. 수없이 많은 중국인이 일본군의 총검술 훈련용 표적이나 목 베기 내기의 희생물이 되었다. 산 채로 파묻히거나 칼부림에 난도질당하기도 했다. 난징의 한 광장에서는 여자와 아이들을 포함해 천여 명이나 되는 사람들을 세워 놓고 몸에 석유를 부은 다음 기관총을 난사하였다. 총탄이 사람들의 몸을 꿰뚫을 때 석유에 불이 붙어 시체더미가 산을 이루었다고 한다.

    '인간 사냥'은 여성들에게 더욱 혹심했다. '집단윤간', '선간후살'(先姦後殺, 강간한 뒤에 죽임)은 채 열 살도 안 된 어린이부터 60, 70대 노파까지 대상을 가리지 않았다. 수녀와 비구니를 포함한 난징의 여성들을 보이는 대로 능욕했다. 난징대학살에 참가한 한 일본군의 일기가 전한다. 그는 "심심하던 중 중국인을 죽이는 일로 무료함을 달랜다. 산 채로 묻어버리거나 장작불로 태워 죽이고 몽둥이로 때려죽이기도 했다.”고 적었다.

난징의 자금산 기슭에서는 일본군 소위 무카이 도시아키와 노다 쓰요시가 일본도로 중국인 목 베기 내기를 했다. 1937년 12월 13일자 도쿄 니치니치 신문이 보도한 ‘100인 참수 경쟁’이다. 오사카 마이니치 신문도 같은 내용을 보도했다. 기사를 송고한 기자 아사미와 스즈키가 두 사람의 살인내기를 촬영할 때 무카이는 106명, 노다는 105명을 죽인 뒤였다. 그러나 누가 먼저 100명을 죽였는지 몰라 먼저 150명을 죽인 자를 승자로 인정하기로 했다.

1938년 1월, 히로다 고키 일본 외무대신이 주미 일본대사관에 비밀 전문을 보낸다. “일본군이 저지른 모든 행위와 폭력 수단은 아틸라 왕과 흉노족을 연상시킨다. 최소 30만 명의 민간인이 살육됐고, 많은 수는 극히 잔혹하고 피비린내 나는 방식으로 살해됐다. 전투가 끝난 지 수주가 지난 지역에서도 약탈과 아동 강간 등 잔혹 행위가 계속되고 있다.” 학살 사실을 숨기기 위해 난징의 서방 외교관들에게 향응을 제공하고 매수를 시도했다는 기록도 있다.

중국 장쑤성 사회과학원 역사연구소는 2000년부터 10년 동안 세계를 누비며 난징 대학살에 관한 1차 사료를 모아 집대성한 총 78권 규모의 ‘난징대학살 사료집’을 2011년 7월 6일 완간했다. 본 사료집 72권, 부록 6권으로 구성된 이 책의 글자 수는 4000만 자나 된다. 역사서 『사기』(50만 자)의 80배, 『자치통감』(300만 자)의 13배에 이른다. 사료집은 난징대학살이 일본 군부의 지시에 따라 조직적으로 이뤄졌음을 증명한다.

난징대학살은 역사적 사실로 대부분 확인됐다. 이 사건에 대한 일본의 태도는 대략 세 가지다. 첫째 난징대학살의 실체를 인정하고 반성하는 태도. 둘째 전쟁수행 중에 우발적으로 발생한 일이며 희생자 수도 몇만 명에 불과했다는 시각. 셋째 난징대학살은 장제스의 중화민국 정부가 날조한 거짓으로 전혀 근거가 없고 증거 사진들도 모두 조작되었다는 주장. 일본의 태도가 이러하니 참회와 사죄, 용서에 이르는 길은 멀다.

19371228
모리스 라벨

'밤이 새고 있었다/물푸레나무들이 드문드문/머리를 풀고 있었다/지워버려도/지워지지 않는 바다/이베리아/따에는 물빛 하늘에는/독신(독신)으로 마친 한 천사(천사)가/지금 가고 있느니'

김영태 시인이 쓴 「모리스 라벨의 죽음」이다. 1970년 『월간문학』에 발표했다. 시인은 좋은 시를 많이 썼을 뿐 아니라 무용과 음악에도 박식했다. 평론집을 낼 정도였다. 서울의 부잣집에서 나고 자라 취미가 고상했던 듯하다. 시만 읽어서는 시인이 라벨의 삶과 예술을 얼마나 이해했는지 알기 어렵다. 다만 라벨을 무척 좋아한 것 같다. 「라벨과 나」라는 시까지 썼을 정도로.

'내 키는 1미터 62센티인데/모리스 라벨의 키는 1미터 52센티 단신

(短身)이었다고 합니다/라벨은 가재수염을 길렀습니다/접시, 호리병, 기묘한 찻잔을 수집하기/화장실 한구석 붙박이/나무장 안에 빽빽이 들어찬/향수(香水) 진열 취미도 /나와 비슷합니다…(후략)'

라벨은 우리 시인들의 작품 속에 자주 나온다. 라벨이 이국취미를 자극했을까. 아니면 그가 작곡한 음악에 우리 시인들이 유난히 빠져들었을까. 김종삼이 쓴 「시인학교」에도 라벨이 등장한다. 김종삼에게는 예술적 유토피아였을 시인학교에서 에즈라 파운드가 시를, 폴 세잔이 미술을 대표하듯 라벨은 음악을 대표한다. 수강생은 김소월, 김수영, 전봉래, 김관식 등이다. 김소월과 전봉래는 스스로 목숨을 버렸고 세상과 불화한 김수영은 교통사고로 죽었다. 심한 주벽과 기행으로 유명했던 김관식도 불혹을 넘기지 못하고 요절했다. 김종삼도 알코올 중독과 가난에 시달렸다.

수강생의 면면이 이러하니 강사진도 만만치 않다. 후기인상파의 거장 세잔은 불우한 청년기를 살다가 뒤늦게 명성을 얻었으나 폭우 속에 그 목숨이 사위고 말았다. 파운드는 이탈리아 파시즘을 찬양한 죄로 추방자가 됐다. 열네 살에 파리 음악원에 들어가 재학 중에 「죽은 왕녀를 위한 파반느」와 「현악 4중주곡 바장조」를 작곡한 라벨은 천재임에 분명하다. 그러나 1932년에 교통사고를 당한 뒤 회복하지 못했다. 김상윤 분당서울대병원 신경과 교수는 라벨이 말년에 인지증(認知症, 치매)을 앓았을 것으로 본다.

「볼레로」는 라벨의 작품 중에서도 우리에게 잘 알려졌다. 클로드 를르슈가 감독한 드라마 『사랑과 슬픔의 볼레로』(1981)가 인기를 끌자 음반이 많이 팔렸다. 를르슈는 「볼레로」를 마지막 장면에 사용해 감동을 극대화했다. 「볼레로」는 라벨의 오케스트라 기법이 집약된 명곡이다. 한 리듬이 169차례나 반복되는 가운데 두 주제가 15분 넘게 이어진다. 그러나 결코 단조롭지 않고 점증하는 긴장과 흥분 속에서 카타르시스로 치닫는다.

김영태가 노래하는 라벨 최후의 날은 1937년 12월 28일이다. 「볼레로」처럼 화려한 최후는 아니었다. 시인이 아는 대로 라벨은 틀림없이 독신으로 살았다. 그래도 여자를 싫어하지는 않았을 것이다. 파리의 사창가를 자주 드나들었으니. 양성애자로서 오랫동안 관계를 유지한 남성이 있다고도 한다. 라벨의 삶은 그 시대의 윤리에 들어맞지는 않는다. 김영태는 라벨을 천국으로 보내고 싶었나보다. 하지만 당시 기준으로는 연옥행도 쉽지 않았으리.

19400907
비

'아직도 비는 내린다-/인간의 세계처럼 어둡고, 우리의 상실(喪失)처럼 암담하고-/십자가 위에 박힌/1940개의 못꽂이처럼 눈 먼//아직도 비는 내린다/나그네의 묘지에서의 망치 소리로 변하는 심장의 고동과 같은 소리/무덤을 짓밟는 신앙 잃은 발자국 소리를 내며//… 보라, 그리스도의 피가 창공에 흐른다/그 피는 우리가 나무에 못 박은 그 이마에서 흘러/지상의 겁화를 지니고 죽어가는 목마른 가슴으로 깊이/시저의 월계관 모양/고통으로 검게 더럽혀진 가슴으로 흐른다…' (이디스 시트웰, 「아직도 비는 내린다」, 이창배 번역)

1940년 9월 7일. 독일이 57일에 걸친 런던 야간 공습을 시작한다. 파괴와 살상은 한때 아름다운 낭만의 세계를 노래한 여성시인의 가슴에 큰 충격과 상처를 남긴다. 이디스 시트웰(Dame Edith Sitwell). 노스요크셔주(州) 스카버러에서 조지 시트웰 경(卿)의 딸로 태어나 가정교사에게서 배우고 더햄, 옥스퍼드 등에서 명예박사학위를 받았다. 화려하고 고답적이며 언어의 음악성에 주목한 작품으로 문단의 주목을 받기 시작했다. 세계대전을 거치는 동안 반종교적 현실에 대한 우려와 분노, 인도주의 사상을 강하게 드러낸 작품으로 이행했다.

나치 독일의 폭격이 가져온 파괴와 살상의 현장은 시인에게 예수 그리스도를 상실한 현대의 인간이 겪는 비극으로 인식된다. 그리하여 구원의 길은 오직 그리스도에게로 돌아가는 것뿐이라고 말한다. 거듭해 써 내려간 '아직도 비는 내린다'라는 싯귀는 쉴 없이 떨어져 내리는 폭탄이며 인간이 치르는 죗값이며 예수가 십자가에 매달려 흘린 피를 의미한다. 시를 번역한 이창배는 해설에서 작품의 메시지가 종교적 설득에 있지는 않다고 썼다. "기독교인의 눈으로 본 참상을 노래한 것뿐이다. (중략) '아직도 비는 내린다'는 말의 반복이 주는 그 시각적, 청각적 이미지가 큰 효과를 거두고 있는 것"이라는 것이다.

비는 어쩌다 이토록 불길한 전령이 되어 버렸을까. 우리들의 마음속에는 비가 좋아 빗속을 거닐었고(윤형주, 「우리들의 이야기」), 노란 레인 코트를 입은 검은 눈동자의 여인이 씌워주는 검은 우산 아래 말없이 걷던 추억이(신중현, 「빗속의 여인」), 작별을 고하는 울음과 같이(심성락, 「비의 탱고」) 가슴 저미곤 하던 시절의 감성이 여전하건만. 클리던스 클리어워터 리바이벌(CCR)이라는 미국 밴드(그렇다, '야전'에 '빽판'을 돌려놓고 막춤을 추던 그 노래, 「프라우드 메리」를 부른 사나이들이다)는 「비를 본 적이 있는가(Have you ever seen the rain)」나 「누가 이 비를 멈출 수 있나(Who Will Stop The Rain)」 같은 노래로 베트남 전쟁의 잔혹함을 고발했다고 한다.

사실 여부를 떠나 내리는 비에 공포를 이입하는 정신의 메커니즘은 사뭇 비극적이지 않은가. 기독교의 세례성사에서 보듯, 예수가 요한의 세례를 받자 '이는 내 사랑하는 아들'이라는 메시지가 성령을 통하여 강림했듯이 물은 순결과 새로워짐, 생명, 은총을 상징하였다. 그러나 질곡의 인간역사는 쏟아지는 빗줄기에서 포탄세례와 공습을, 죽음과 파괴와 저주를 떠올리게 하였다. 고통과 저주로 점철된 이미지의 시대는 결코 행복할 수가 없다. 이 시대는 너와 내가 우리로 엮이지 않으며 끝내는 적으로 귀결되는 만인에 대한 투쟁의 시대, 죽음의 연대(年代)일 수밖에 없기에.

시어도어 카진스키

미국 시사주간지 『타임』은 2007년 3월 3일(한국시간) '세기의 범죄' 스물다섯 건을 선정했다. '린드버그 납치사건' 75주년을 맞아 기획한 특집 기사였다. 린드버그 납치사건은 1932년 3월 1일 미국의 항공영웅 찰스 린드버그의 아들이 뉴저지 주 하이필즈에서 납치, 살해된 사건이다. 『타임』은 1911년 프랑스 루브르 박물관의 「모나리자」 도난 사건, 1994년 전처 살해 혐의로 재판을 받은 미식축구 스타 심슨 사건, 1997년 패션 디자이너 지아니 베르사체 살해 사건, 1999년 칼럼바인 고등학교 학생 두 명이 교내에서 열세 명을 살해한 총기 난사 사건도 포함했다.

하버드대 출신의 수학 천재 시어도어 존 카진스키가 저지른 폭탄 테러 사건도 빠뜨리지 않았다. 카진스키는 1978년 5월 27일부터 1995년 4월까지 18년 동안 열여섯 차례에 걸쳐 우편물 폭탄으로 세 명을 죽이고 스물아홉 명을 다치게 했다. 대학(University)과 공항(Airport)에 그의 테러가 집중되었기에 '유나보머(Unabomber)'로 불렸다.

카진스키는 1942년 오늘 미국 일리노이 주 시카고에서 태어났다. 열여섯 살에 하버드대 수학과에 입학해 스무 살에 졸업했다. 미시간대에서 수학박사 학위를 취득하고 1967년 버클리 캘리포니아대 조교수가 됐을 때는 스물다섯 살이었다. 그러나 그는 2년 만에 물러났다. 1973년에 몬태나 주의 숲 속에 들어가 오두막에 기거하며 5년가량 문명을 등지고 혼자 살았다. 1978년부터 우편물 폭탄 테러를 저지르기 시작했다.

1995년, 카진스키는 워싱턴 포스트와 뉴욕 타임스가 자신의 기고문을 게재하면 테러를 중단하겠다고 제안했다. 해당 언론사와 법무장관, 연방 수사국 국장의 결정으로 1995년 9월 19일 8개면에 걸쳐 카진스키의 '선언문'이 실렸다. 3만5000여 자에 이르는 선언문에는 반과학·반기술의 격정적인 메시지가 담겼다. 카진스키는 현대 산업사회의 병폐를 극복하기 위한 방법은 혁명뿐이라고 주장했다. "기술과 자유 사이의 지속적 타협은 불가능하다. 왜냐하면, 기술이 훨씬 더 강력한 사회적 권력이기 때문이다."

카진스키는 1996년 4월 3일 체포됐다. 연방수사국(FBI)은 그의 오두막 집에서 선언문 작성에 사용된 타자기와 일기를 발견했다. 제보자는 동생 데이비드 카진스키였다. 데이비드는 선언문의 요지와 문체가 형의 것과 비슷하다고 판단했다. 그는 11월 17일자 US뉴스 앤드 월드 리포트 지에 보낸 성명에서 "더 이상의 인명피해를 막기 위해 형을 신고했다."면서도 "형에게 사형을 구형하려는 정부의 계획에 슬픔을 느낀다."고 토로하였다.

1997년 11월 12일 새크라멘토 연방지법에서 재판이 시작되었다. 카진스키에게는 살인을 비롯한 10개 혐의가 적용되었다. 카진스키는 '정신이상'을 변론 전술로 삼으려는 변호인단의 의견에 반대했다. 재판에서 자신의 주장을 이성적으로 전개해나갔다. 연방지법은 1998년 5월 4일 그에게 가석방 없는 종신형을 선고했다. 카진스키는 최후진술을 통해 "미국 정부가 나의 반기술문명 철학에 대해 거짓말을 했다."고 비난하면서 "유나보머 사건의 진실을 훗날 밝히겠다."고 다짐했다.

카진스키는 잡히기 전과 수감된 뒤에 글을 많이 썼다. 논지는 신문에 기고한 선언문과 비슷했다. 미국 정부가 출간을 막으려 했지만 연방법원은 언론의 자유를 존중했다. 그리하여 책을 내되 인세는 모두 피해자와 유족 보상금으로 쓰도록 판결했다.

19430222

백장미

한스 숄과 소피 숄은 남매다. 크리스토프 프롭스트는 그들의 동지고. 죽음을 앞둔 이들이 담배를 나눠 피운다. "죽음이 이렇게 간단한 줄 몰랐어." 크리스토프가 작별을 고한다. "하늘에서 만나자." 소피가 가장 먼저 끌려갔다. 사형대까지 40여m. 그는 허리를 꼿꼿이 세우고 머리를 치켜든 채 개선장군처럼 걸었다. 다음은 한스였다. 그가 외쳤다. "자유 만세!(Es lebe die Freiheit!)"

1943년 오늘 오후 5시, 독일 젊은이 셋이 차례로 죽었다. 이들은 1943년 2월 18일 뮌헨 대학 구내에 히틀러와 나치를 규탄하는 전단을 뿌렸다. 전단은 치명적인 내용을 담고 있었다. "무책임하고 어두운 충동에 빠진 통치자에게 아무런 저항도 하지 않고 무기력하게 '지배'당하는 것보다 더 굴욕적인 일은 없습니다. 이 시대를 살아가는 독일인들 중에 진실한 마음을 가진 사람이라면 누구나 이 정권에 대해 치욕을 느끼지 않을까요? 지금은 어둠으로 뒤덮여 있지만, (중략) 극악무도한 범죄가 밝은 햇살 아래 낱낱이 드러날 날이 올 것입니다." 젊은이들은 게슈타포에게 붙들려 잔인한 고문과 취조, 재판을 받았다. '인민법정'은 이들에게 국가반역죄와 이적죄로 사형을 선고했다. 항소 절차 없이 단두대형이 집행됐다. 체포에서 처형까지 나흘밖에 걸리지 않았다.

마크 로테문트 감독이 만든 영화 『소피 숄의 마지막 날들』(2005)은 숄 남매와 프롭프스의 이야기다. 자유와 정의를 위해 역사의 제단에 목숨을 바친 젊은이들은 독일의 양심을 대변한다. 이들의 이야기는 낯설지 않다. 군사독재 시대를 경험한 지성이라면 대부분 『아무도 미워하지 않는 자의 죽음』을 읽었을 테니. 한스의 누나요 소피의 언니인 잉게 숄이 쓴 소설이다. 소설의 원래 제목은 '백장미(Die Weiße Rose)'. 숄 남매와 친구들이 만든 지하단체의 이름이 '백장미단'이었다. 잉게는 동생과 친구들이 자유와 인간의 존엄을 지키기 위해 감행한 저항과 죽음에 이르기까지의 과정을 사실적인 필치로 적어나간다. 그의 사실적인 묘사는 나치 독일의 광적인 제국주의와 인종차별의 실상을 남김없이 드러낸다.

젊은이들은 죽음 앞에서도 의연했다. 그 모습을 보고 감명을 받은 간수들은 규정을 어겨가면서까지 셋이 마지막으로 담배를 피우며 몇 마디 말을 주고받을 수 있도록 배려했다.(박종대) 물론 이들은 강철같은 언어를 말할 줄도 알았다. "오늘은 당신이 우릴 목매달지만 내일이면 당신의 차례가 될 것"이라고 경고한 한스처럼. 또한 그들은 믿었다. "이건 헛된 일이 아니야." 그들이 죽은 지 얼마 지나지 않아 연합군 비행기가 백장미단의 여섯 번째 전단지를 수백 만 장 복사해 독일 상공에 뿌린다. 그날 베를린의 하늘은 1943년 2월 18일 오전, 전단을 품은 소피가 학교에 들어서기 전에 올려다본 뮌헨의 마지막 하늘처럼 눈이 부시도록 맑았다.

솔 남매와 그 친구들은 한때 또래들처럼 히틀러 유겐트에 들어가 열심히 활동했다. 이들은 어느 날 울름 대성당의 주교인 그라프 폰 갈렌 신부의 강론을 듣는다. 갈렌 주교는 나치의 반종교적 태도와 정신지체아 집단 학살을 거침없이 비판하며 죄 없는 사람을 죽여서는 절대로 안 된다고 역설했다. 그의 메시지는 솔 남매의 영혼을 움직였다. 갈렌 주교처럼 엄혹한 시대일수록 누군가는 깨어 있어야 한다. 그리고 깬 자는 말해야 한다. 백장미단이, 그리고 총칼과 독재의 시대를 견뎌낸 우리의 역사가 이 사실을 증명한다.

19430419
게토

나치 독일이 1939년 9월 1일 폴란드를 침공하면서 제2차 세계대전이 시작됐다. 독일은 폴란드를 점령한 다음 바르샤바에 유대인 수용소를 지었다. 이곳이 게토(ghetto)다. 1942년부터는 유대인 말살 정책이 본격화됐다. 이 해 7월부터 병에 걸리거나 장애가 있는 유대인들을 아우슈비츠와 트레블링카로 보냈다. 곧 죽음의 수용소다. 홀로코스트 박물관의 기록에 따르면 1942년 7월 22일부터 9월 12일까지 친위대와 경찰 부대는 26만 5000명을 트레블링카 학살수용소로, 1만1580명을 강제 노동 수용소로 보냈다. 이송 작전을 진행하는 동안 바르샤바 게토에서 1만 명 이상이 학살됐다.

유대인들은 끌려간 사람들이 어떤 최후를 맞는지 알았다. 공포가 번져가는 가운데 몇몇 유대인들이 투쟁 조직을 만들어 저항한다. 저항이라고는 해도 게토에 고립된 그들이 전투 준비를 하기는 불가능했다. 더구나 상대는 유럽 최강의 군대. 그러나 가만히 있어봐야 짐승처럼 끌려가 도살될 뿐이다. 저항을 택한 유대인들은 인간답게 죽기를 원했다. 그들은 "우리 모두는 인간답게 죽을 준비가 되어 있다."는 선언문을 남겼다. 요행히 살아남은 생존자들은 "(살아남기 위해서가 아니라) 죽을 때와 장소를 우리 스스로 선택하기 위해서" 봉기했다고 했다.

1943년 오늘 오전 6시. 독일 병력이 게토에 진입했다. 유대인들의 명절인 유월절을 하루 앞둔 날이었다. 유월절은 유대인의 신 야훼가 '이스라엘 백성'을 이집트의 노예 생활에서 해방시킨 일을 기념하는 날이다. 야훼는 이집트의 파라오가 해방을 요구하는 모세의 말을 듣지 않자 재앙을 내린다. 열 번째 재앙은 이집트의 모든 장자(長子)들과 가축의 맏이를 죽인 것이다. 그러나 이스라엘 백성에게는 흠 없는 수컷 양이나 염소를 잡아 그 피를 문설주와 문 상인방에 바르게 하였다. 그 표를 보고 이스라엘 백성의 집은 넘어가서, 즉 유월(逾越·Passover)하여 화를 면할 수 있었다. 그러나 1943년의 유월절에는 유대인들의 피가 역사의 문지방을 적셨다.

격렬한 시가전이 벌어졌다. 유대인들이 사용한 무기는 주로 권총이었고, 소총도 귀했다. 화염병을 만들어 던지기도 했다. 독일군은 병력을 하루 평균 2100명 이상 동원했다. 그래도 최루가스와 독가스를 사용해야 할 만큼 어려움을 겪었다. 두 번이나 게토에서 퇴각해야 했다. 나중에는 게토에 있는 모든 건물을 불태워버리는 초토화 작전을 전개했다. 무라노프스키 광장에 있는 건물 한 곳은 4월말까지 독일군의 공격을 견뎌냈다. 건물 옥상에서 깃발 두 개가 휘날렸다. 하나는 폴란드 국기, 하나는 푸른색과 흰색 천으로 만든 배너였다. 오늘날 이스라엘은 이 두 색을 국기에 사용한다.

봉기를 주도한 유대인군사연합(ZZW) 지도부가 4월 29일 괴멸했다. 5월 8일에는 또 하나의 지도부인 투쟁 조직(ZOB)도 독가스 공격을 받고 전멸했다. 봉기는 5월 16일에 진압됐다. 대한민국의 시민들도 결코 잊을 수 없는 두 날짜 사이에서 유대인의 자유혼이 불타올랐던 것이다. 독일군은 게토를 폐허로 만들고 살아남은 유대인 5만6065명을 체포해 죽음의 수용소로 보냈다. 전투 중에 전사하거나 붙들려 총살 당한 유대인은 1만3000명에 이르렀다. 독일군 사상자는 기록에 따라 110명에서 300여명으로 추산된다.

오늘날 바르샤바의 유대인 박물관 앞에 게토 봉기 기념비가 서 있다. 1970년 폴란드를 방문한 서독 총리 빌리 브란트는 차가운 겨울비가 내리던 12월 7일 기념비에 헌화하고 무릎을 꿇었다. 역사는 이 일을 '바르샤바의 무릎 꿇기(Kniefall von Warschau)'로 기억한다. 브란트의 행동은 나치 독일의 전쟁 범죄에 대한 반성과 속죄로 해석되었다. 브란트는 나치 정권 시절 아돌프 히틀러에 항거하여 노르웨이와 스웨덴에서 망명생활을 했다. 나치 독일의 핍박을 받은 그의 행동을 보고 세계는 "사과할 필요가 없는 사람이 사과를 했다."며 감동했다. 브란트는 서독과 동구권 국가의 관계 개선에 기여한 공로를 인정받아 1971년에 노벨 평화상을 받았다.

19440823
여자정신근로령

일제강점기의 마지막 두 해. 1944년 가을과 1945년 봄에는 혼사(婚事)가 잦았다고 한다. 사연이 있다. '조선징병령'이 1943년 8월 1일자로 시행돼 한반도의 청년들은 1944년 하반기부터 입대하기 시작했다. 생사를 장담할 수 없는 전장에 아들을 내보내야 했기에, 여러 문중에서는 대를 이을 후손이나마 남기기 위해 혼사를 서둘렀다. 딸을 둔 부모들도 다급했다. 1944년 오늘 일본 칙령 제519호로 공포된 '여자정신근로령' 때문이었다. 말로는 공장에서 일을 한다지만 한 번 끌려가면 어떤 꼴을 당할지 장담 못할 일이었기에 딸을 속히 결혼시켜 동원 대상에서 빼내려 하였다.

여자정신근로령은 '국민직업능력신고령'이 지정한 직업 능력을 가진 만 12부터 40살까지의 배우자 없는 여성에게 정신근로령서를 발급하여 작업장에 배치하는 것을 골자로 한 법령이었다. 여기에 불응하는 자는 취직령서(就職令書)에 의해 강제로 취업하게 하고, 그래도 불응하면 국가 총동원법 제32조에 따라 처벌했다. 여자정신대를 받아들이고자 하는 업체 또는 업주는 사전에 일본 지방장관에게 신청하게 되어 있었고, 지방장관은 이 신청에 따라 말단 지방행정 기관장, 또는 단체나 학교의 장에게 대원 선발을 명할 수 있었다.(전우용)

'정신대'란 일제가 제국주의 전쟁에 필요한 인력 동원 정책에서 나온 것으로, 당시 일본인은 누구나 일본 국가에 말 그대로 '몸을 바친다'는 뜻의 제도상의 용어이다. 특히, 식민지 조선 여성에게는 '여자근로정신령'을 제정함으로써 이전부터 자행된 당시 여성들의 강제 동원을 합법화시켰다. 어쨌든 여자근로정신대는 여학교나 마을 등을 중심으로 일단 지원자를 차출, 일본 등지로 끌려간 여성들을 일컫는다. 지금까지 한국 사회에서 그리 낯설지 않은 '처녀 공출'이란 말도 정신대가 일반적으로 이뤄졌음을 반증한다. (신영숙)

조선여자근로정신대는 노동력의 동원이라는 점에서 성적 착취가 이루어진 일본군 위안부와는 다르다. 그러나 근로정신대라고 모집해 놓고 위안부로 끌려가거나 성 착취를 당하는 경우가 잦았다. 따라서 일제에 의한 여성착취라는 개념에서 한 분류로 인식돼 종전 후 위안부와 혼용하여 정신대라는 용어가 사용되기도 했다. 성 착취를 당하는 사람도 많았기 때문에 근로정신대로 강제노역을 마치고 온 여성들 가운데 일본군 위안부 경력자로 오해받을까봐 근로정신대원이었다는 사실을 발설하지 못

하고 살아온 경우도 있었다. (민족문제연구소)

위안부 문제는 한일관계의 개선을 가로막는 가장 큰 외교적 현안 중에 하나다. 위안부 문제가 한일 관계를 뒤흔드는 쟁점으로 발전한 계기는 한국 사회가 민주화를 이룬 뒤 4년 만인 1991년 8월 14일 김학순 할머니가 일본군 위안부였음을 밝히는 역사적인 증언을 하면서다. (길윤형) 일본에서는 1993년 8월 4일 '고노 담화'라고 일컬어지는 위안부 관계 조사결과 발표에 관한 고노 내각관방장관 담화에서 위안부 모집에 구 일본군이 직접 혹은 간접적으로 이에 관여하였으며 강제연행이 있었음을 인정했다. 그러나 일본의 극우 세력은 위안부들은 매춘부들이며 강제연행은 없었다고 주장하면서 고노 담화의 수정을 요구하고 있다.

19450824
우키시마호

1945년 오늘, 일본의 해군 수송선 우키시마호(浮島丸)가 교토 근처 마이쓰루(舞鶴)만에서 폭발해 침몰했다. 이 배는 제국주의 일본에 강제로 끌려간 조선인 징용자 5000여 명을 태우고 부산항으로 가려던 참이었다. 생존자들은 폭음과 함께 배가 두 동강 났다고 증언했다. 일본 정부의 공식 발표에 따르면 사망자는 524명이다. 그러나 생존자들은 8000여 명 이상이 죽었다고 주장했다.

우키시마호의 침몰 원인은 아직도 정확하게 규명되지 않았다. 일부 생존자와 유족들은 일본군이 폭발물을 사용해 침몰시켰다고 주장했다. 전재희 우키시마호 폭침 진상규명회 회장은 이 주장을 뒷받침하는 증언을 많이 확보했다. 그 중에는 우키시마호에 폭탄이 설치되어 있었다는 주장도 있다. 예컨대 고 주윤창씨는 "일본 헌병이 배 밑 부분에 늘어진 폭탄의 전기선을 발견했으나 기구가 없어 절단하지 못했다."고 했다.

사건이 발생한 다음 해군에서 근무했다는 한 일본인이 기관실 옆 창고에 폭발물이 설치돼 있었다고 밝히기도 했다. 폭발 직전 일본 해군 병사들이 구명보트를 타고 배를 미리 빠져나갔다는 증언도 이어졌다. 배가 폭발할 것을 미리 알고 먼저 빠져나갔으니 인명구조에 적극적일 리 없으리라는 것이다. 우키시마호가 침몰된 곳은 일본 해군기지에서 불과 300여m 떨어진 곳이었지만 해군은 구조에 나서지 않았다는 것이다.

일본 측에서는 미군이 설치한 기뢰에 부딪혀 침몰했다고 주장해오고 있다. 고의 폭침은 사실이 아니고, 사고의 책임을 굳이 따지자면 미군 측에 있다는 주장으로도 들린다. 이에 대해 생존자와 유족 측은 기뢰에 의한 폭발이라면 물기둥이 치솟아야 하는데 물기둥을 본 생존자가 없다고 반박했다. 폭발 당시 우키시마호는 멈추어 있었기에 수압차나 접촉으로 폭발하는 감응 기뢰, 기관소리에 반응하는 음향 기뢰 모두 폭발할 수 없었다고도 했다.

일본 쪽 문헌 중에 이런 구절이 보인다. "사건 당시 존재하지도 않았던 대한민국에서는 1992년에 한국인 생존자 스물한 명과 유족들이 사건에 대한 일본 정부의 안전 관리 의무 위반을 쟁점 삼아 배상금과 중·참양원의 사과를 요구하는 국가 배상 청구 소송을 제기했다." 목에 탁 걸린다. '사건 당시 존재하지도 않았던 대한민국'. 그러니 그들에게 조선, 조선인은 유령 같은 존재, 골치 아픈 제국 시대의 부산물이다.

생존자와 유가족들의 소송은 1994년까지 세 차례에 걸쳐 진행된다. 법원은 2001년 사죄 요구를 기각한 채, 한국인 열다섯 명에게 위자료 총 4500만 엔을 지급하라는 일부 승소 판결을 내렸다. 그러나 2003년 오사카 고등법원 항소심과, 2004년 최고법원 상고심에서 패소가 확정됐다. 우키시마호 침몰사건은 광복 이후의 일이니 피해 보상 대상이 아니라는 주장이다. 더구나 우리 보수 일각에서 주장하듯 대한민국은 1948년에야 건국되었으니 협상 대상도 아니다.

일본의 태평양전쟁에 대한 책임, 한반도강점, 성노예, 강제 징용, 전범 합사 등을 비판하는 데 대하여 엉뚱한 논리로 반론을 제기하는 무리가 우리 안에 간혹 있다. 예컨대 "국내의 친일파도 청산 못하고 그 후예가 국가를 통치하는 판인데 무슨 낯으로 일본을 비판하느냐."라는 것이다. 나는 이런 자들이야말로 친일파 못지않은 우리 사회의 암덩이라고 생각한다.

극일은 여전히 우리 국체의 자존에 관한 문제다. 일본의 죄과를 묻고 모든 종류의 재발을 방지하는 조치가 없이는 왜곡된 역사 또한 바로잡을 길이 없다. 우리나라 또한 역사의 뼈마디에 쐐기가 박혀 움직이기 어려운 형국을 면치 못한다. 친일파의 단죄는 우리의 내적 장애를 극복하고 앞으로 나아가기 위한 과정이다. 그러므로 둘을 연계하여 자격을 운운하는 자들은 부모를 향하여 "내게 해준 게 뭐 있기에 큰소리냐."며 대거리하는 패륜아와 다름없다.

이들은 분열을 만드는 데 능란한 자들로, 아주 근본적이고도 현재적인 친일의 무리로 보아도 무방하다. 우리 사회 도처에 서식하며 먹이와 잠자리를 가리지 않을 뿐 아니라 다툼에 능하고 수치심조차 없어 날로 그 수를 불리고 있다. 의회와 법정, 언론 등 여러 서식지에서 감연한 낮으로 주위를 살피고 있으니 이들 역시 장차 청산해야 할 우리 역사의 짐이요 근심거리가 아닐 수 없다.

19460221
환락가의 대적大賊들

1946년 2월 21일, 친일파 윤명선이 서울특별자유시 중구 황금정(을지로)에서 죽었다. 범인은 홍성우, 김필순, 유정석, 김지양 등이다. 각각 꺽쇠, 떼부, 청수, 땅딸보 같은 별명으로 불리는 불량배 또는 건달들이었다. 이들은 중구 명치정(명동) 일대 환락가를 누비며 음식점에서 나오는 손님이나 술에 취한 사람을 협박하고 혹은 싸움을 걸어 금품 빼앗기를 일삼았다고 한다.

윤명선은 일제의 괴뢰국인 만주국 관료를 지낸 자다. 친일반민족행위자

재산조사위원회에서 중대한 친일반민족행위를 했다고 결정한 1006명 가운데 네 명(윤웅렬, 윤치호, 윤치오, 윤치소)을 배출한 가문의 소생. 윤치성, 윤치영과 함께 『친일인명사전』에 올라 있다. 그의 장인 김갑순, 윤치오의 장인 김윤정(이상 중추원 참의 출신), 윤치영의 사돈 김성수 등 인척까지 더하면 친일가문의 규모가 더 크다. 제2공화국 대통령 윤보선도 이 집안사람이다.

윤명선이 친일파이기는 하지만 범인들 또한 친일파를 처단하겠다고 나선 애국청년들은 아니었다. 윤명선이 변을 당한 곳은 황금정 조선취인소 근처. 조선취인소는 증권거래소다. 당시 황금정 2정목(을지로 2가)에는 증권사가 많아 '경성의 월스트리트'로 부를 만했다(『소설가 구보 씨 중구를 거닐다』 중). 그러니까 '돈 냄새'가 나는 곳이다. 가까운 곳에 명치정과 같은 유흥가가 있으니 건달이 출몰하기에 더없이 좋았다.

홍성우, 김필순, 유정석, 김지양 등은 그날 밤 윤명선이 친구 안익조와 함께 조선취인소 부근에 도착하자 시비를 건다. 이들은 "술을 먹고 다니는 놈들은 건국의 방해자다."라며 먼저 안익조를 구타했다. 그들 중 하나가 시계를 빼앗아 달아나자 안익조가 뒤따라갔다. 남은 자들이 윤명선을 두들겨 초죽음을 만들었다. 윤명선은 병원에 실려 갔지만 피를 많이 흘린 데다 뇌진탕이 겹쳐 오후 11시쯤 숨을 거두었다.

범인들은 23일 오전 명치정 근처에 있는 유곽과 술집에서 경찰에 체포되었다. 1946년 2월 24일자 자유신문은 범인들을 '도심의 협위(脅威), 환락가의 대적(大賊)들'이라고 썼다. "이들은 외면은 훌륭한 신사로 보이나 밤이면 본정(충무로 1~3가)을 휩쓰는 무서운 갱"이라고도 했다. 자유신문은 '가시지 않는 사회의 악균…보라, 그들은 이렇게 연속출몰'이라는 후속기사에서 범인들이 잡힌 과정을 보도하였다.

기사에 따르면, 홍성우의 무리는 22일 밤에도 사냥감을 찾아 명치정에 나갔다. 거기서 한국인 경찰이 미군에게 두들겨 맞는 광경을 본다. 그 경찰은 윤명선을 살해한 범인을 찾아 나선 길이었다. '대적'의 무리는 분노했다. "자기 동포가 미국 군인에게 매 맞는 것을 그냥 둘 수 없다!" 신문은 이들이 '주먹에 철편을 감아 권투식 펀치를 가함으로써 상대를 녹아웃 시키는 일종의 무장'을 했다고 적었다.

윤명선의 호상소에서 심부름하던 자가 있었다. 그는 초와 향을 사러 가다가 홍성우 무리와 미군의 시비를 보고 경찰에 신고하였다. 사복경찰이 출동해 보니 격투는 시작되지 않았고, 서로 어르는 중이었다. 경찰은 이들을 제압하지 못했다. 불량배의 무리를 미행해 거처를 확인한 다음 이튿날에야 검거했다. 이 지역의 치안을 맡은 본정 경찰서장은 '생명을 내걸고' 범죄를 소탕하겠다고 다짐했다.

윤명선은 경기도 양주군 망우리(서울특별시 중랑구 망우리동)에 묻혔다. 그를 죽인 무리의 뒷이야기는 전하지 않는다. 그들을 무어라고 불러야 할지, 이제 와서 생각하니 묘연하다.

거스 히딩크

한국축구에서 거스 히딩크의 업적은 신성불가침한 가치를 지닌다. 1946년 오늘 네덜란드 헬데를란트주의 파르세벌트에서 태어난 히딩크는 기대를 웃도는 성과, 박수칠 때 떠나는 과감하고도 현명한 처신으로 2002년 월드컵의 기적을 자신의 신화로 만들었다. 당분간, 아니 적어도 내 생애 안에 우리축구가 월드컵 4강에 다시 들 수 있을지 장담하기 어렵다.

그해 6월은 특별했다. 세계적 스타가 없는 한국 팀이 4강에 갔다. 히딩크는 메시지를 남겼다. 평범한 사람들도 능률적인 조직운영을 통해 1등 집단이 될 수 있다는. 히딩크는 붉은 드라마의 주연이자 연출자였다. 결과는 최선이었지만 초기에는 언론의 사냥감 신세를 면치 못했다. 걸핏하면 0-5로 져서 별명이 '오대영'이었다. 교체해야 한다는 여론도 비등했다.

히딩크는 부임한 뒤 얼마 지나지 않아 한 인터뷰에서 인상적인 지적을 했다. 첫째, 한국선수들이 기술은 세계수준이지만 체력이 약하다. 둘째 대부분 양발을 다 사용한다. 첫째 지적은 놀라웠다. 당시만 해도 '한국축구는 체력과 투지'라는 통념이 지배했기 때문이다. 우리 선수들이 양발을 다 사용한다는 사실에는 한 번도 주목하지 않았다. 그는 매혹적인 축구로 국내외 팬들을 사로잡았다.

히딩크는 2002년 7월 3일에 세종대학교에서 명예 체육학박사 학위를 받았다. 세종대 김철수 총장은 "리더십에 대한 비전과 일관성 있는 원칙을 통해 한국축구팀을 세계수준에 올려놓았다."고 학위 수여 이유를 설명했다. 히딩크는 답사에서 "300여 년 전의 한 네덜란드인처럼 나도 1년 반 전에는 난파당한 배와 같았다. 하지만 많은 분의 도움으로 한국에 작은 기여를 해 기쁘다."고 했다.

300여 년 전 난파당한 네덜란드인. 우리는 두 명을 떠올릴 수 있다. 얀 야너스 벨테브레이와 헨드릭 하멜이다. 벨테브레이는 우리 역사에 기록된 첫 서양 귀화인, 곧 박연(朴淵)이다. 1653년에 하멜이 표류해 도착했을 때 통역을 했다. 하멜은 조선을 탈출해 고향으로 돌아간다. 그리고 1668년에 『표류기』를 썼다. 유럽에 '코리아'를 소개한 최초의 단행본이다. 내용은 대체로 부정확하고 부정적이다.

히딩크는 축구를 갖고 들어온 하멜, 축구장 주변을 한국의 전부라고 믿은 21세기의 마르코 폴로였다. 어쩌면 히딩크 자신도 그렇게 생각했을지 모른다. 그는 축구 코치로서 뛰어난 기능을 발휘해 대한축구협회가 제공한 연봉에 값했다. 그리고 비즈니스맨으로서 자신이 받아낼 수 있는 마지막 동전 한 닢까지 챙겨 고국으로 돌아갔다. 그가 한국에서 거둔 성공은 호주와 러시아 대표팀을 맡아 거둔 성공의 밑거름이 되었다. 스페인의 레알 마드리드에서 성공하지 못한 그는 잉글랜드의 첼시에서 성공 비슷한 광휘를 번득이기도 했다. 중국에서의 실패는 그의 커리어에 조금도 손상을 주지 못했다. 이 때의 중국 축구는 암흑기를 지나고 있기에 히딩크 아니라 그 누가 맡아도 만족할 결과를 얻기 어려웠기 때문이다.

당연한 일이지만, 히딩크도 한국에서 성공을 거둔 다음 수많은 무용담을 지어냈다. 재미있는 사실은 히딩크 자신이 쓴 책보다는 그를 소재로, 또는 주제로 삼아 쓴 책이 많고, 하나같이 상업적으로 실패하지 않았다는 점이다. 그리고 내가 살펴본 히딩크 관련 서적들 가운데 상당수는 일부 현상과 에피소드에 엄청난 의미를 부여하고 그것을 근거로 한국축구, 나아가 한국을 비판하고 바로잡겠다는 야심에 불타는 선언문들이다. 그 중에는 "거스 히딩크 전 국가대표 축구팀 감독의 자서전 『마이웨이』에 나오는 일화"라며 히딩크가 2002년 월드컵 대회를 앞두고 경기도 미사리 부근에서 청소년 축구팀이 코치에게 구타당하는 모습을 목격하고는 크게 놀랐으며, 당장 쫓아가 코치의 팔을 잡아채고는 "만약 내 앞에서 아이들을 때리면 정식으로 문제 삼겠다."고 경고했다는 무용담도 있다. 여기서 히딩크는 온갖 선(善)의 결정체, 유럽축구의 선진성을 상징하는 화신이 된다.

히딩크 팀에서 기술 분석관을 지낸 얀 뢸프스가 월드컵 1주년을 맞아 쓴 『6월 이야기』는 이 생각에 확신을 심어준다. 이 책에는 히딩크가 자신에게 불리한 기사를 쓴 신문사의 여기자를 '혼내주는' 내용이 나온다. 아주 모욕적이다. 신체접촉도 있다. 뢸프스는 신이 난 듯 이 이야기를 적었다. 여기자는 소속사에서 해고되었다고 한다. 히딩크가 여기자를 몰아세울 때 곁에서 지켜본 방송사 기자가 있다. 그는 "그 신문은 좋지 못한 매체"라는 말로 히딩크의 호감을 사려 한다. 그러나 히딩크는 그에게도 가차없이 불만을 쏟아낸다. 내가 생각하는 히딩크, 2002년을 전후해서 내가 기자로서 관찰하고 느낀 히딩크는 매혹적이지만 역겨운 체취도 숨긴, 그런 인물이다. 나는 언젠가 인터뷰이로서 방송 기자와 대화할 때 히딩크를 '네덜란드 상인'에 비유했다. 아직 내 생각을 바꾸고 싶지 않다. 나는 오랜 시간이 지난 지금도 이해하지 못한다. 기자들은 어떻게 그러한 수모를 받아들였을까. 어떻게 폭력과 다름없는 행위 앞에 노출된 동료를 방치할 수 있었을까. 여기자는 히딩크 앞에 던져진 먹잇감과 같았다. 그 자리에 있었던 대한민국의 미디어들은 여기자의 눈물을 남의 일처럼 즐겼는가. 정말 그렇다면 썩은 고기라도 챙겨 보려고 몰려든 청소동물과 다를 게 뭔가.

19470719
브라이언 메이

『보헤미안 랩소디』는 놀라운 영화였다. 1000만 가까운 관객을 극장으로 불렀다. 한 세대 이전의 밴드가 틀림없을 퀸을 현실로 소환했다. 퀸의 음반은 속속 매진되었다. 1985년 런던 웸블리에서 열린 「라이브 에이드」는 (적어도 한국에서는) 우드스탁이나 몬테레이 페스티벌 못잖은 전설의 반열에 올랐다. 『보헤미안 랩소디』는 사실 퀸이 아니라 프레디 머큐리의 영화다. 아무래도 상관은 없다. 퀸의 멤버 존 디콘처럼 프레디 없는 퀸은 퀸이 아니라고 생각하는 팬이 많으니까. 하지만 프레디와 함께 슈퍼 밴드 퀸의 정신을 좌뇌와 우뇌처럼 갈라 지배한 브라이언 메이의 팬이라면 아쉬울 수 있다. 사실 퀸은 브라이언과 함께 시작되지 않았는가.

퀸과 관련된 가장 최근의 뉴스는 내년 내한공연 소식이다. 내년[*] 1월 18, 19일 서울시 고척스카이돔에서 '현대카드 슈퍼콘서트 25 QUEEN'이 열린다는 것이다. 지난달 13일부터 입장권을 팔았는데 팬들의 반응이 엄청났다. 예매 시작 한 시간 만에 지정석 VIP석과 R석, S석 등이 매진됐고, 판매 개시 이틀 만에 전체 예매율이 90%를 넘어섰다. 프레디 없는 퀸은 퀸이 아니지만, 그래도 브라이언이 온다. 프레디처럼 압도적이지는 않지만, 그의 기타 사운드를 사랑하는 팬들이 있다. 브라이언 메이가 아버지와 함께 만든 수제기타 레드스페셜을 울려 만드는 사운드는 아무도 흉내 내지 못한다.

요즘 브라이언의 이름은 음악잡지나 신문의 연예면이 아니라 과학면에서 찾아야 한다. 그는 천문학자다. 1947년 오늘 태어나 런던 임페리얼 칼리지에서 물리학과 수학을 배웠고 같은 학교에서 박사과정을 밟았다. 퀸이 엄청난 성공을 거두는 동안 연구를 중단했지만 2007년 10월 황도광에 대한 논문을 써서 2008년 5월 14일에 박사학위를 받았다. 그의 이름이 붙은 소행성(Astroid 52665 Brianmay)도 있다.

브라이언이 참여하는 세계 최고 수준의 과학축전이 있다. 스타머스 페스티벌(Starmus Festival). 브라이언은 축제가 첫걸음을 떼는 데 크게 기

---

[*]   2020년

여하였다. 2007년 브라이언이 임페리얼 칼리지에서 박사논문을 쓸 때 지도교수 중에 개릭 이스라엘리언이 있었다. 두 사람은 별(Star)과 음악(Music)에 경의를 표하는 축제를 조직하는 데 의기투합했다. 페스티벌은 2011년에 시작되어 2년에 한 번 꼴로 열린다. 첫해부터 세 번 연속 스페인의 카나리아제도에서, 2017년에는 노르웨이의 트론하임에서 열렸다. 그 동안 닐 암스트롱, 스티븐 호킹, 리처드 도킨스 등 유명 과학자와 우주비행사 등이 참가했다.

올해는 6월 24~29일에 스위스 취리히에 있는 삼성 홀에서 열렸다. 브라이언은 릭 웨이크먼, 스티브 바이, 키프 톤 등과 함께 개막 기념 연주를 했고 26일에는 아폴로 11호 비행사 버즈 올드린, 16호 비행사 찰리 듀크, 17호 비행사 해리슨 슈미트 등 우주비행사들이 지켜보는 가운데 아폴로 탐사계획과 냉전 시대의 우주 경쟁에 대해 강연했다. 제5회 스타머스 페스티벌은 화려한 '스타 파티(Star Party)'로 막을 내렸다. 오후 10시부터 자정까지 참가자들이 우의를 다지고 제6회 페스티벌을 위한 계획을 세우는 시간이다. 평생에 걸쳐 별을 사랑한 사나이 브라이언에게도 잘 어울리는 자리였을 것이다.

조지 마셜

영화가 시작된다. 배경은 이탈리아 로마다. 트라야누스 원주를 클로즈 업한 화면에 그레고리 펙과 오드리 헵번의 이름이 뜬다. 위에서 내려다 본 성 베드로 광장, 비토리오 에마누엘레 기념관의 왼쪽 측면, 테베레강 을 가로지르는 산탄젤로 다리, 포룸 로마노의 폐허 일부가 차례로 스쳐 간다. 그리고 셉티미우스 세베루스 개선문이 등장하면서 영화사에 길이 남을 자막이 화면을 메운다.

"이 영화의 촬영과 녹음은 모두 이탈리아의 로마에서 이루어졌습니다."

영화 제목은 '로마의 휴일'이다. 싱겁다. 제목이 벌써 영화를 어디서 찍었는지 알려주지 않는가. 『로마의 휴일』을 로마에서 찍지 파리에 가서 찍나? 하지만 이 자막에는 역사적 의미가 있다. 미국 정부의 지원을 받아 만든 영화라는 사실을 밝히고 있는 것이다. 2차 대전 직후 유럽의 경제시 스템은 마비 상태였다. 산업 기반이 전쟁 전의 30% 수준에도 못 미쳤다. 반면 미국은 세계 산업생산력의 절반 이상을 보유했다. 미국의 과제는 유럽에 대한 소련의 영향력을 차단하는 일이었다. 그러려면 유럽이 다시 일어서야 했다. 미국은 대규모 원조 계획을 세우고 달러를 찍어 보냈다. '유로 달러'다. 이 달러는 유럽 안에서만 써야 했다. 파라마운트는 유로 달러를 사용해 로마에서 로케이션을 한 것이다.

미국의 유럽 재건 계획을 '마셜 플랜'이라고 한다. 미국 국무장관 조지

캐틀릿 마셜이 제창했기 때문이다. 마셜은 군인 출신의 정치가다. 1901년 버지니아 군사학교를 졸업했고 1, 2차 세계대전에 모두 참전했다. 1947년 국무장관에 취임한 마셜은 그해 6월 5일 하버드대학교 연설에서 유럽 재건 계획을 처음으로 밝혔다.

"굶주림과 가난, 절망과 혼란을 없애려는 것입니다. … 이 정책의 목적은 세계 경제가 동력을 회복함으로써 자유로운 제도들이 유지될 수 있는 정치적, 사회적 조건을 만드는 데 두어야 합니다."

미국 상원은 마셜 플랜 관련 법안을 1948년 3월 13일에, 하원은 31일에 승인했다. 표결 결과는 상원 71대 19, 하원 333대 78이었다. 해리 트루먼 대통령은 4월 3일 법안에 서명했다. 미국은 1951년 12월 31일까지 유럽에 약 127억달러를 보냈다. 원조 금액은 영국 33억 달러, 프랑스 23억 달러, 서독 14억 달러, 이탈리아 12억 달러, 네덜란드 11억 달러에 이르렀다. 프랑코 체제의 스페인과 중립노선의 핀란드는 제외했다.

마셜 플랜은 성공적이었다. 서유럽 국가 대부분이 2차 대전 이전 수준으로 경제력을 회복했다. 그 후로도 20년간 성장과 번영을 거듭했다. 유럽인들은 미국 상품의 충실한 고객이 되었다. 또한 마셜 플랜은 유럽 국가 사이의 관세 장벽을 허물고 각국의 경제 수준을 맞추기 위해 설치한 기구 등을 통해 유럽 통합의 주춧돌을 놓았다. 조지 마셜은 유럽 재건의 공로를 인정받아 1953년 노벨평화상을 받았다. 마셜 플랜은 비판을 받기도 했다. 미국에서는 국민의 세금으로 대규모 원조를 함으로써 외국의 무너진 경제를 회복시킨 선례를 만들었다는 지적이 있다. 프랑스와 네덜란드에 지원한 달러가 서남아시아에 대한 두 나라의 제국주의적 영향력을 유지하는 데 악용되었다는 주장도 나왔다. 한편 소련은 마셜 플랜을 본뜬 '몰로토프 플랜'으로 동유럽에 대한 영향력을 강화했다. 유럽의 동쪽과 서쪽 사이에는 이념과 경제 양면에서 철의 장막이 드리워졌다.

고다이라 요시오

『전쟁과 한 여자(戰爭と一人の女)』는 일본 감독 이노우에 준이치가 만든 영화다. 에구치 노리코와 나가세 마사토시가 주연해 2013년 8월 15일에 개봉하였다. 원작은 사카구치 안고(坂口安吾)가 같은 제목으로 쓴 소설이다. 영화를 소개한 글이 있다.

"전쟁 중 절망과 허무함 속에 허덕이는 알코올중독 작가와 성욕을 느끼지 못하는 젊은 매춘부, 여기에 전쟁의 트라우마에 시달리며 끊임없이 살인과 강간으로 여성을 유린하는 귀환 병사, 이들을 통해 전쟁이라는 것이 얼마나 인간을 파괴하고 망가뜨려 놓는지에 대해 이야기한다. 또한, 극 중 일본에서는 다루기 힘든 일본의 전쟁 책임론과 천황비판에 대한 통렬하고 직접적인 묘사는 일본 영화계는 물론 사회, 문화, 정치의 뜨거운 감자가 되기도 했다."

영화의 배경은 패망 직전의 일본이다. 미군의 폭격이 거듭되고 인간의 거처는 무너지며 거리에는 시체가 쌓여간다. 이 삭막한 공간을 두 시선이 더듬어 나간다. 몸을 파는 여자와 전쟁에서 한 팔을 잃은 남자. 두 사람은 서로 다른 이유와 방법으로 성에 집착한다. 여자는 살아있으며 사랑받을 수 있음을 확인하기 위하여, 남자는 보상 심리와 트라우마에 사로잡혀.

영화는 남녀의 성에 대한 천착에서 전범국가 일본에 대한 반성으로 나아간다. 그래서 '호전적인 일본 정치판과 극우주의자들에게 전쟁이 얼마나 참혹한지를 보여주는 영화'라는 평을 들었다. 전쟁 중에 가장 약한 존재는 여성과 아이들이다. 여자는 미군에게 몸을 판다. 그리고 다짐한다. 미군이 승리하면 '반드시 혼혈아를 낳겠다'고. 전쟁이 끝나고 새 질서가 자리 잡는 중에도 여성은 여전히 약한 존재다.

영화에서 강간과 살인을 일삼는 악마, 한 팔을 잃은 병사는 고다이라 요시오(小平義雄)라는 실존 인물을 모델로 삼았다고 한다. 그는 전쟁이 낳은 괴물로, 1923년 6월에 해군에 입대해 중국 침략 전쟁에 참가했다. 여성을 수없이 강간·살해하고 임신부 배에 칼을 찔러넣은 범죄자다. 1924년 5월에 기관 병장으로 퇴역한 그는 희대의 살인귀가 되어 최소한 일곱 차례 여성을 강간·살해했다.

고다이라는 체포되어 조사를 받을 때 "전쟁 때 나보다 끔찍한 일을 한 사람들을 많이 알고 있는데, 평화로운 때에 나만큼 심한 짓을 한 사람은 없다."고 했다. 영화 속에서 소리친다. "천황 폐하의 명령으로 살인·강도·강간을 했다. 도조 히데키는 A급 전범이 됐는데 어째서 천황은 전범이 아니냐." 그는 1948년 11월 16일 사형선고를 받았다. 사형은 이듬해

10월 5일 미야기 교도소에서 집행되었다.

이노우에 감독은 영화가 개봉된 해에 우리 언론과 인터뷰를 했다. 그는 "전쟁과 강간은 자연스럽게 맞물리는 범죄다. 영화를 보고 일본군 위안부 문제가 떠오를 수 있다. '기억나지 않는다. 증거가 없다'며 발뺌하는 일본 정부의 태도는 옳지 않다."고 했다. 시나리오를 쓴 아라이 하루히코도 "역사는 끊임없이 이어진다."며 일본 정부의 책임을 강조했다. 이렇게 정신이 맑은 사람은 일본에 많지 않고, 그나마 목소리가 날로 잦아드는 듯하다.

19500928
서울

서울은 어떤 의미에서 보든 대한민국의 중심이다. 그 자리는 한반도의 복판에 가깝고 역할로는 정치·경제·문화·교통의 중심지이다. 동쪽은 경기도 남양주시·구리시·하남시, 서쪽은 경기도 고양시·김포시·부천시, 남쪽은 경기도 성남시·과천시·안양시·광명시, 북쪽은 경기도 의정부시·양주시와 경계를 맞댔다. 위치는 북위 37도25~41분, 동경 126도45분 ~127도11분이다. 면적은 605.21㎢이고, 인구는 지난 2월 기준으로 984만5336명이라고 한다. 행정구역으로는 25개 구, 423개 행정동(467개 법정동)이 있다. 시청은 서울특별시 중구 태평로1가에 있다.

서울이라는 명칭은 『삼국사기』·『삼국유사』 등의 기록에 보이는 서벌

(徐伐)·서나벌(徐那伐)·서라벌(徐羅伐)·서야벌(徐耶伐) 등에서 비롯되어 변천된 것으로, 이러한 칭호는 신라 초기 도읍지의 지명인 동시에 국명이기도 하였다.『삼국지』등 중국 역사책에 보이는 사로(斯盧)·사라(斯羅)·신로(新盧) 등의 국명도 '서울'과 같은 음훈(音訓)으로, 서벌·서라벌 등의 다른 표기에 지나지 않는다. 서(徐)·서나(徐那)·서라(徐羅)는 높고[高] 신령(神靈)하다는 우리말 '수리'·'솔'·'솟'의 음사(音寫)이고, 벌(伐)은 들판을 의미하는 우리말 '벌'의 음사이다. 따라서 '서울', 즉 서벌·서나벌·서라벌은 상읍(上邑) 또는 수도(首都)라는 뜻으로 볼 수 있다. (『한국민족문화대백과사전』)

조선시대까지 한양 또는 한성으로 불리던 서울은 1910년 일제 강점에 따라 조선총독부가 설치된 뒤 경성부(京城府)로 개칭되어 경기도 예하의 지방행정단위로 전락하였다. 1945년 8월 15일 일왕의 항복선언으로 광복을 맞았지만 서울이라는 명칭을 되찾기까지 시간이 필요했다. 조선총독부는 어수선한 가운데서도 제자리를 지켰다. 미군은 9월 8일에 인천항을 통해 서울에 들어왔다.『중국의 붉은 별』을 쓴 에드가 스노는 1945년말부터 1946년초까지 2개월 동안 개성에서 머물렀다. 그는 이 시기를 회고하면서 "미국은 아무런 준비 없이 조선에 상륙했다."고 했다.

미군이 주둔한 뒤에도 서울의 공식 명칭은 여전히 경성부였다. 1946년 8월 15일에야 경성부가 서울시로 바뀐다. 미군정 당국은 8월 10일 서울시헌장을 발표하였다. 경성부를 서울시(The City of Seoul)로 개칭한 다음 특별자유시(The Independent City of Seoul)로 하였다. 9월 18일에는 '서울특별시 설치' 법령이 공포되어 9월 28일부터 시행되었다. 이날을 기해 서울시가 경기도 관할에서 독립하여 특별시로 승격되었다. 역사학자들을 주축으로 '가로명제정위원회'가 구성되고 서울 지명에서 왜색을 지우는 작업을 시작한 날이기도 하다. (문동석, 『서울이 품은 우리 역사』)

일제강점기에 수많은 조선의 궁궐들이 해체되거나 훼손되었다. 창경궁은 그런 면에서 상징적이다. 일제는 조선의 옛 궁궐을 부수고 일본식 건물을 짓는가하면 동물원을 들이고 길을 만들어 종묘와 창경궁을 단절하였다. 한국전쟁은 그나마 남아 있는 서울의 모든 것을 파괴해버렸다. 국군은 1950년 6월 25일 전쟁이 시작된지 사흘만에 서울을 잃고 낙동강 전선까지 쫓겼다. 국군과 연합군은 같은 해 9월 28일에야 서울을 되찾고 중앙청에 태극기를 게양한다. 베이비붐 세대가 '9.28 서울수복일'로 배운 그 날이다.

19531011
부활호

한국전쟁이 막바지로 치닫던 1953년 6월의 어느 날. 공군기술학교 교장 김성태 대령이 정비교육대 이원복 소령을 불러 물었다. "비행기를 만들 수 있는가." 이 소령이 대답했다. "만들 수 있습니다." 미래를 말하기엔 피비린내 선명하여, 꿈을 꾸는 일조차 죄의식을 환기하던 시절. 그러나 절망 속에서도 꿈을 꾸는 사람이 있다. 그리고 때로 인간의 꿈은 현실을 담보로 삼는다. 김성태도 이원복도 그런 사람이었다.

비행기 제작 작업은 그해 6월 23일에 사천기지의 자재창고에서 시작되었다. 이원복과 공군기술학교 교관 및 조교로 구성된 전담인력 스물일곱 명에 서울대학교 항공공학과 학생들이 가세하였다. 설계 요구는 엄격했다. ▶제작이 용이할 것 ▶관측 및 연락용으로 사용할 수 있을 것 ▶초등훈련기로 사용 가능할 것 ▶수상기로 전환 가능할 것. 국산화에 힘썼지만 자체 제작할 수 없는 재료는 미군기지에서 얻어냈다.

1953년 10월 10일에 국산1호기가 완성되었다. 몸체 길이 6.6m, 날개 길이 12.7m, 높이 3.05m에 4기통 엔진으로 최대시속 180㎞를 냈다. 사람 두 명과 화물 30㎏을 실으면 최대 중량이 600㎏에 이르렀다. 완성한 이튿날 시험비행을 했다. 비행교육대장 민영락(당시 소령)이 조종간을 잡고 이원복이 동승했다. 오전 10시쯤 이륙한 비행기는 두 시간 동안 비행하며 고도 1300m까지 상승했다.

이듬해 4월 3일, 김해기지에서 명명식이 거행되었다. 이승만 대통령이 부활(復活)이라는 친필휘호를 내렸다. '대한민국의 부활'이라는 염원을 담았다. 공군은 부활호를 관측·연락 및 초등훈련용으로 운영했다. 1955년에는 국립항공대학(한국항공대학교의 전신)이 인수해 연습기로 사용했다. 하지만 한 대만 제작되어 후속기가 없는 부활호는 1960년 홀연히 자취를 감추었다.

2003년, 라이트 형제의 첫 비행 성공 100주년을 맞아 특집기사를 준비하던 중앙일보 기자 심재우가 이원복을 인터뷰했다. 그는 12월 17일자에 '사라진 부활호를 찾는다'는 기사를 썼다. 경상공업고등학교에서 1974년까지 서무과장으로 근무한 이방치가 학교 창고에 비행기가 보관되어 있다고 알려왔다. 이원복은 경상공고 지하창고에서 부활호를 찾아냈다. 2004년 1월 13일의 일이다.

발견 당시 부활호는 뼈대만 남았을 뿐 날개, 엔진, 프로펠러 등 주요 부품이 사라진 상태였다. 다만 대통령의 휘호가 남아 부활호 임을 알려주었다. 2층 창고에서 프로펠러도 발견되었다. 공군 군수사령부가 기체를 제81항공정비창으로 옮겨 복원했다. 그해 10월 22일에 복원기념식을 했다. 현재는 충청북도 청주시 공군사관학교에 전시되어 있다. 사천 항공우주박물관에는 그 모형이 있다.

부활호는 우리 공군이 설계하고 제작한 국내 최초의 국산 경비행기로서 의미가 있는 유물이다. 안태현 공군박물관 관장은 "광복군이자 공군 창설의 주역인 최용덕 장군(1898~1969)은 '우리 하늘을 날아다니는 비행기는 우리 손으로 만들어야 한다'고 입버릇처럼 말했다. 부활호는 최 장군과 공군의 염원을 이룬 소중한 기체"라고 했다. 부활호가 간직한 꿈은 수출 1호 국산항공기 웅비(KT-1)로 되살아나 오늘에 이르고 있다.

포츠담

미국 대통령 해리 트루먼과 영국 총리 윈스턴 처칠, 소련 공산당 서기장 이오시프 스탈린이 1945년 오늘 독일 포츠담에서 정상회담을 했다. 5월 8일 독일이 항복하고 두 달이 지난 시점이다. 일본의 항복을 권고하고 제2차 세계대전 이후 일본에 대한 처리 문제를 논의하는 자리였다. 그 결과물이 '포츠담 선언(Potsdam Declaration)'이다. 중국 총통 장제스도 서명한 선언문은 "일본이 항복하지 않는다면, 즉각적이고 완전한 파멸"에 직면하게 될 것을 경고했다.

일본이 포츠담 선언을 묵살하자 미국은 8월 6일과 9일 원자폭탄을 사용했다. 소련은 8월 8일 일본에 선전 포고를 했다. 결국 일본은 8월 10일 포츠담 선언을 수락했다. 포츠담 회담은 우리에게 중요한 이정표다. 한국 독립이 의제는 아니었지만 카이로 선언을 확인했다. 포츠담 선언 제8항은 "카이로 선언의 모든 조항은 이행되어야 한다."고 명기했다. 1943년 11월 22~26일 열린 카이로 회담에서 미국과 영국, 중국 등 3개국 정상은 다음과 같이 결정하였다.

'연합국의 목적은 일본으로부터 1914년 제1차 세계대전 개시 이후에 일본이 장악 또는 점령한 태평양의 모든 섬들을 박탈할 것과 아울러 만주·대만·팽호도 등 일본이 중국인들로부터 절취한 일체의 지역을 중화민국에 반환함에 있다. 또한 일본은 폭력과 탐욕에 의하여 탈취한 모든 다른 지역으로부터도 축출될 것이다. 위의 3대국은 한국 민중의 노예상태에 유의하여 적당한 시기에 한국이 자유롭게 되고 독립하게 될 것을 결의하였다.'

카이로 선언은 일본으로부터 반환받고 일본을 축출해야 할 지역으로 ①1914년 제1차 세계대전 발발 이후에 일본이 장악 또는 점령한 태평양 안에 있는 모든 섬들 ②1894~1895년 청·일전쟁 이후 일본이 중국으로부터 절취한 만주·대만·팽호도 등 ③일본이 폭력과 탐욕에 의하여 탈취한 모든 다른 지역 등을 특정하였다. 한국의 영토는 ③의 조항에 해당하고 원상복구의 상한은 1894~1895년 청·일전쟁 시기에 이른다. 따라서 일본이 대한제국으로부터 1905년 2월에 약취한 독도도 당연히 한국에 반환되어야 할 대상이었다.

일본의 언론은 23일* 한국 정부가 도쿄올림픽 조직위원회 공식 사이트 지도에 지도에 독도가 표시된 점에 대해 항의했다고 보도했다. 우리 외교부가 "독도가 일본의 영토인 것처럼 기재돼 유감"이라고 지적했다는 것이다. 일본 측은 독도가 "국제법적으로 일본 고유의 영토"라고 주장하며 우리 항의를 일축했다. 2018년 평창올림픽 때 우리는 정치를 배제하는 올림픽 정신에 위배된다는 그들의 항의를 받아들여 독도를 삭제했다. 얼마나 멍청한 짓이었나.

대한민국의 공군이 러시아와 중국의 방공식별구역 침범에 대응하자 일본은 또 고유영토를 들먹이며 항의했다. 가당치 않은 입질이다. 올림픽을 앞둔 도쿄는 베를린올림픽 때 나치 독일이 그랬던 것처럼 미쳐가고 있다. 올림픽이 정치와 무관한 스포츠 제전이라고? 천만에. 올림픽은 오랫동안 정치·체제의 선전장이었다. 도쿄 조직위원회가 우리의 영토주권을 끝내 훼손하면 어쩔 것인가. 잠자코 선수단을 파견할 것인가. 독도를 포기해가며 올림픽에 나가야 하나. 우리가 선수단을 보내지 않으면 어떤 일이 벌어질까. 안과 밖, 어디가 더 시끄러울까.

19601207
클라라 하스킬

1956년 1월 28일 잘츠부르크에 있는 '그로서 잘 모차르테움'에서 모차르트의 교향곡과 피아노협주곡이 연주되었다. 지휘자는 헤르베르트 폰 카라얀. 잘자흐 강가에서 태어난 잘츠부르크 토박이였다. 이날은 모차르트의 생일 하루 뒤였고, 연주회는 작곡가의 탄생 200주년을 기념하는 제1회 잘츠부르크 모차르트 주간에 열렸다.

타티아나 니콜라예바가 이 연주회에 참석한 것 같다. 미국 루이빌에서 태어난 작곡가 조너선 울프는 니콜라예바가 카라얀을 보러 잘츠부르크에 갔다는 기록을 언급하며 바로 이날 연주를 들었으리라고 확신한다. '러시아 피아니스트들의 대모' 니콜라예바는 등이 굽은 루마니아 출신의 여성 피아니스트가 연주하는 모차르트를 듣고 놀란다. 노태헌이 2012년에 낸 『20세기의 위대한 피아니스트』에 이 일화를 적었다.

"구부정한 자세에 희끗희끗한 백발은 흡사 마녀 같았고, 마치 무언가에 홀려 있는 사람 같았다. 오케스트라의 서주는 훌륭하게 시작됐지만 그녀는 오케스트라 소리에 별로 집중하지 않는 듯 했다. 하지만 그녀가 두 손을 건반 위에 올려놓는 순간, 카라얀의 존재는 내 머리에서 사라져 버렸다. 내 얼굴에는 눈물이 흐르고 있었다. 최고의 모차르트 연주자를 발견한 것이다."(22쪽)

루마니아에서는 종종 뛰어난 클래식 음악가가 나온다. 바이올린 연주자 겸 작곡가 제오르제 에네스쿠(1881~1955), 지휘자 세르주 첼리비다케(1912~1996), 피아노 연주자 디누 리파티(1917~1950). 하지만 1895년 1월 7일 부쿠레슈티에서 태어나 1960년 오늘 새벽에 벨기에의 브뤼셀에서 눈을 감은 '피아노의 성녀(聖女)' 클라라 하스킬은 모든 이의 명성을 뛰어넘을 만큼 특별한 존재였다.

클라라는 악보도 볼 줄 모르던 여섯 살 때 모차르트 소나타의 한 악장을 한 번 듣고 그대로 따라 쳤다는 천재다. 그뿐인가. 그 악장 전체를 조바꿈해 쳤다고 한다. 열 살이 되어서는 모차르트의 「피아노협주곡 23번」을 연주했다. 열한 살에 파리 음악원에 들어가 알프레드 코르토를 사사하고 열다섯 살에 피아노와 바이올린 모두 수석으로 졸업했다. 이 시절의 사진은 신비로울 정도로 아름다운 클라라의 젊음을 보여준다.

1913년, 클라라는 세포경화증 판정을 받았다. 뼈와 근육이 굳고 뒤틀리는 병이었다. 그녀는 4년이나 보조기구를 달고 살아야 했다. 피아노는 칠 수 없었다. 고통은 그녀에게서 젊음을 빼앗아갔다. 20대의 클라라는 머리가 세고 등이 굽어 노인처럼 변했다. 그 사이 어머니가 죽었고 1차 대전이 터졌다.

클라라는 유대인이었다. 2차 대전 때는 나치의 박해를 피해 마르세유로 피신했다. 이 와중에 뇌졸중과 뇌종양이 덮쳤다. 뇌종양이 시신경을 눌러 실명할 가능성이 컸다. 목숨이 위태로웠고, 대수술을 피할 수 없었다. 불행 중 다행으로 수술은 성공이었다. 가까스로 몸을 추스른 그녀는 1947년 연주를 재개한다. 몸은 뒤틀렸으나 정신은 건강했다. 고통도 인격을 허물지는 못했다. 겸손하고 다정한 그는 누구나 함께 연주하고 싶어 하는 협연자였다.

클라라는 1960년 12월 6일 바이올리니스트 아르투르 그뤼미오와 협연하러 브뤼셀에 갔다가 지하철 계단에서 발을 헛디뎌 머리를 다쳤다. 이번엔 치명적이었다. 병원에서 잠시 정신이 든 그녀는 동생에게 말했다. "내일 공연은 힘들 것 같구나. 그뤼미오에게 내가 얼마나 미안해하는지 모른다고 전해다오." 예순여섯 번째 생일을 한 달 앞두고 클라라는 숨을 거두었다.

생전에 클라라를 만나본 찰리 채플린은 말했다. "나는 살면서 진정 천재라고 말할 수 있는 사람을 세 명 만났다. 한 사람은 아인슈타인이었으며 또 한 사람은 처칠이었다. 그리고 나머지 한 사람, 누구보다도 현격히 차이나는 두뇌의 소유자는 클라라 하스킬이었다." 클라라의 무덤은 파리

몽파르나스에 있다. 그녀를 기리는 클라라 하스킬 국제 피아노 콩쿠르가 1963년부터 2년에 한 번 스위스 베베이에서 열린다.

우리로서는 다행히도 클라라의 중요한 연주를 모두 들어볼 수 있다. 잘츠부르크의 그로서 잘 모차르테움에서 카라얀이 지휘하는 필하모니아 오케스트라와 협연한 모차르트의 「피아노협주곡 20번」, 1947년 카를로 제키가 지휘하는 런던 필하모닉 오케스트라와 협연한 베토벤의 「피아노 협주곡 4번」, 그리고 겸손한 클라라 하스킬이 '들어줄 만하다'고 했다는 그뤼미오와의 모차르트 「바이올린 소나타」까지.

19621012
조중변계조약

1962년 오늘 평양에서 저우언라이(周恩來) 중국 총리와 김일성이 백두산 일대 국경조약에 서명한다. '조중변계조약(朝中邊界條約)'이다. '북·중 국경조약'이라고도 한다. 이 조약으로 중국과 북한은 국경선의 주향을 명확히 규정하고 백두산 국경선 획분의 근거를 확정했다.

북한은 조중변계조약으로 그 전까지 중국 영토로 돼 있던 천지의 5분의 3과 그 일대를 편입했다. 백두산 최고봉인 백두봉(장군봉·2750m)과 송화강 상류지역 일부, 1721년 청과 합의해 설치한 백두산 정계비 터가 우리 영토에 들게 됐다. 1909년 9월 4일 제국주의 일본이 청과 맺은 간도협약 당시에 비해 영토가 약 280㎢ 늘었다. 북한이 천지의 절반을 중국에 넘겼다는 주장은 사실과 거리가 멀다.

조중변계조약 제2조 제1항은 "조약 체결 전에 이미 한쪽의 공민(公民)이 살고 있거나 농사를 짓고 있는 섬과 모래섬은 그 국가의 영토가 된다."고 규정하고 있다. 조약은 압록강과 두만강의 경계 및 두 강의 하중도와 사주(모래톱)의 귀속에 관한 내용도 담고 있다. 이 조약의 의정서는 451개 섬과 사주 가운데 북한은 섬과 사주 264개(총면적 87.73㎢), 중국은 187개(14.93㎢)에 대해 영토권이 있음을 열거하고 있다.

북한과 중국은 모두 조중변계조약을 비밀에 부쳤다. 중국에서 1997년에 『저우언라이연보 1949~76』, 1995년에 『진의(陳毅)연보』 등이 나온 뒤에야 조중변계조약이 체결됐다는 사실이 확인되었다. 그러나 그 내용은 가톨릭대학의 안병욱 교수가 2000년 여름 북중 국경 조약을 비롯한 국경문제 관련 협정문을 실은 중문판 조약집을 중국의 한 고서점에서 발견한 다음에야 정확히 알려졌다. 조중변계조약은 백두산과 두만강 상류의 국경선을 명확히 했다는 데 의의가 있다. 그러나 북한과 중국의 비밀 조약이어서 한반도가 통일된 뒤 국경 분쟁이 재발할 가능성을 배제할 수 없다. 북한이 간도의 영유권을 포기했다는 부정적인 평가도 있다.

조중변계조약이 확정한 북한과 중국의 국경선은 통일한국의 국경선이 될 수 있다. 러시아와는 두만강 일부를 사이에 두고 얼굴을 맞댄다. 초강대국들과 이웃했다는 사실은 여러 가지 예상을 가능하게 한다. 우리에게는 판단과 선택을 요구할 것이다. 국토 수호의 과업도 휴전선을 사이에 두고 총칼을 겨눠온 70년 세월과 차원이 다를 것이다. 물론 통일한국이 교역국가로 건재하다면 기회는 더욱 확대되리라.

명치끝을 찔리는 것 같은 아픔으로 다가오는 지명이 있다. 간도(間島). 만주 지린성 동남부지역으로 중국 현지에서 옌지라고 부르는 지역. 원래 읍루와 옥저의 땅이었다가 고구려와 발해의 영토가 되었다. 고려시대부터 조선 전기까지 여진족이 흩어져 유목생활을 하던 이곳에 조선 후기부터 유민(流民)이 들어가 미개지를 개척했다. '간도 영유권'은 조선과 대한제국의 신념이었다. 또한 당대를 살아간 사람들의 신념이기도 했다.

안수길의 소설 『북간도』는 간도지역에 조선인이 들어가 정착하는 과정과 이들이 겪는 시련과 역경의 과정을 근대사라는 시대적 흐름을 통해 조명한 사실주의적 작품이다. 소설에 나오는 이한복은 두만강을 건너 만주에 정착한 사람이다. 만주가 우리 땅이라는 강한 자각이 그를 사로잡고 있다. 강을 건너면 극형을 받던 시기에 월강죄로 체포된 그는 부사 앞에서 당당하게 말한다. 『북간도』 상권 28쪽.

"강 건너는 우리 땅입메다. 우리 땅에 건너가는기 무시기 월강쬠메까?"

장충체육관

장충체육관은 서울특별시 중구 장충동2가에 있다. 1963년 오늘 문을
열었다. 1955년 6월 23일에 문을 연 육군체육관이 모체(母體)다. 육군체
육관은 지붕이 없었지만 서울시에서 돔을 씌워 본격적인 경기장으로 고
쳤다. 그래서 국내 첫 실내경기장이 되었다. 개장 기념으로 2월 2일부터
동남아여자농구대회를 시작했다.

장충체육관은 우리 스포츠의 역사와 걸음을 함께 했다. 프로복서 김
기수가 1966년 6월 25일 니노 벤베누티를 누르고 세계복싱협회(WBA) 주
니어미들급 챔피언이 됐고, 프로레슬러 김일은 이듬해 4월 29일 미국의
마크 루인을 누르고 세계프로레슬링협회(WWA) 헤비급 챔피언이 됐다.
김일은 2000년 3월 25일 이곳에서 은퇴식을 했다. 1988년 서울올림픽
때는 유도와 태권도 경기가 열렸다.

우리 역사의 질곡도 고스란히 받아냈다. 박정희가 1972년 12월 23일
제8대 대통령에 선출돼 27일 취임식을 했고 1978년 12월 27일 제9대 대
통령 취임식도 했다. 1979년 12월 6일에는 통일주체국민회의가 제10대
대통령에 단독 입후보한 최규하를 대통령으로 뽑아 21일 취임식을 했다.

문화행사의 중심 무대이기도 했다. 1966년 6월 12일 미국의 대중음악
스타 팻 분이 내한 공연을 했다. 그는 오후 7시에 시작된 '팻 분의 밤'에
우리 팬들의 귀에 익은 노래 열세 곡을 불렀다. 1989년 12월 9일과 1992

179

년 12월 12일에는 대학가요제가 열렸다.

세월이 흐르면서 장충체육관도 낡아갔다. 동대문운동장이 2007년에 헐려 나갈 때 장충체육관도 위기를 맞았지만 다행히 고쳐 짓기로 방향이 잡혔다. 2012년 5월 개보수 공사를 시작해 2015년 1월 17일 스포츠와 문화가 함께하는 문화복합공간으로 재개장했다. 장충체육관은 동대문운동장과 떼어 생각할 수 없다. 서울시는 1968년 4월 15일부터 두 경기장을 통합 운영했다.

동대문운동장은 비록 일제강점기에 지었으나 우리 풍수를 반영한다. 조선의 도성 한양의 '좌청룡'인 낙산의 지기가 약하기에 동쪽 대문은 사대문 가운데 유일하게 넉 자로 된 현판(흥인지문·興仁之門)을 걸었다. 청계천을 준설해 얻은 흙으로 언덕을 쌓았으니 성동원두(城東原頭)다. 또한 군사를 선발하고 훈련하는 훈련원을 두어 젊은이의 기(氣)가 서리게 했다. 운동장을 짓기에 이보다 좋은 곳은 없다.

그러므로 동대문운동장 일대는 한 시대의 염원과 정성이 모인 역사의 현장이다. 동대문운동장의 최후는 우리 시대의 경솔함을 증명하는 사례다. 멀쩡한 곳을 밀고 거창한 무언가를 짓겠다는 사람들은 태반이 도둑 아니면 사기꾼이다. 또한 정치꾼이나 장사치들은 목적을 달성하기 위해 거짓말도 서슴지 않으니 곧이곧대로 들으면 큰일 난다.

동대문운동장 신세가 될 뻔하다가 겨우 목숨을 부지한 서울시청 건물을 보라. 오세훈 시장 시절, 서울시는 구구한 이유를 들어 새 청사를 지어야 할 필요성을 역설했다. 그중에는 '일제잔재'인 시청 건물의 모양이 근본 본(本)자를 본뜬 것으로, 북악산이 큰 대(大)요 조선총독부가 날 일(日)자이니 합쳐서 '대일본'을 뜻하는 치욕적인 콘셉트를 숨겼다는 주장도 있었다.

그러나 이 주장이 터무니없음을 『조선과 건축』이라는 잡지의 1926년 10월호가 증명했다. 여기에는 서울시청(당시에는 경성부청)을 설계한 조선총독부 건축과 기사 사사 케이이치가 쓴 「경성부청건축의 대요와 그 특징」이라는 글이 실렸다. 사사는 "궁형(弓形)의 외곽(外廓)에 소탑(小塔)을 얹은" 설계 개념을 설명하였다. 건물을 활 모양으로 '디자인'했다는 뜻이다.

서울시청 건물은 도서관으로 쓰임을 바꾸었지만 외양의 일부나마 보존했으니 천운이다. 일제 잔재에 대한 역사·문화적 평가나 인식은 세대를 건너뛰는 숙제다. 해답을 적어내는 일은 여러 세대의 합의를 거친 뒤에 해도 늦지 않다. 서울시청을 헐고 다시 짓겠다던 사람들이 진심으로 일제 잔재를 청산하여 민족정기를 바로세우겠다는 생각을 했는지도 사실은 긴가민가하지만.

19640921
장 파리조 드 라 발레트

몰타는 이탈리아반도 남쪽 시칠리아 아래에 있다. 몰타·고조·코미노를 비롯한 여섯 섬으로 이루어졌으며 정식 명칭은 몰타공화국(Republic of

Malta)이다. 1530년부터 몰타기사단의 영유지로 있다가 1798년 나폴레옹에게 점령되었다. 1814년에는 영국 영토로 편입되었다. 1964년 오늘 영국으로부터 독립했다. 인구는 2015년 현재 41만3965명이고 아랍혼혈인·시칠리아인·스페인인·이탈리아인·영국인 등 다양한 인종이 산다. 몰타어와 영어를 공용어로 사용하고, 국민의 98%가 가톨릭을 믿는다.

수도는 발레타이다. 발레타는 '피난처'를 뜻하지만 위대한 기사단장 장 파리조 드 라 발레트를 기리는 뜻이기도 하다. 몰타의 역사는 몰타 기사단의 역사라고 해도 과언이 아니다. 제49대 기사단장 발레트는 오스만의 침략으로부터 몰타를 지켜낸 영웅이다.

몰타기사단은 템플기사단, 독일기사단과 함께 중세 서유럽의 3대 종교기사단이다. 제1차 십자군의 예루살렘 수복(1099년) 이후 로마 가톨릭교회의 군사적인 성격을 띤 기사단으로 성지와 순례자들을 보호하기 위한 조직으로 발전하였다. 성 요한기사단, 로도스기사단, 몰타기사단 등 시기 및 상황의 변화에 따라 달리 불렸다.(두산백과)

몰타는 오스만 제국의 수도 콘스탄티노플과 북아프리카를 잇는 항로를 가로막은 데다 기독교도가 차지했으므로 술탄에게는 눈엣가시였다. 1565년 5월 18일, 오스만은 몰타를 공격한다. 당시 기사단 편에서 싸운 스페인 용병 프란시스코 발비 디 코레조는 오스만 병력을 4만8000명으로 기록했다. 몰타는 기사단장 발레트가 이끄는 기사 500명을 비롯해 6100명이 지켰다. 9월 11일 오스만의 퇴각으로 끝난 이 전투는 '몰타 공방전'으로 역사에 남았다.

몰타 공방전의 승리는 동로마제국의 수도 콘스탄티노플을 잃은 뒤 줄곧 오스만의 공세에 시달리던 기독교 세력이 거둔 결정적 승리였다. 1571년 10월 7일 레판토 해전에서 스페인과 이탈리아 연합군이 오스만 함대를 궤멸시키자 서부유럽을 향한 이슬람의 위협은 사라졌다. 오스만은 지중해에 대한 영향력을 완전히 상실했고, 기사단은 1798년 나폴레옹 보나파르트에 의해 점령될 때까지 몰타 섬을 지배했다.

발레트는 프랑스 귀족 가문의 후예로 태어났다. 조부는 왕실기사단의 일원이었고 아버지는 슈발리에 드 프랑스(프랑스의 기사) 칭호를 얻은 명문가였다. 십자군 원정에 참여한 기사가 많이 나왔다고 한다. 시오노 나나미는 로도스섬 공방전에서 발레트를 표현하기를 '위엄이 가득한 인상에 강렬한 안광을 지닌 타락하지 않는 기사의 견본'이라고 했다. 여러 언어를 구사했으며 지상전과 해전에 두루 능했다.

발레트는 1566년 신도시 발레타의 건설을 명령했으나 완성을 보지 못하고 죽었다. 1568년 7월에 숲에서 매사냥을 하고 돌아가다가 뇌졸중을 일으켰다고 한다. 죽기 전에 집안의 노예들을 모두 해방시켰다. 그의 시신은 발레타에 있는 성 요한 대성당에 안장되었다. 전우이자 비서였던 영국 기사 올리버 스타키가 묘비명을 남겼다. '아프리카와 아시아의 징벌자, 유럽의 방패, 신성한 힘으로 야만족들을 추방하고 이 사랑받는 도시에 처음으로 묻힌 자.'

북위 17°

베트남전쟁은 1955년 11월 1일에 시작되어 1975년 4월 30일에 끝났다. 베트남의 독립과 통일을 위한 전쟁이었다. 남베트남 민족해방전선·북베트남 vs 남베트남 정부군·미국. 대한민국의 군대도 남베트남 편에 서서 싸웠다. 전쟁은 미군이 철수하고 남베트남 정부가 항복하면서 종결되었다. 베트남은 1976년 7월 2일 사회주의 공화국으로 통일되었다.

베트남전쟁은 프랑스를 상대로 한 독립전쟁(1946~1954년)의 연장선에 있다. 프랑스와 싸운 전쟁을 제1차 인도차이나 전쟁, 베트남전쟁을 제2차 인도차이나 전쟁이라고 한다. 두 전쟁의 출발점에 제국주의의 간섭과 침략이 있다. 이를 극복하고 독립과 통일을 달성했기에 베트남의 역사적 정당성과 정통성이 명료하다. 제1차 인도차이나 전쟁은 프랑스가 베트남을 침략해 1945년 10월 남부를 점령하고 1946년 11월 북부를 공격하면서 시작됐다. 프랑스군 9만5000명과 베트남인 130만이 희생됐다. 전쟁은 1954년 7월 21일 제네바협정이 조인되면서 끝났다. 회담의 결과 베트남은 북위 17도선을 경계로 분단되었다. 남의 땅에 금 긋기는 제국주의의 상습이며 고질병이다.

베트남전쟁은 '남침전쟁'이다. 북베트남은 제네바협정에 따라 1956년에 실시하기로 한 남북통일선거를 남베트남 정권이 거부하자 무력에 호소했다. 남베트남 정권을 지원하던 미국은 자국 구축함이 북베트남의 어뢰 공격을 받았다는 '통킹만 사건'을 구실로 전쟁에 뛰어든다. 1964년 8월 7일 북베트남을 폭격한 이후 1968년까지 폭탄을 100만 톤이나 퍼부었다. 미국 공군 참모총장 커티스 레메이는 "베트남을 석기시대로 돌려놓겠다."고 으르렁거렸다.

미국은 북베트남군이 미국 공군이 주둔한 비행장을 공격하자 기지를 방어한다며 전투 부대까지 보냈다. 1965년 오늘 미국 해병대 3500명이 베트남에 상륙했다. 그러자 베트남의 국부(國父) 호치민이 경고하였다. "(미국이) 20년 동안 전쟁하기를 원한다면 우리는 20년 동안 전쟁을 할 것이다. 미국이 평화를 원한다면 우리는 그들을 초대하여 함께 차를 마시며 평화를 이룩할 것이다."

우리는 이 사건을 '월남전'과 '월남패망'으로 오랫동안 기억해왔다. 전쟁은 '베트콩', '땅굴', '네이팜탄', '고엽제', '귀신 잡는 해병대' 같은 이미지로 남았다. 우리의 뇌리에는 김추자가 부른 「월남에서 돌아온 김 상사」, 로버트 드 니로와 메릴 스트립이 주연한 『디어 헌터』, 말론 브란도와 마틴 쉰이 나오는 『지옥의 묵시록』처럼 대중문화라는 잠재의식으로 쐐기처럼 박혀 있다. 패전국 미국은 『람보』 같은 공상영화를 찍어 그들의 황폐한 내면을 메우려 든다.

베트남전쟁은 종전 44주년을 앞두었다. 총칼로써 죽고 죽인 대한민국과 베트남은 1992년 12월 23일 국교를 수립해 구원(舊怨)을 지워나가고 있다. 두 나라는 중요한 교역국이다. 많은 젊은이들이 국제결혼하여 두 나라에 가족을 두고 산다. 베트남의 축구대표팀을 대한민국의 감독이 이끌고 있다. 지난달에는 북베트남의 심장부였던 하노이에서 미국의 대통령과 북한의 최고지도자가 한반도의 운명이 걸린 회담을 했다.

신이 역사를 주조한다면 그 뜻을 헤아리기가 참으로 어렵다. 다만 선이 악을 이기고, 민족의 염원이 제국의 폭력과 이기심을 끝내 넘어설 수 있기를 기도할 따름이다.

19680503
68혁명

소설가 귄터 그라스는 1969년에 『국부마취를 당하고』를 발표했다. 『양철북(1959)』 이후 10년 만에 나온 이 작품은 '훗날 소심한 개량주의자로 변신한 젊은 혁명가의 소아적 호전성을 주제로 다룬' 소설로 이해된다. 읽기 쉬운 소설은 아니다. 그라스는 소설을 계획과 논쟁 따위로 채웠다. 셰르바움이란 인물이 나온다. 그는 미국이 베트남에서 네이팜탄으로 사람들을 불태워 죽이는 데 대한 항의로 반려견을 베를린 중심가에서 불태우려 한다. 여러 인물이 이 계획을 놓고 논쟁한다. 이야기는 셰르바움의 선생인 슈타루쉬가 치과 수술을 받으며 의사와 나누는 대화로 이어진다.

이 작품은 미국에서는 찬사를, 독일에서는 비판을 받았다. 『국부마취를 당하고』가 영어로 번역돼 나온 1970년 뉴욕타임스는 "그라스는 자유주의자의 운명을 어렵게 만드는 저 무능력과 마조히즘과 절망적인 수단들을 가차 없이 조소한다."고 썼다. 하지만 독일에서는 "자의적으로 끼워 맞춘" "작은 산문 쪼가리들의 혼합"이라거나 "그라스의 작품이라고 믿지 못하겠다."는 혹평을 들었다. 좌파 평론가들은 그라스가 '68혁명'의 의미와 성격을 축소·왜곡했다고 힐난했다.

68혁명은 1968년 오늘 프랑스 파리에서 학생들을 중심으로 시작됐다. 파리 낭테르 대학이 학생들과 대립하며 학교를 폐쇄하자 소르본 대학 학생들이 이에 항의하여 광장으로 진출했다. 파리 학생, 노동자의 시위와 파업은 6월 들어 베를린과 로마로 확산됐다. 더 멀리는 일본과 미국으로 퍼져나갔다. 68혁명은 사회·문화 전반에 걸쳐 큰 변화를 이끌어냈다. 프랑스에서는 평등, 성 해방, 인권, 공동체주의, 생태주의 등 진보적 가치가 종교, 애국주의, 권위에 대한 복종 등 보수적인 가치들을 대체했다. 프랑스 주간지 『르 누벨 옵세르바퇴르』는 이 혁명이 지금의 프랑스 사회를 만드는 데 일조했다고 평가했다.

독문학자 김누리는 2000년 9월 『독어독문학회지』에 발표한 논문 「변증법적 알레고리 소설의 가능성」에서 『국부마취를 당하고』를 천착한다. 그는 "기존의 비평들이 이 소설의 변증법적 인물 구성과 알레고리 미학을 충분히 천착·규명하지 못한 결과 이 작품에 내장된 미학적 장치와 내재된 정치적 함의를 올바로 파악하지 못했다."고 지적했다. 그가 보기에 『국부마취를 당하고』는 그라스가 전후 독일 사회의 문제를 소재로 쓴 최초의 소설이다. 김누리는 하인츠 루트비히 아르놀트를 인용한다. "우리의 현시대와 나란히 설정된 최초의 책이자 평화의 문제들과 씨름한 최초의 시도다."

　그라스가 말하는 '현재의 문제' '평화의 문제'는 무엇인가. 1960년대 후반 독일 지식인들의 현안은 68혁명의 쟁점들이었다. 그들의 고뇌는 '폭력의 도덕적 정당성'과 '혁명이냐 개혁이냐' 하는 변화 전략의 문제로 집약됐다. 『국부마취를 당하고』도 이러한 문제의식 언저리에 놓인다. 김누리는 이 소설을 68혁명을 다룬 진지한 문학적 탐구로 받아들인다. 그에게 이 소설은 "모순적인 딜레마의 상황 속에서 올바른 정치적 입장을 찾으려는 한 인물이 앓던 시대적 '통증'의 기록이고, 좌파 지식인 내부에서 제기될 수 있는 모든 입장을 검토하고 이를 통해 사회적 합의의 가능성을 모색한 한 지식인의 변증법적 사유의 산물"이다.

19690906
아르투르 프리덴라이히

　동네 골목이 놀이터이던 시절. 공을 가진 친구가 있으면 축구를 할 수 있어 좋았다. 빗물이 고여 질척거리면 그나마도 어려웠다. 허연 연탄재를 가져다 밟아도 소용없었다. 구정물은 솟아나기라도 하듯 골목 여기저기에 검은 웅덩이를 만들었다. 그런 날이면 하릴없이 처마 아래 모여 이런저런 얘기를 하며 놀았다. 이회택, 김정남, 이세연의 시대였다. 차범근이란 별은 아직 뜨지 않았다. 입심 좋은 친구가 직접 보기라도 한 듯 주워섬기는 이야기는 아무리 들어도 지루하지 않았다.

"아무도 뚫을 수 없는 골키퍼(아마 야신이었을 것이다)와 펠레가 대결했다. 펠레는 '바나나킥'을 비롯해 온갖 절묘한 슛을 다 날렸지만 골키퍼가 모두 막아냈다. 그러자 펠레는 온힘을 다해 대포알 슛을 날렸다. 골키퍼가 그 공을 막기는 했지만 내장이 터져 죽고 말았다." 골키퍼가 공을 안은 채 날아가 그물에 걸렸다는 외전도 있고 애꿎은 유세비오(에우제비오)를 끌어들인 별전도 있다. "펠레의 절묘한 슛을 모두 막은 골키퍼가 유세비오의 슛을 막다가 내장이 터져 죽었다."는.

아무튼 펠레는 최고였다. 1958년 스웨덴월드컵 때 혜성처럼 등장한 열일곱 살 소년은 축구사에 영원할 이름이 됐다. 스웨덴 사람들에게 얼마나 선명한 기억을 남겼던지 1992년 유럽축구선수권대회(유로92)를 취재하러 갔을 때 둘러본 감라스탄(스톡홀름 구시가지)의 헌책방에는 펠레에 대한 책이 수 없이 많았다. 스웨덴과 치른 결승전에서 후반 11분 소년이 넣은 브라질의 세 번째 골은 눈이 부시도록 아름답다. 높이 떠오른 공을 잡아 수비수를 제치고 그물을 흔들 때까지 공은 땅에 닿지 않는다.

스웨덴월드컵을 담은 동영상 속 천재 소년은 흑인이다. 브라질은 인종차별이 적고, 축구대표팀의 스타들 가운데는 흑인이나 남아메리카 선주민의 후예가 적지 않다. 2002년 월드컵에서 맹활약한 호나우두나 호나우지뉴도 흑인이다. 하지만 펠레가 등장하기 40년쯤 전에는 인종차별이 심했던 모양이다. 브라질의 축구 클럽들은 식민종주국 포르투갈의 영향 아래 창설되고 발전했다. 엘리트 집단의 사교 모임과 같아서 당시 하

류 계층에 속한 유색 인종 선수들이 넘볼 곳이 아니었다고 한다. (양정훈)

인종의 벽을 넘은 선수는 아르투르 프리덴라이히다. 1892년 7월 18일 상파울루에서 태어나 1969년 오늘 세상을 떠났다. 프리덴라이히는 독일인 아버지와 아프리카계 해방노예의 딸인 어머니 슬하에서 자랐다. 아버지 덕이었겠지만, 1909년 독일계 축구 클럽SC 게르마니아의 청소년 팀에 들어갔다. 클럽 경력은 1935년 플라멩구에서 마쳤다. 브라질 대표선수로는 1914년부터 1930년까지 열일곱 경기에 나가 여덟 골을 넣었다. 그는 통산 1329골을 넣어 축구역사상 최다득점자로 꼽힌다. 물론 당시의 통계 시스템을 100% 신뢰할 수는 없다.

펠레는 진정한 의미에서 축구의 영웅이며 슈퍼스타다. 현대축구가 기술적으로나 상업적으로 성공을 거두는 데 결정적으로 기여했다. 프리덴라이히는 유색인으로서 '축구의 메시아' 펠레를 가능하게 한 선구자 또는 요한과도 같은 예언자였다. 어떤 종목이든, 어떤 분야든 최고의 경지에 이르기까지는 오랜 도움닫기가 필요하다. 밤하늘에 불현듯 모습을 드러낸 혜성도 사실은 멀고도 먼 우주의 외길을 쉼 없이 달려 거기 도착한 것이다.

아폴로 13호

1961년 5월 25일, 미국 대통령 존 F. 케네디가 의회에 '국가의 급무(急務)와 현상에 관한 특별 교서'를 제출한 뒤 상하 양원 앞에서 연설했다.

"인간이 달에 착륙한 뒤 무사히 지구로 귀환하는 계획이 성공한다면, 다른 어떠한 우주 계획도 인류에게 이보다 강렬한 인상을 심어줄 수 없다고 확신합니다. 이는 또한 장기적인 우주 탐사 계획에 중요한 전환점이 될 것이며, 이를 위해 온갖 어려움과 막대한 비용을 감수할 것입니다."

케네디는 이날 소련을 상대로 한 우주 개발 경쟁에서 승리하겠다는 의지를 천명했다. 소련은 1957년 10월 4일 세계 최초의 인공위성 '스푸트니크 1호'를 지구 궤도에 쏘아 올려 미국에 충격을 주었다. 미국이 우주 경쟁에서 소련에 뒤졌음이 확인되었을 뿐 아니라 '과학 최강'이라는 자부심에도 금이 간 것이다.

미국은 반격을 서둘렀다. 1958년 7월 29일 항공우주국(NASA)을 창설했다. 우주 관련 기술의 개발에 그치지 않고 과학기술 전반에 걸쳐 연구·개발 투자를 늘렸다. 대학은 물론 중고교 교과 과정도 개혁해 수학·과학 교육을 강화했다. 그렇게 쌓아올린 기초 위에서 소련의 우주기술을 뛰어넘기 위한 '아폴로 계획'이 진행되었다.

케네디는 1962년 9월 12일 텍사스 주 휴스턴에 있는 라이스대학에서 유명한 연설을 했다. "우리는 달에 가기로 선택했습니다. 우리가 1960년

대가 끝나기 전에 달에 가고 다른 일도 하기로 선택한 것은 그것이 쉬워서가 아니라 어렵기 때문입니다. 이 목표는 우리의 에너지와 능력을 최대한 조직하고 평가하게 해줄 것입니다."

1969년 7월 21일, 아폴로 11호의 선장 닐 암스트롱과 버즈 올드린이 '고요의 바다'에 착륙한 탐사선 '이글'호에서 내렸다. 인류가 처음으로 달에 발을 디디는 순간이었다. 암스트롱은 "한 사람의 작은 발걸음이지만 인류의 위대한 도약(That's one small step for man, one giant leap for mankind)"이라고 말했다. 아폴로는 미국의 과학기술을 상징하는 낱말이 되었다.

미국은 아폴로 11호 이후 다섯 번(12호, 14호, 15호, 16호, 17호) 더 탐사선을 달에 착륙시켰다. 달에 내린 대원은 모두 열두 명이었다. 1972년 12월 14일, 아폴로 17호가 달을 떠난 뒤 미국은 더 이상 달에 사람을 보내지 않았다. 달을 마지막으로 밟은 사람은 아폴로 17호의 선장 유진 서넌이다. 그는 2017년 1월 16일 여든두 살을 일기로 세상을 떠났다.

아폴로 계획에는 희생도 따랐다. 1967년 1월 27일 아폴로 1호 발사 훈련 중에 발생한 화재로 대원 세 명이 죽었다. 1970년 4월 13일에는 달을 향해 순항하던 아폴로 13호의 산소 탱크가 폭발했다. 구조는 불가능했다. 대원들은 달을 선회한 다음 착륙선의 추진력을 이용해 궤도를 바꾸는 데 성공함으로써 4월 17일 무사히 지구로 돌아왔다.

아폴로 계획은 달과 우주를 바라보는 인류의 시각을 바꿨다. 그곳은 더 이상 환상과 낭만의 공간이 아니다. 인간은 과학의 눈으로 우주를 바라보며 탐험하고 개발해야 할 공간으로 받아들였다. 아폴로 계획을 진행하는 동안 다양한 신소재와 전자통신 등에 필요한 원천 기술이 개발돼 인류의 삶을 바꾸었다. 정수기와 전자레인지 같은 제품도 우주 개발의 부산물이다.

19721026
샨사

소설은 소설가를 드러낸다. 그래서 소설의 값은 꿈과 같다. 욕망이라는 점에서 프로이트의 과학과 친구가 된다. 프로이트의 임상기록은 초콜릿 빛깔의 서재 속에 이야기의 스펙트럼을 펼쳐 놓는다. 그가 뿜어낸 여송연 연기가 조용히 부유하듯 브라운 운동을 하면서. 거칠게 말하자면 유장하면서도 격렬한 배설의 과정 어디쯤에 있는 예술이다.

소설가들은 말이 많은 편이다. '꿀 먹은 벙어리'야 왜 없겠는가. 하지만 탁주 집에서 입을 털어내기로 작정하면 소설가 이길 장사가 없다. 소설가의 토로는 고독을 반영한다. 고독은 비밀에서 오고 비밀은 체험에서 온다. 그러니 소설을 읽는 독자들은 확신해도 좋다. 지금 그들의 이야기를 듣고 있다고.

이탈로 칼비노의 『보이지 않는 도시들』을 읽어 보라. 한 글자 한 획, 말줄임표 하나에 이르기까지 소설가의 언어 아닌 곳이 없다. 마르코 폴로나 쿠빌라이 칸의 언어와 탄식 한 호흡조차도 칼비노가 주인이다. 샨사(山颯)가 쓴 『천안문』이나 『바둑 두는 여자』를 읽을 때, 우리는 두 볼 붉은 소녀의 뺨을 에일 듯 스치는 대륙의 겨울바람을 느끼지 않는가. 그 바람, 그 쓰라림은 모두 현실이며 샨사와 우리가 공유하는 체험이다.

샨사는 프랑스어로 소설을 쓰는 중국인이다. 1972년 오늘 태어났으니 마흔여섯. 여덟 살 때 시를 쓰기 시작했다. 베이징대 진학을 앞둔 열일곱 살 때 톈안먼(天安門) 사태를 겪었다. 특별한 행동을 하지는 않았다. 시위대에게 물을 가져다주는 정도였다고 한다. 1990년에 프랑스 정부의 장학금을 받고 파리 가톨릭 인스티튜트에서 철학을 공부했다.

샨사는 톈안먼 사태로 인생의 전환점을 맞았다. 그는 파리에서 "개를 데리고 산책하는 시민들을 보면서 비극적인 사태로 인한 심리적 내상까지 지닌 나는 난파선에서 살아남은 듯 비참한 기분이 들었다."고 토로했다. 프랑스에 귀화한 그는 1997년 프랑스어 소설 『천안문』을 써서 '공쿠르 뒤 프르미에 로망상'을 받았다.

『천안문』은 톈안먼 사태가 배경이다. 소설에서 데모대에 속했던 여대생 아야메가 박해를 피해 달아난다. 마오쩌둥의 어록만이 진리의 전부라고 여기는 인민해방군 장교 자오가 그녀를 쫓는다. 자오는 아야메의 옛날 일기장을 발견하면서 그녀를 사랑하게 된다. 평론가들은 이 작품이 "역사적 사건 속에서 근원적 자유를 향한 인간의 내적 욕망을 그려냈다."고 평가했다.

샨사의 재능은 경험으로부터 쏟아져 나온다. 그는 자신을 "나는 중국이 벼려내고 서양의 불 속에 담금질된 칼"이라고 표현했다. 2006년 한국에 와서 여러 신문과 인터뷰할 때 "어릴 때 인형을 갖고 놀지 않고 바둑, 장기, 카드 등 전략이 필요한 게임을 했다."고 기억했다. 그가 쓴 소설 '바둑 두는 여자'에 비슷한 문장이 나온다.

"바둑은 계산을 비웃고, 상상력을 조롱한다. 구름들의 연금술만큼이나 변화무쌍한 모양 하나 하나가 모두 최초의 의도에 대한 배신인 셈이다. 한순간도 긴장을 늦추지 않고 매순간 가장 유연하고, 가장 자유로운 동시에 가장 냉철하고, 가장 정확한 수를 재빨리 찾아내야만 한다. 바둑은 기만의 게임이다. 오직 하나의 진실, 바로 죽음을 위해 온갖 허상으로 적을 포위해야 한다."(283쪽)

샨사 소설의 문체는 아름답지만 단문으로 쓰여 속도감 있게 읽힌다. 소설의 주인공은 여성이지만 전쟁, 음모 같은 남성적인 주제를 다룬다. 그의 언어는 불꽃같다. 샨사는 성공한 여자들을 '불꽃 위를 나는 새'라고 했다. 그리고 "나는 이미 불꽃을 건너 날아가는 새"라고도 했다. 이렇게 바쁜 생활 속에서 사랑은 언제 하느냐고 묻자 자르듯 말했다. 불길한 예언 같았다.

"사랑은 불가능합니다. 사랑은 우리 각자의 가장 훌륭한 부분, 서로 만나기로 되어 있는 두 존재의 완전한 융합입니다. 그러나 삶은 그 존재들이 서로 만나지 못하도록 만들어져 있습니다. 사랑은 짧은 순간들 속에서만 존재합니다."

펄 벅

청나라 시골의 가난한 농부 왕룽이 황부자네 하녀 오란과 결혼한다. 오란은 박색에다 말수가 적으나 지혜가 있었다. 왕룽은 오란을 맞은 뒤 운수대통했는지 연달아 풍년을 맞고, 모은 돈으로 황부자의 옥답도 산다. 마을에 기근이 들자 왕룽은 식솔을 이끌고 도시에 나가 인력거를 끈다. 정치가 혼란하자 부자들이 재물을 숨기고 달아난다. 오란이 그것들을 찾아낸다. 왕룽은 고향에 돌아가 농토를 사들이고 부자가 된다.

왕룽을 부자로 만들어준 오란은 남편의 무관심 속에 살림만 할 뿐이었다. 왕룽을 만나 배를 곯고 온갖 고생을 견디면서도 불평 한 마디 없이 눈물을 삼킨 오란. 그녀도 남편이 첩까지 들이자 더는 견디기 어려웠을까. 큰 아들을 장가 들인 뒤 얼마 지나지 않아 조용히 눈을 감는다. 세월이 흘러 왕룽은 노인이 되었고, 장성한 아들들은 아버지가 힘들여 마련한 땅을 팔려 든다. 왕룽은 아들들에게 호소한다.

"땅을 팔기 시작하면, 집안은 끝장이야." "우리는 땅에서 태어났어. 그리고 다시 땅으로 돌아가야 한다. 땅을 갖고 있으면 살아갈 수 있다. 땅은 누구에게도 뺏겨서는 안 된다…." "땅을 파는 날은 세상의 마지막이다."

(동서문화사판, 홍사중 옮김)

미국 작가 펄 벅이 1931년에 발표한 『대지』의 줄거리다. 펄 벅은 이 작품으로 노벨문학상을 받았다. 『아들들』(1933), 『분열된 집』(1933)과 함께

3부작을 이룬다. 1892년 6월 26일 미국 웨스트 버지니아 주 힐스보로에서 태어난 작가는 선교사 부모의 영향으로 중국에서 어린 시절을 보냈다. 그 경험이 생생한 작품으로 형상화되었다. 중국의 대지와 사람에 대한 펄 벅의 지식과 통찰은 서양인 작가로서는 최고의 수준이다. 1938년 노벨문학상 선고위원회는 추천문에 "중국 농부의 생활을 풍부하게, 서사 시적으로 묘사한" 작품이라고 썼다.

펄 벅이 1963년에 발표한 소설 『갈대는 바람에 시달려도』는 한국이 배경이다. 구한말부터 1945년 광복되던 해까지를 시대적 배경으로 한 가족의 4대에 걸친 파란 많은 삶을 그렸다. 과도기의 한국 역사와 문화를 치밀한 고증작업과 극적인 구성으로 그려낸 작품이다. 이 소설은 미국에서 출판되자마자 베스트셀러가 되었고 여러 언론에서는 "『대지』 이후 최고의 걸작", "펄 벅이 한국에 보내는 애정의 선물"이라고 평가했다.

펄 벅은 1960년에 처음으로 한국을 방문했다. 가을이었다. 경주에 갔을 때, 펄 벅은 해질 무렵 지게와 소달구지에 볏단을 나눠 싣고 가는 농부를 보았다. 그는 농부에게 물었다. "힘이 들텐데 왜 소달구지를 타지 않나요?" 농부가 대답했다. "에이! 어떻게 타고 갑니까. 제가 하루 종일 일했지만, 소도 하루 종일 일했는데요. 그러니 짐도 나누어 지고 가야지요." 펄 벅은 훗날 이 때의 일을 "세상에서 본 가장 아름다운 광경이었다."고 기억했다.

펄 벅은 한국을 사랑하여 "고상한 사람들이 사는 보석 같은 나라"라고 표현했다. 여덟 번이나 한국을 다녀간 그는 1967년 경기도 부천군 소사읍 심곡리(부천 심곡동)에 전쟁 고아와 보호자가 없는 혼혈인을 위한 복지시설 '소사 희망원'을 건립하였다. 유한양행 설립자인 유일한 박사가 1만 평을 기증했다. 1975년까지 운영 이곳은 1999년 '펄벅 인터내셔널 한국지부', 곧 펄 벅 재단이 되었다. 펄벅은 1973년 오늘 세상을 떠났다. 2006년 9월 30일 소사희망원 자리에 펄 벅 기념관이 들어섰다.

19731025
아베베 비킬라

'어물전 개조개 한마리가 움막 같은 몸 바깥으로/맨발을 내밀어 보이고 있다/죽은 부처가 슬피 우는 제자를 위해 관 밖으로 잠깐 발을 내밀어 보이듯이/맨발을 내밀어 보이고 있다/펄과 물속에 오래 담겨 있어 부르튼 맨발/내가 조문하듯 그 맨발을 건드리자 개조개는/최초의 궁리인 듯 가장 오래하는 궁리인 듯 천천히 발을 거두어 갔다'

문태준이 쓴 「맨발」의 앞부분이다. 저 맨발은 아마도 개조개의 수관, 숨길이리라. 개조개가 맨발을 내놓음은 빈사의 고백이요, 미구에 닥쳐올 죽음의 고지이다. 시인은 맨발을 내민 개조개를 걸개로 삼아 '삶의 극단적 고행을 걸어간 부처와 그런 삶을 견뎌내는 가난한 가장을 성찰과 연민의 1인칭 관찰자 시점으로' 헤아려낸다. (김동원)

또한 저 맨발은 송수권에 이르러 '언제 깨어날지도 모르는 마취실을 향해/한밤중 병실마다 불 꺼진 사막을 지나/침대차는 굴러 간다/얼굴엔 하얀 마스크를 쓰고 두 눈은 감긴 채/시트 밖으로 흘러나온 맨발'(「아내의 맨발」)로 형상화한다. 시인은 아내의 맨발에서 언젠가 목격한 바다거북이, 산란을 마치고 바다로 돌아가다 사원 생명을 떠올린다.

정지용이 꿈에도 잊지 못하는 그곳, 넓은 벌 동쪽 끝에서 '얼룩백이 황소가 해설피 금빛 게으른 울음을 우는 곳'은 '전설(傳說)바다에 춤추는 밤 물결 같은 검은 귀밑머리 날리는 어린 누이와 아무렇지도 않고 예쁠 것도 없는, 사철 발 벗은 아내가 따가운 햇살을 등에 지고 이삭 줍던 곳'(「향수」)이다. 열두 살 동갑내기 가시버시여.

맨발은 왜 그토록 쓸쓸한가. 맨발은 왜 그토록 슬픈가. 맨발은 왜 그토록 짜릿한 끌림인가. 맨발은 왜 그토록 우리들, 우리들인가. 그러나 어떤 순간 맨발은 우리의 온몸이 되고 전체가 되고 모든 것이 되어 버린다. 온 생애를 기울여 디뎌 가는 누군가의 발자국은 끝내 맨발이 아니던가. 맨발은 순례이다. 너와 내가 공유하는 삶이며 그 일부분이다.

또한 세상의 다른 편에서 맨발은 또한 자유이며 생명이라. 이사도라 덩컨은 영원히 맨발이었으되 "나는 니체에게서 춤을 배웠다."고 했다. 니체가 보기에 춤은 인간 육체의 산물이 아니다. 춤을 추기 시작하면서 비로소 육체의 인간이 태어난다. 니체에게 육화된 삶의 구체성을 회복해야 할 무대는 대지요, 그 의식은 춤[Tanz]이다.

춤은 대지와 숨을 섞는 행위인 동시에 가열한 투쟁이다. 대지란 중력이며 인력이어서 삶의 고랑에 인간을 못 박고자 한다. 그러나 인간은 도

약하는 존재이며 달리는 생물이다. 삶의 모든 국면이 죽음의 무도(danse macabre)로되 어떤 이에게는 생명의 선언이 된다. 위대한 전사 아베베 비킬라에게 맨발은 불굴이며 대지는 운명이 아니었는가.

아베베는 1960년 로마올림픽 마라톤 경기에서 세계 신기록을 세우며 우승했다. 그가 맨발로 결승선을 통과하는 장면은 영원한 이미지로 올림픽 역사에 남았다. 원래 맨발로 뛰던 선수는 아니었다. 운동화가 낡아 새로 마련했는데 발에 맞지 않았던 것이다. 차라리 맨발로 달릴 결심을 했다. 4년 뒤 도쿄올림픽에는 운동화를 신고 나가 금메달을 따냈다. 그러나 우리는 1973년 오늘 세상을 떠난 그를 영원히 '맨발의 아베베'로 기억한다.

19800207
온도계

입춘(立春)을 지나며 공기가 차가워졌다. 서울에서는 오랜만에 기온이 영하로 깊숙이 떨어졌다. '수은주가 곤두박질쳤다'고 써도 되겠다. 이번 겨울에는 추운 날이 많지 않았으니까. 온도가 갑자기 떨어지면 추위가 더 심하게 느껴진다. 2019년에서 2020년에 이르는 겨울은 이렇게 체면치레를 하고 넘어갈 모양이다.

설날과 입춘이 앞서거니 뒤서거니 하는 2월 초순은 원래 얕보기 어려운 시간이다. 정수리가 저릴 정도로 매서운 추위가 심심찮게 찾아오곤 했다. 1980년 오늘에는 서울의 기온이 영하 12℃, 수원 지방은 영하 19℃까지 떨어졌다. 초·중·고등학교가 개학을 미뤘다. 그해에는 곤두박질친 수은주가 고개를 들지 못한 것이다.

수은온도계는 온도변화에 따른 부피팽창이 알코올온도계보다 일정하여 온도측정에 알맞다. 가장 정확한 수은온도계는 독일의 화학자 에른스트 오토 베크만이 발명한 '베크만온도계'이다. 100분의 1℃까지 측정할 수 있다. 끓는점이나 응고점 변화, 발열량, 유기화합물의 분자량 등을 측정하는 데 쓰인다.

온도계는 갈릴레오 갈릴레이가 1593년에 처음 만들었다. 그는 온도에 따라 공기의 부피가 변하는 원리를 이용했다. 이 온도계는 기압의 영향을 받아 부정확했다. 우리가 사용하는 온도 단위는 화씨(℉)와 섭씨(℃)이다. 화씨온도계는 1714년에 다니엘 가브리엘 파렌하이트가, 섭씨온도계는 1742년에 안데르스 셀시우스가 만들었다.

이번 겨울이 시작될 무렵, 나는 새로 낸 시집을 부치기 위해 봉투와 테이프 등 필요한 물건을 사러 문방구에 갔다가 온도계를 발견했다. 외국에서 수입한 알코올온도계로, 만듦새가 조잡했다. 그러나 온도계를 보는 순간 뜨거운 기운이 가슴에 사무쳤다. 아버지. 온도계가 아버지를 가리키는 객관상관물로 내 가슴 속 깊은 자리에 걸려 있었다.

나의 아버지는 짧은 생애의 대부분을 건축업자로 살았다. 하지만 아버지 직업은 건축가였어야 마땅했다. 창조력, 도전정신, 감수성, 호기심, 최고를 향한 갈망을 비롯한 여러 이유 때문에. 그러나 아버지는 예술가가 아니라 기술인의 길을 기꺼이 걸으며 가족을 부양했다. 사무실보다는 시멘트 가루가 날리는 현장을 더 사랑했다.

　서울의 신설동에 사무실을 둔 아버지의 회사는 상업용 다층 건물을 설계하고 지어 돈을 벌었던 것 같다. 그러나 가정용 건물도 적지 않게 지었다. 이 작은 건물들은 아버지의 즐거움에 기여했을 것이다. 물론 가정집도 다 지으면 판매했다. 아버지가 짓는 건물은 늘 특별했다. 가정용 건물을 지을 때도 개성을 발휘해 1970년대에 소위 '집장수'들이 지은 집들과 차별을 두었다.

　어떤 집은 에너지를 공급하는 건물과 공급받는 건물을 분리해 지었다. 3층 건물의 내부에 나선계단을 설치해 동선(動線)을 절약하기도 했다. 아버지는 집을 다 지은 다음 거실에 온도계를 가져다 걸었다. 아버지가 온도계를 걸면, 그 집은 완성되었다는 뜻이다. 아버지의 완성은 누군가에게 새로운 삶의 시작을 의미했을 것이다.

　아버지가 지은 집들은 아직도 여러 곳에 남아 있다. 여러분이 꽤 오래된 집을 샀는데 그 집이 이문동, 석관동, 장위동, 면목동, 중곡동, 상봉동 중 한 곳에 있고 그 집 거실에 아주 오래된 온도계가 걸려 있다면, 확률이 낮기는 하지만 내 아버지의 작품일 수 있다.

　나는 그날 문방구에서 발견한 온도계를 사다가 연구실 벽에 걸었다.

말비나스

차나칼레 보아스는 에게 해와 마르마라 해를 잇는 터키의 해협이다. 흔히 다르다넬스 해협이라고 부른다. 보스포루스와 더불어 터키를 아시아와 유럽으로 나눈다. 다르다넬스가 차나칼레라면 갈리폴리는 겔리볼루여야 한다. 겔리볼루 야르마다스는 터키의 유럽 지역과 동부 트라키아에 있는 반도이다. 서쪽에 에게 해, 동쪽에 차나칼레 보아스가 있다. 역사는 언제나 침략자가 차나칼레 보아스를 건넜음을 보여준다. 페르시아의 크세르크세스는 동쪽에서 서쪽으로, 마케도니아의 알렉산드로스는 서쪽에서 동쪽으로.

1차세계대전이 한창이던 1915년, 영국의 해군장관 윈스턴 처칠은 이곳에 군대를 보냈다. 지중해에서 흑해에 이르는 물길을 장악해 독일과 오스만 동맹을 분리하고 동맹국인 러시아와 통하기 위해서였다. 하지만 전투는 처칠이 상상한 대로 전개되지 않았다. 영국-프랑스 연합군은 1915년 2월 19일과 25일, 3월 25일에 포화를 퍼부었으나 오스만 포병의 반격으로 전함 세 척을 잃었고 세 척은 대파됐다. 처칠은 책임을 지고 물러났다.

1982년 오늘, 대서양 남서쪽에 있는 섬에서 두 달 넘게 계속된 전쟁이 끝났다. 섬을 다른 이름으로 부르는 두 나라의 충돌이었다. 마젤란 해협에서 동쪽으로 760㎞ 떨어진 이 섬을 영국인들은 포클랜드제도, 아르헨티나인들은 말비나스제도라고 불렀다. 아르헨티나는 1826년 섬의 영유권이 아르헨티나에 있음을 선포했다. 그러나 영국은 1833년 이래 섬을 군사력으로 점유하고 있다.

4월 2일에 아르헨티나 육군 4000명이 영국군 100여명이 지키던 이 섬에 상륙했다. 아르헨티나의 군사 독재 정권이 국내 문제를 해결하기 위해 전쟁을 선택했다는 시각이 우세하다. 심한 인플레이션과 실업 때문에 고조된 국민의 불만을 잠재우고 반독재 인사들에 대한 감금과 고문 등 인권침해에 대한 국제사회의 비난을 피해 보려는 의도가 있었으리라는 것이다.

영국의 의지를 오판했다는 시각도 있다. 경제난을 겪는 영국이 1만㎞ 이상 떨어진 작은 섬에 대한 점유권을 지키기 위해 전쟁을 할 여력은 없으리라고 판단했다는 것이다. 하지만 마거릿 대처 총리는 즉각 무력 대응을 결정하고 항공모함과 구축함, 잠수함 등을 동원해 전면전을 시작했다. 한편으로는 국제 여론을 영국 편으로 끌어들이기 위해 외교력을 총동원했다.

4월 26일 첫 교전을 한 전쟁은 6월 14일 아르헨티나군의 항복으로 막을 내렸다. 전쟁에서 이긴 영국인들의 긍지는 하늘을 찔렀다. 경제 불황이나 실업과 같은 국내 문제는 여론을 악화시키지 못했다. 아르헨티나의 침공에 굴하지 않고 군대를 파견해 승리를 거둔 '철의 여인' 대처 총리는 1983년 재집권에 성공했다. 반면 패전국 아르헨티나의 군사 정부는 빠르게 몰락의 길을 걸었다.

물론 전쟁은 누가 더 도덕적인가를 따지는 경연이 아니다. 무력에 의한 해결방식이며 폭력에 의한 호소이다. 제국주의와 야만의 시대를 함축한다. 수많은 현대의 제국들이 인권과 민주주의를 지킨다는 미명 아래 도시를 폐허로 만들고 시민의 피로 호수를 채웠다. 인류 역사상 도덕적인 침략자는 없었다. 그러므로, 그렇기에 더욱 전쟁은 도덕을 요구받는다. 자신의 언어로 산과 호수와 바다와 섬의 이름을 지을 권리는 도덕의 편에 있다.

19850529

헤이젤 참사

윌리엄 셰익스피어가 쓴 희곡 『리어왕』의 1막 4장에 축구가 등장한다. "You base football player!" 리어왕의 충신 켄트 백작이 무례한 하인 오스월드를 꾸짖으며 하는 말이다. 보통 "축구나 하는 천한 놈아!"라고 번역한다. 그 시절 축구의 폭력성과 축구하는 계층의 비천함을 반영한다는 주장이 있다. '무덤에서 파낸 적군의 두개골을 찼다'는 탄생 설화는 축구의 본질이 폭력에 있음을 암시하려는 것 같다. 그러나 축구는 폭력을 깎아내고 규칙과 예절을 입혀 현대 스포츠로 다시 태어났다. 그래도 축구장에서는 가끔 불상사가 벌어진다.

벨기에 브뤼셀의 마하통 거리 135번지에 지은 지 90년 된 경기장이 있다. 1930년 8월 23일 벨기에 건국 100주년을 기념해 문을 연 이 경기장을 처음엔 주빌리 경기장이라고 불렀다. 1946년부터 1995년까지는 헤이젤 경기장이었다. 지금은 보두앵 국왕 경기장(Stade Roi Baudouin)이다. 아름다운 라컨 공원이 멀지 않은 곳. 천연잔디로 덮은 피치를 육상트랙이 둘러싸고 있다. 벨기에 축구대표팀과 럭비대표팀의 경기가 대부분 이 경기장에서 열린다. 관중을 5만93명까지 들일 수 있다.

이곳은 주로 축구장으로 사용되어 헤이젤 경기장일 때 전성기를 누렸다. 1958년, 1966년, 1974년, 1985년 유러피언컵 축구 결승이 여기서 열렸다. 1964년, 1976년, 1980년 유럽축구연맹(UEFA) 컵위너스컵 결승전도 열렸다. 1963년 3월 6일에 열린 RSC안더레흐트와 던디FC의 경기에 6만 4073명이 들어차 역대 최다관중 기록을 냈다. 하지만 이 경기장은 비극적인 참사의 현장으로 세계 축구사를 넘어 스포츠 역사에 이름을 남겼다.

1985년 5월 29일 잉글랜드의 리버풀과 이탈리아의 유벤투스가 유러피언컵 결승에서 만났다. 양 팀의 원정응원단은 각각 2만5000명을 넘었다. 두 클럽의 팬들은 한 해 전 주먹다짐을 벌였고, 그때의 감정이 풀리지 않은 상태였다. 이들은 양쪽 골대 뒤에 자리를 잡았다. 이곳은 모두 입식 응원석이었다. 주최 측은 리버풀 응원단 쪽 골대 뒤 한 구역을 벨기에 현지 팬들에게 배정하고 두 구역 사이를 비워 중립지역으로 삼았다. 여기에 경찰도 배치했다. 하지만 이 구역에 유벤투스 팬들도 섞여 들어갔다.

리버풀과 중립구역에 자리 잡은 유벤투스 팬들 사이의 거리는 얼마 되지 않았다. 사슬로 연결한 경계가 그 사이를 가로질렀다. 경계를 사이에 두고 양쪽 팬들이 돌을 던지기 시작했다. 경기가 시작되기도 전이었다. 킥오프 순간이 다가올수록 충돌은 거칠어졌다. 리버풀 팬들이 경계를 넘어 경찰의 저지선마저 무너뜨리고 유벤투스 팬들에게 달려들었다. 관중석은 아수라장이 됐다. 도망치려는 유벤투스 팬들과 현지 관중들이 한편으로 몰리면서 중립지역 바깥벽이 아래쪽부터 무너져 내렸다.

이 사고로 서른아홉 명이 죽었다. 다친 사람만 600명을 넘었다. 이 지옥도(地獄道) 속에 경기가 열려 유벤투스가 1-0으로 이겼다. 축구팬들이 기억하지 않는 승리다. 헤이젤 참사 직후 UEFA는 잉글랜드의 축구 클럽에 5년 동안, 리버풀에는 7년 동안 국제대회 출전을 금하는 징계를 내렸다. 리버풀의 홈구장인 안필드에는 헤이젤 참사 희생자를 추모하는 편액이 걸렸다. 헤이젤 경기장은 이후 10년 동안 육상 경기장으로만 사용되었다. 1995년에 고쳐 지으면서 이름도 바꿔 다시 문을 열었다.

19860228
북극성

1986년 2월 28일. 올로프 팔메 전 스웨덴 총리는 아내인 리스베트, 둘째아들 모르텐 내외와 함께 영화를 보았다. 스톡홀름 스베아배겐 45번지에 있는 영화관 '그랜드'에서 『모차르트 형제들』을 상영했다. 수잔 오스텐 감독이 만든 코미디 영화다. 갑작스런 결정이었다. 팔메는 오후 6시

30분에 집에 가서야 아내로부터 영화를 보자는 이야기를 들었다. 총리의 집은 스톡홀름의 구시가지인 감라스탄에 있었다. 부부는 오후 8시 30분에 집을 떠나 감라스탄 역으로 갔다. 거기서 전철을 타고 로드만스가탄 역까지 가서 세 블록 넘는 거리를 걸어 극장에 도착했다. 경호원은 없었다. 총리는 금요일이었던 그날 오전 11시에 경호원들을 퇴근시켰다.

영화는 오후 11시쯤 끝났다. 총리 부부는 오후 11시 15분쯤 아들 내외와 헤어졌다. 전철을 타고 집에 가려 했을까. 그들은 극장 남쪽에 있는 회토리에트 역 방향으로 걸었다. 부부가 스베아배겐 대로와 투넬가탄 거리와 만나는 교차로에 이르렀을 때는 오후 11시 21분쯤이었다. 그때 총성이 두 번 울렸다. 괴한이 등 뒤에서 쏜 첫 총탄은 총리의 가슴을 꿰뚫었다. 두 번째 총탄은 쓰러진 남편 위로 몸을 던진 리스베트를 다치게 했다. 오후 11시 28분, 지나가던 구급차가 희생자들을 3분여 만에 병원으로 옮겼다. 하지만 총리는 이미 세상을 떠난 뒤였다. 3월 1일 0시 6분에 의사가 총리의 사망을 확인했다.

목격자들이 있었다. 그들은 괴한이 투넬가탄 거리 동쪽으로 달아났다고 증언했다. 현장에 남은 법의학적 단서라곤 총탄 두 알뿐이었다. 총탄들은 총리와 부인의 옷에 남은 금속 흔적과 성분이 같았다. 2년 뒤 스웨덴 경찰은 마약 중독자 크리스터 페테르손을 용의자로 체포했지만 증거 불충분으로 풀어줘야 했다. 범인은 잡히지 않았다. 세월이 흘러 2011년 2월 28일 공소시효(25년)마저 끝났다. 그러자 스웨덴 국회는 시민들의 요구를 받아들여 이 사건의 공소시효를 없앴다.

스웨덴 시민들이 가장 사랑하는 정치인, 팔메는 어떤 사람인가. 그는 1927년 스톡홀름의 성공한 사업가 가정에서 태어나 스톡홀름대학교에서 경제학을 공부했다. 1947년에는 미국으로 건너가 오하이오에 있는 캐니언대학에 다녔다. 유학이 끝날 무렵, 그는 미국과 멕시코 전역을 히치하이킹으로 다니며 하층시민의 삶을 목격한다. 팔메는 나중에 총리가 되었을 때 "미국이 나를 사회주의자로 만들었다."고 했다. 그의 모습은 '20세기 혁명의 아이콘' 에르네스토 체 게바라를 떠올리게 한다. 그 죽음마저도.

1969년 타게 에를란데르로부터 총리 자리를 물려받은 팔메는 1976년까지, 그리고 1982년부터 1986년까지 두 차례 총리로 일하면서 스웨덴의 사회민주주의와 복지 정책을 완성한 정치가로 평가받는다. 그는 헌법을 개정해 전제군주국가였던 스웨덴을 입헌민주주의 국가로 바꿨다. 고용 유연성을 고용보장 강화로 바꾸었고, 유럽 평균보다 낮았던 조세부담률도 세계최고 수준으로 끌어올려 보편적 복지를 강화했다.(이석원) 스웨덴은 마침내 무상 교육과 평생 소득을 보장하는 고(高)복지사회를 실현했다.

영국의 경제주간지 『이코노미스트』는 2011년 6월 11일자 기사에서 스웨덴을 '북극성(North Star)'이라고 표현했다. 복지국가를 지향하는 세계의 이정표란 뜻이다. 팔메가 꿈꾼 '인간 중심의 정의로운 경제'는 오늘날 수많은 정치가들의 목표가 되었다.

19870612
김수환

  1987년 6월 12일 밤 11시 30분. 명동성당에 있는 천주교 서울대교구장 김수환 추기경의 집무실 문을 누군가 두들겼다. 김 추기경이 그들에게 물었다. "학생들을 연행하기 위해 오늘 밤 경찰력을 투입하겠다는 통보를 하러 오신 거지요?" 추기경은 대답을 기다리지 않았다. "경찰이 성당에 들어오면 제일 먼저 나를 만나게 될 것입니다. 그 다음에는 밤샘 기도하고 있는 신부들, 그 뒤에는 수녀들이 있습니다. 여러분이 연행하려는 학생들은 수녀들 뒤에 있을 겁니다. 그들을 체포하려거든 나를 밟고 그다음 신부와 수녀들을 밟고 지나가십시오."

  6월 10일에 시작된 '고문살인 은폐 규탄 및 호헌 철폐 국민대회'가 중대 고비를 맞고 있었다. 6월 9일엔 연세대 학생 이한열이 시위 도중 머리에 최루탄을 맞아 사경을 헤맸다. 시민들은 분노했다. 넥타이를 맨 채 "호헌 철폐! 독재 타도!"를 외치며 거리로 쏟아져 나왔다. 경찰은 강경 진압했다. 최루탄에 쫓긴 시위대는 명동성당으로 피신해 농성에 들어갔다. 그리고 사흘이 지난 것이다.

  항쟁이 시작되기 한 달 전인 5월 18일, 김 추기경은 명동성당에서 월요일 정오미사를 집전했다. 천주교는 이 미사에서 광주 민주항쟁 7주기와 경찰의 고문으로 목숨을 잃은 박종철 군을 추모했다. 추기경은 이날 강론에서 앞으로 일어날 일과 해야 할 일을 예고한다. 그는 "눈 감고 귀

먹고 외면한 죄를 용서하십시오."라고 통회하며 "사제로서 전 생애를 바쳐 이 시대 구원의 십자가를 짊어지자."고 했다. 그의 호소는 신자들뿐 아니라 우리 사회의 양심을 움직였다.

"하느님께서 동생 아벨을 죽인 카인에게 물으시니 카인은 '제가 아우를 지키는 사람입니까?'하고 잡아떼며 모른다고 대답합니다. 창세기의 이 물음이 오늘 우리에게 던져지고 있습니다. '너의 아들, 너의 국민의 한 사람인 박종철은 어디 있느냐?' '탕 하고 책상을 치자 억 하고 쓰러졌으니, 나는 모릅니다.' … '국가를 위해 일을 하다 보면 실수로 희생될 수도 있는 것 아니오?' 바로, 카인의 대답입니다."

박종철과 이한열의 잇단 죽음은 민주주의의 제단에 바친 생명의 꽃무리였다. 꽃은 스러졌으나 시민들의 가슴 속에 '가장 작은 촛불 하나라도 지켜내야 한다'는 각오를 싹틔웠다. 젊은 희생은 대한민국의 언론에도 고해성사할 기회를 주었다. "카인은 어디 있느냐?" 이는 곧 '박종철을 죽인 살인자는 누구냐'는 추궁이었다. 언론은 답해야 했다. 신문기자 김중배의 칼럼이 읽는 이의 심장을 고동치게 만들었다.

"하늘이여, 땅이여, 사람들이여. 저 죽음을 응시해주기 바란다. 저 죽음을 끝내 지켜주기 바란다. 저 죽음을 다시 죽이지 말아주기 바란다. 그의 죽음은 이 하늘과 이 땅과 이 사람들의 회생을 호소한다. 정의를 가리지 못하는 하늘은 '제 하늘'이 아니다. 평화를 심지 못하는 땅은 '제 땅'이 아니다. 인권을 지키기 못하는 사람들은 '제 사람들'이 아니다." (1987년 1월 17일자 동아일보)

김수환 추기경이 지켜낸 시위대는 6월 15일 오후 성당을 떠났다. 그러나 타오르기 시작한 불꽃은 더 넓게 번져 나갔다. 권력은 대통령 직선제라는 국민의 명령 앞에 굴복했다. 시민들이 간직한 승리의 기억은 정의는 반드시 승리한다는 믿음과 더불어 오늘로 이어진다. 촛불혁명은 그 결실의 일부다. 대한민국 민주주의. 국민들이 쌓아올린 위대한 역사의 탑 한편에서 추기경의 이름도 머릿돌이 되어 빛난다.

19870817
루돌프 헤스

장내 분위기는 달아오를 대로 달아올라 금방이라도 폭발할 것 같다. 제3제국 총통 아돌프 히틀러의 불을 뿜는 듯한 포효는 나치의 광신도들을 황홀경으로 몰아넣는다. 레니 리펜슈탈이 만든 기록영화 『의지의 승리(Triumph des Willens)』가 생생하게 전하는 1934년 9월 뉘른베르크 나치 전당대회의 마지막 밤이다.

밤은 짧고, 쇼를 끝낼 때가 되었다. 넓대대한 얼굴에 숯검정 눈썹 때문에 한 번 본 사람은 결코 잊기 어려운, 어찌 보면 선량해 보이기도 하는 땀투성이 사내가 마이크 앞에 선다. 그가 뭔가 말하려 하지만 열광한 당원들의 거듭되는 함성에 입을 떼기가 어렵다. 땀이 철철 흐르는 얼굴로 몇 번이나 주저하던 그는 목소리를 짜내 부르짖는다.

"Die Partei ist Hitler. Hitler aber ist Deutschland, wie Deutschland Hitler ist.(당은 히틀러요, 히틀러는 곧 독일이다. 독일이 히틀러인 것처럼)"

루돌프 발터 리하르트 헤스(Rudolf Walter Richard Hess). 1894년 4월 26일 이집트 알렉산드리아에서 독일인 무역상 프리츠 헤스(Fritz Hess)의 아들로 태어난 그는 1920년 호프 브로이하우스에 갔다가 독일 노동당 소속이라는 사나이의 연설에 빠져든다. 히틀러였다. 헤스는 화가 출신이라는 그 사나이를 독일 민족의 구원자라고 확신하고 충성을 바친다. 운명의 화살은 캄캄한 밤에도 과녁을 비켜가는 법이 없는 것이다.

헤스는 1923년 뮌헨 폭동에 참가했다가 체포되었고, 란츠베르크 요새에 함께 갇힌 히틀러의 구술을 받아 적어 『나의 투쟁(Mein Kampf)』을 출간하도록 도왔다. 히틀러의 동지로서 제3제국의 부총통까지 지냈지만 히틀러에 대한 충성심 외에 정치적으로나 군사적으로 재능이 뛰어난 편은 아니었다. 히틀러는 헤르만 괴링이나 파울 요제프 괴벨스를 신임했고, 성격이 온화한 헤스를 '수녀원의 여학생'이라고 놀리기도 했다.

1941년 5월 10일. 헤스는 메서슈미트 항공기를 조종해 영국으로 날아간다. 그의 비행은 많은 의문을 낳았고 아직도 확실히 설명되지 않는 대목이 많다. 그의 비행기는 고장을 일으켜 스코틀랜드에 불시착했다. 평화협상을 하기 위해 왔다고 했지만 영국에서는 해밀턴 공작을 만나겠다는 헤스의 신원을 의심했을 뿐 아니라 그의 제안에 관심도 없었다. 헤스는 제2차 세계대전이 끝날 때까지 영국에 억류된다.

뉘른베르크 전범재판(1945-1946)은 그에게 종신형을 선고했다. 슈판다

우 형무소에 수감된 헤스는 모범수로 일관했다. 책을 많이 읽었다. 1945년 11월 란츠베르크 형무소에서 재판을 기다릴 때에도, 전범재판에 출석했을 때도 책을 손에서 놓지 않았다. 서독 정부가 고령에 이른 헤스의 건강 악화를 이유로 감형 또는 형집행 정지를 요청하기도 했으나 연합군 측은 매번 거부했다. 아들 뤼디거를 비롯한 가족들이 타살 의혹을 제기했으나 받아들여지지 않았다.

헤스는 바이에른 주 분지델에 있는 루터교회 묘지에 묻혔다. 그러나 이곳은 네오나치의 성지가 되어 해마다 8월 17일이면 수많은 네오나치들이 몰려들면서 바이에른 주 정부의 골칫거리가 됐다. 결국 바이에른 주는 헤스의 유족 및 교회 측과 합의해 헤스의 묘지를 철거했다. 교회가 마지막까지 반대했지만 여론을 뒤집지는 못했다. 시신은 화장해 가까운 호수에 뿌렸다. 묘지에는 비석도 남지 않았다. 그의 흔적은 어디에도 없다. 늘 그랬듯 독일의 나치 청산은 철저하고도 단호했다.

19890727
트리폴리

'서른일곱 살이던 그때, 나는 보잉 747기 좌석에 앉아 있었다. 그 거대한 비행기는 두터운 비구름을 뚫고 내려와, 함부르크 공항에 착륙을 시도하고 있었다. … 비행기가 착륙하자 금연등이 꺼지고 기내의 스피커에서 조용한 배경음악이 흘러나오기 시작했다. 그것은 어떤 오케스트라가 감미롭게 연주하는 비틀즈의 『노르웨이의 숲』이었다. … 내가 이제까지 살아오면서 잃어버린 많은 것들에 대해 생각했다. 잃어버린 시간, 죽었거나 또는 사라져 간 사람들, 이젠 돌이킬 수 없는 지난 기억들을.'

무라카미 하루키가 쓴 소설 『노르웨이의 숲』은 이렇게 시작된다. 비행기가 함부르크에 내렸지만 그의 이야기는 막 시작되었다. 공항이란 그런 곳이다. 하늘로 향하는 항구, 영원으로 가는 출구다. 그래서 항구(港口)라는 우리 단어보다 영어(Airport)나 독일어 단어(Flughafen)의 이미지가 가끔은 더 선명하게 다가온다. 그래서일 것이다. 소설의 주인공은 함부르크 공항에 내린 비행기의 좌석에서 과거의 기억으로 이행하기에 앞서, 격심한 두통을 느낀다. 음속을 돌파하려는 비행기가 겪는 물리적 저항과도 같은 강한 에너지가 그의 두뇌와 신경을 압박한다.

그곳은 위험한 곳이다. 성층권을 날던 거대항공기가 갑자기 지상에 곤두박질치는 일은 거의 없다. 만약 그런 일이 있다면 전투기의 공격을 받거나 운석에 맞는 아주 드문 경우일 것이다. 항공사고가 벌어지는 곳은 공항이나 공항 가까운 곳, 지상의 언저리다. 1989년 7월 27일에 벌어진 대한항공 803편 추락사고도 예외가 아니다. 승객 181명과 승무원 18명 등 199명을 태우고 서울에서 리비아로 가던 대한항공 803편이 트리폴리공항에 착륙하려다 추락한 것이다. 두 동강이 났다고도, 세 동강이 났다고도 했다. 이 사고로 승객과 승무원 199명 중 74명, 그리고 지상에 있던 6명 등 모두 80명이 숨졌다.

이 비행기에 김윤규 전 현대아산 부회장(당시 현대건설 전무)도 타고 있었다. 그는 리비아 발전소 입찰 상담을 위해 출장을 갔다가 사고를 당했다. 요행히 목숨은 건졌으나 이때의 충격 때문에 한쪽 눈 주위 근육이 떨리는 후유증을 앓게 되었다. 2003년 8월 3일 고 정몽헌 회장이 그에게 남긴 메모는 이 일을 두고 한 말이다. "당신 너무 자주하는 윙크 버릇을 고치세요." 트리폴리 사건의 악몽이 생생한 김 전 부회장의 심정이 어떠했을지는 짐작조차 하기 어렵다. 그날 고 정몽헌 회장은 영원의 세계를 향해 출발했다.

지상의 생명체인 인간이 그곳에서 발을 떼는 순간의 의미는 간명하다. 천국을 바라보는 자에게는 이륙이고 도약이고 비약이다. 지옥을 바라보는 자에게는 추락이며 전락이다. 그래서 나는 다시 말한다. 어떤 사람들에게 그들의 마지막 순간은 낙하나 투신이 아닌 비행(飛行)이라고. 그들은 생텍쥐페리처럼 마지막 비행에 나섰던 것이고 지금도 자유롭게 허공을 날고 있을 것이다. 또한 누군가로 인하여 혹은 누군가를 위하여 한 사람이 몸을 던졌다면 그 누군가도 '생텍쥐페리의 비행'을 피하거나 거절할 수 없으리라고 확신한다. 살아서든 죽어서든 어떤 식으로든.

19900214
창백한 푸른 점

1977년 여름. 목성과 토성, 천왕성, 해왕성 등 네 행성이 일렬로 섰다. 드문 일이었고, 드문 기회였다. 이 해 8월 20일과 9월 5일 미국 플로리다의 케이프커내버럴 공군 기지에서 탐사선 두 대가 잇달아 지구를 떠났다. 보이저 2호가 먼저, 1호가 나중이었다. 미국 항공우주국(NASA)이 외태양계 연구를 위해 우주 탐사선을 만들어 쏘아올린 과학 프로젝트를 보이저 계획(Voyager program)이라고 한다. 미지와 가없음을 향한 여정의 시작이었다.

두 탐사선의 임무는 '접근통과'였다. 보이저 2호는 1979년 7월 목성, 1981년 8월 토성, 1986년 1월 천왕성, 1989년 8월 해왕성을 지났다. 1호는 1979년 3월 목성, 1980년 11월 토성을 통과했다. 탐사선들은 행성과 위성에 대한 자료와 사진을 수없이 전송했다. 행성 탐사를 끝낸 두 보이저 호는 계속 비행하면서 새로운 임무를 수행했다. 보이저 1호는 2012년 8월 인간의 피조물로서는 처음으로 태양계를 벗어나 성간우주(星間宇宙, interstellar space)에 진입했다. 성간우주는 별이 없는 공간으로, 은하와 외부 은하 사이를 말한다.

보이저 1호는 1977년 12월 19일 보이저 2호를 앞질렀다. 지금은 지구에서 222억㎞ 떨어진 곳에 있다. 2호는 185억㎞ 밖에 있다. 지구에서 보이저 2호가 있는 곳까지 빛의 속도로 달려도 열일곱 시간이 걸린다. 보이저 2호가 관측 결과를 담은 신호를 NASA에 보낸 다음 지구 기술진의 지시를 받으려면 서른네 시간이 필요하다. 두 탐사선은 지구와 다른 환경 속에서 제작한 지 오래된 장비들이 낡아가면서 서서히 수명이 다해가고 있다. 과학자들은 보이저 탐사선들의 운명이 2024년을 전후해 끝나리라고 본다. 그때까지 보이저 1, 2호는 지구에 사는 우리가 태양계 밖을 내다볼 수 있는 귀중한 창(窓)이다.

영원을 향해 열린 탐사선의 렌즈가 문득 뒤를 돌아본 순간이 있다. 보이저 1호가 지구를 떠나 60억㎞를 여행했을 때다. NASA는 보이저 1호의 카메라를 돌려 지구를 촬영하도록 했다. 보이저 계획에서 화상 팀을 맡았던 천문학자 칼 세이건은 이 사진을 찍기 위해 여러 해 동안 동료를 설득했다. 보이저 1호는 1990년 오늘 태양과 여섯 행성의 사진을 찍어 보냈다. 해왕성, 천왕성, 토성, 태양, 금성, 지구, 목성. 수성은 태양빛에 묻혀서, 화성은 카메라에 반사된 태양광 때문에 촬영할 수 없었다. 보이저 1호가 태양계와 작별을 고하며 남긴 이 사진을 '가족사진(Family Portrait)'이라고 한다. 사진 속 지구의 크기는 0.12화소에 불과하다. 세이건은 보이저 1호가 보낸 지구 사진에 감동했다. 그래서 쓴 책이 『창백한 푸른 점(Pale Blue Dot· 1994)』이다.

"저 점이 우리가 있는 이곳입니다. 저 곳이 우리의 집, 우리 자신입니다. (That's here. That's home. That's us.) 여러분이 사랑하는, 당신이 아는, 당신이 들어본, 그리고 세상에 존재했던 모든 사람들이 바로 저 작은 점 위에서 일생을 살았습니다. (중략) 우리가 사는 지구는 우리를 둘러싼 거대한 우주의 암흑 속에 있는 외로운 하나의 점입니다. 그 광대한 우주 속에서 우리가 얼마나 보잘것없는 존재인지 안다면, 우리가 스스로를 파멸시킨다 해도 우리를 구원해줄 도움이 외부에서 올 수 없다는 사실을 깨닫게 됩니다."

19900315

LG트윈스

벌써 5년 전 일이다. 아시아경제 편집국이 있는 건물 현관에서 젊은이들이 시위를 했다. A3크기의 복사용지에 매직같이 굵은 펜으로 글씨를 써서 들고 있었다. 말하자면 피켓이나 플래카드다. 젊은이들은 복사용지를 턱밑에 받쳐 들었다. 힘 있게 높이 들었으면 좋았을 것을. 젊은이들은 프로야구 LG 트윈스의 팬이었다. 그들은 아시아경제의 온라인 기사를 비판하고 사과를 요구했다.

스포츠부에서 일하던 젊은 기자가 트윈스에서 다른 팀으로 이적한 이 아무개 선수의 기사를 썼다. 시즌 초반 성적이 좋은 이 선수를 높이 평가하는 기사였다. 문제는 '표현'이었다. '탈X 효과.' 트윈스와 관련해서 사용해서는 절대 안 되는 금칙어다. 트윈스의 팬들은 'DTD(내려갈 팀은 내려간다)'까지는 참지만 탈X 효과는 절대 용서하지 않는다.

기사는 스포츠 데스크로 일하던 내가 자리를 비웠을 때 출고되었다.

그러나 데스크의 책임이 없지는 않다. 며칠에 걸친 팬들의 비난을 묵묵히 받아들였다. 팬클럽 회장과 여러 번 대화해 유감을 표하고 주의하기로 약속했다. 이 일을 치르는 동안 인생의 아이러니를 느꼈다. 나는 트윈스의 팬클럽 회장과 대화하면서 '서울야구'의 오랜 팬이라는 사실을 이야기하지 않았다. (Je suis Jumeau).

초중학생일 때, 야구를 보고 싶어 봄을 기다렸다. 대통령배 고교야구 대회가 가장 먼저 열렸다. 3월이면 예선경기를 했다. 서울운동장에서 경기 시작을 알리는 첫 사이렌 소리가 들리면 가슴이 울렁거렸다. 1970년대의 3월은 겨울이었다. 가끔은 눈이 내렸다. 그래도 어지간하면 경기를 했다. 마운드와 타석 주변만 붉은 흙이 드러났다. 눈 쌓인 모자챙 아래 포수의 사인을 확인하는 투수의 눈빛이 반짝거렸다.

1982년에 프로야구가 시작되었다. 여섯 팀이 서울과 부산, 광주, 대전, 대구, 인천(강원과 이북5도 포함)으로 연고지를 나눠 경쟁했다. 서울에서 태어나 서울 야구만 보며 자란 소년에게는 선택의 여지가 없었다. MBC 청룡. 삼성 라이온즈와 맞붙은 개막전에서 이종도의 만루 홈런으로 역전승했을 때 정말 기뻤다. 하지만 서울야구 팬의 가슴에 불을 지른 청룡은 한 번도 우승을 해보지 못했다.

청룡은 LG에 팔려 역사의 저편으로 사라졌다. LG는 1990년 오늘 트윈스라는 이름으로 새 출발했다. 1990년과 1994년 한국시리즈를 제패한 트윈스는 2002년 한국시리즈 준우승을 끝으로 곤두박질쳤다. '잠실야구장의 내야가 유난히 붉은 이유는 트윈스 팬들이 흘린 피눈물이 쌓였기 때문'이라는 말이 있다. 스포츠 데스크를 그만둔 지금, 나는 말할 수 있다. 그 붉은 흙더미에 내 피눈물도 스몄다고.

트윈스의 모기업 LG는 신상(紳商)으로 꼽힌다. 사회공헌을 적극적으로, 그러나 드러나지 않게 해왔다. 역대 회장들은 스캔들을 남기지 않았다. 고 구본무 회장이 서거한 뒤 중책을 맡은 현 회장의 인품을 칭송하는 분도 적지 않다. 최근에는 전국의 초중고등학교에 공기청정기를 1만대나 무상지원하기로 했다. 모기업이 이토록 훌륭하면 거기 속한 운동 팀들도 그 정신을 본받아야 마땅하다.

트윈스. 야구 잘해라. 말썽 그만 피우고.

19940118
늦봄

그는 1918년 6월 1일 만주 북간도에서 목사의 아들로 태어나 목사로 살다 죽었다. 뛰어난 신학자이자 시인이었으며 사회의 큰어른이기도 했다.

만주의 한인들이 세운 명동소학교와 은진중학교를 거쳐 평양의 숭실중학교, 북간도의 용정광명학교를 다녔다. 숭실중학교에 다니던 1932년 신사참배를 거부해 중퇴했고 1943년 만주 봉천신학교 재학 중에는 학병을 거부했다. 1947년 한국신학대학을 졸업하고 미국 프린스톤신학교에 유학, 신학석사학위를 취득하고 귀국하여 1955년부터 1970년까지 서울

한빛교회 목사로 일하면서 한국신학대학교와 연세대학교에서 강의하였다. (한민족문화대백과)

개신교와 천주교가 공동으로 번역한 성서의 구약 번역책임자로 8년 동안 일하였다. 이때까지가 그의 인생에서 그나마 평온한 시기였다. 그는 1976년 3월 '3·1민주구국선언' 사건으로 투옥되어 22개월 만에 출옥한 뒤 1978년 10월 유신헌법을 비판해 다시 수감되었다. 1980년 5월엔 '내란예비음모죄'로 투옥되는 등 1993년까지 국가보안법 위반 등으로 여섯 번이나 투옥되었다. 그래서 그의 모습은 수의를 입은 모습으로 대중의 기억에 남았다.

그의 이름은 투쟁, 희생, 수난과 같은 낱말과 더불어 기억된다. 그러나 그의 이름에 합당한 낱말을 하나만 고르라면 '숭고'일 수밖에 없다. 숭고란 '한계를 넘어설 수 있는 이성적 능력을 일깨우는 대상'(칸트)이다. "전율에까지 이르는 아픔과 환희에까지 이르는 기쁨이 혼합된 감정"이며, "우리의 이성의 자유에 대한 의식"(실러)에서 기인하는 감정이다. 정신을 고양시키는 계기가 되는 대상을 숭고한 대상이라 부른다. (칸트 「판단력 비판」 해제)

뛰어난 시인이었던 그의 작품은 우리 가슴을 적신다. 특히 요즈음, 특히 이런 시.

"이게 누구 손이지/어두움 속에서 더듬더듬/손이 손을 잡는다/잡히는 손이 잡는 손을 믿는다/잡는 손이 잡히는 손을 믿는다/두 손바닥은 따뜻하다/인정이 오가며/마음이 마음을 믿는다/깜깜하던 마음들에 이슬 맺히며/내일이 밝아 온다" (「손바닥 믿음」)

또한 시와 시인을 바라보는 그의 안목은 멋 삼아 남의 글을 헤집고도 부끄러움을 모르는 무리의 낯을 뜨겁게 만들기에 충분하다. 그는 절친이기도 했던 윤동주를 말하되 다음과 같이 하였다.

"그가 시를 쓴다고 야단스레 설치는 것을 본 일이 없다. 그는 사상이 능금처럼 익기를 기다려서 부끄러워하면서 아무것도 아닌 양 쉽게 시를 썼다. (중략) 그는 사상이 무르익기 전에 시를 생각하지 않았고, 시가 성숙하기 전에 붓을 들지 않았다. 그렇기 때문에 시 한 수가 씌어지기까지 그는 남모르는 땀을 흘리기도 했으련만, 그가 시를 쓰는 것은 그렇게도 쉽게 보였던 것이다."(『윤동주 전 시집』)

짐작했겠지만 목사요 시인이며 신학자였던 어른의 이름은 1994년 오늘 세상을 떠난 늦봄 문익환이다. 서거 25주기인 18일 오후 6시 30분 서울시청 시민청 바스락홀에서 그의 방북 30주년을 기념하는 다큐멘터리가 상영된다. 경기도 마석 모란공원에 있는 묘역에서는 추모예배도 한다.

19950320
아사하라 쇼코

"때는 월요일. 활짝 갠 초봄의 아침. 아직 바람이 차가워 오가는 행인들은 모두 코트를 입고 있다. 어떤 사람은 '오늘은 그냥 쉬고 싶다'고 생각했을지도 모른다. 그렇지만 여러 사정상 당신은 쉴 수 없었다. 그래서 당신은 여느 때처럼 아침에 눈을 뜨고 세수를 한 다음, 아침을 먹고 옷을 입고 역으로 간다. 그리고 늘 그렇듯 붐비는 전차를 타고 회사로 향한다. 여느 때와 조금도 다름없는 아침이었다."

일본 소설가 무라카미 하루키가 논픽션 『언더그라운드』(1997)에서 상상한 1995년 오늘의 아침이다. 오전 8시쯤, 일본 도쿄의 지하철 3개 노선에 사린가스가 살포되었다. 사린(Sarin)은 나치 독일이 대량살상을 목적으로 개발한 화학무기다. 화학공업 복합기업인 파르벤(IG Farben) 소속 과학자들이 1938년에 개발했다. 냄새도 색깔도 없으며 독성은 청산가리보다 500배나 높다. 사린이 호흡기나 눈, 피부를 통해 인체에 흡수되면 몇 분 안에 목숨을 잃는다.

사린가스에 중독된 시민 열세 명이 죽고 6000여 명이 다쳤다. 인파가 몰리는 출근시간에 도쿄 한복판에서 벌어진 일이었다. 일본 전후 최대 규모의 무차별 살인행위, 대도시에서 일반 시민을 대상으로 화학병기를 사용한 역사상 최초의 테러였다. 이른바 '도쿄 지하철 독가스 살포사건'이다. 일본의 종교 단체인 옴진리교가 저지른 일이었다. 옴진리교는 아사하라 쇼코가 1984년 도쿄의 시부야에 요가 도장(옴신선회)을 열면서 출발한 신흥종교다.

아사하라는 "인류가 세균과 핵무기로 종말을 맞는다. 옴진리교 신자들은 1995년 11월 아마겟돈(성경에서 지목한 선과 악의 세력이 싸울 최후의 전쟁터)을 극복하고 천년왕국을 영위할 것"이라고 설법했다. 신비주의와 초능력에 매혹된 젊은이들이 몰려들었다. 명상 자세로 공중에 뜬 아사하라의 사진을 보고 옴진리교에 끌린 10대와 20대가 많았다. 교세는 이들을 중심으로 성장했다. 한때는 신자가 1만 명을 넘었고, 모스크바 등 네 곳에 해외 지부를 두었다.

옴진리교는 1990년 아사하라 교의의 현실화를 꾀한다. 진리당을 만들어 총선에 도전한 것이다. 그러나 교주 이하 스물다섯 명이 모두 낙선했다. 이 실패를 계기로 옴진리교의 활동은 과격해졌다. 살인도 불사했다. 그 결과는 사카모토 변호사 일가족 살해(1989), 마쓰모토시 사린가스 살포 사건(1994) 등으로 이어졌다. 일본 당국은 전면 수사에 착수해 모두 192명을 기소했다. 아사하라는 1995년 5월 16일 야마나시 현에 속한 가미쿠이시키라는 곳에서 체포되었다.

아사하라와 사건의 배후로 지목된 마츠모토 치즈오 등 열세 명이 사형 판결을 받았다. 아사하라의 사형은 2006년 9월 15일 최고재판소(대법원)에서 확정돼 2018년 7월 6일 집행되었다. 도쿄지방법원은 1995년 10월 옴진리교에 해산명령을 내렸다. 이로써 옴진리교는 사라졌다. 그러나 옴진리교 신도들은 '알레프'라는 이름으로 활동을 계속했다. 2007년에는 '히카리노와'라는 파생단체가 생겨났다. 두 종교의 신자는 1500여 명에 이른다.

후라이보이

예능교회는 서울 종로구 평창동 156번지에 있다. 처음 이 교회가 설 때는 연예인교회였다고 한다. 교회 홈페이지는 연혁을 소개하면서 1974년 8월 8일 구봉서의 가정에서 하용조 목사(당시 전도사)의 지도로 성경 공부한 것을 시작으로 밝힌다. 구봉서는 코미디언 겸 배우, '막둥이' 구봉서다. 예능교회는 예능인의 교회가 아니라 '예수 능력'의 준말이라고 한다.

구봉서가 성경 공부할 때 연예계는 연이은 대마초 사건 등으로 어지러웠다고 한다. 배우 고은아, 가수 이종용, 서수남 등이 가세해 성경 공부하는 연예인이 날로 늘었다. 그 수가 마흔 명을 넘자 1976년 3월 7일 아세아연합신학원 채플실에서 창립 예배를 드린다. 『예능교회 35년 발자취 북』이라는 책에는 교회가 설 때 봉사한 연예인들의 사진이 실렸다. 하용조 목사가 가장 먼저 나오고 다음으로 곽규석이 등장한다.

1928년 11월 22일 경기도 안성에서 태어난 곽규석은 원맨쇼의 명수였다. 공군 군악대에서 활동하던 1951년 서울 명동의 은성 뮤직 살롱에 출연해 연예인의 길에 들어선다. 1957년 '후라이 보이 아워', '다이얼 Y를 돌려라', '군 위문 열차' 등 라디오 프로그램을 진행했고 영화 '후라이 보이 박사 소동'에 출연하기도 했다. 무엇보다도 1964년부터 동양방송(TBC)의 '쇼쇼쇼'를 11년 동안 진행했다.

쇼쇼쇼는 훗날 전설적인 텔레비전 버라이어티쇼로 남았다. '100억 수출, 1000불 소득'을 외치며 허리 펼 날 없던 개발도상국의 서민들을 위로했고, 한 시대의 고통과 고뇌마저 빨아들였다. 그럼으로써 시청자의 기억에 곽규석, 곧 후라이보이라는 추억을 아로새겼다. 곽규석이 이름을 주워섬길 때마다 마술처럼 가수들이 등장했다. 흑백 브라운관 속의 현란한 조명은 주한미군방송(AFKN)으로 보는 외국의 일류 쇼무대 못지않았다.

곽규석은 당시로서는 상상하기도 어려운 '야한' 의상을 사용한 무용단과 합창단이 잔뜩 시청자의 시선을 끌어모은 다음 등장했다. "안녕하세요, 안녕하세요, 후라이보이 곽규석입니다!" 그는 '후라이보이'라는 예명을 공군악단 사회자 시절부터 사용했다고 한다. 원래 플라이보이(Fly boy)인데 후라이보이로 발음을 해 '허풍쟁이', '거짓말쟁이'라는 뜻으로 이해한 팬이 많았다.

곽규석과 구봉서는 무대에서 공연을 하던 시절의 명콤비였다. 두 사람이 선보이는 재담은 요즘으로 치면 일류 개그였다. 대중 공연 예술의 중심이 무대에서 텔레비전으로 바뀐 뒤 두 사람은 다른 길을 갔다. 『수학여행』, 『돌아오지 않는 해병』 같은 데서 명연기를 해내 배우로서도 재능을 보인 구봉서는 '웃으면 복이 와요'와 같은 코미디 프로그램에서 희극인으로 입지를 굳혔다.

곽규석과 구봉서가 함께 출연한 텔레비전 광고가 있다. 구봉서가 형, 곽규석이 아우인데 둘 사이에 라면 한 그릇이 나온다. 곽규석이 그릇을 밀며 노래한다. "형님 먼저 드시오, XX라면" "아우 먼저 들게나, XX라면", "형님 먼저", "아우 먼저", "형님 먼저", "아, 아우 먼저", "그럼 제가

먼저⋯ㅎㅎㅎ". 구봉서가 안색을 바꾸며 그릇을 붙든다. 곽규석은 1999
년 오늘, 구봉서는 2016년 8월 27일 눈을 감았다. 광고 속의 예언(?)처럼
곽규석이 먼저 떠났다.

20020327
빌리 와일더

"관객은 절대 틀리지 않는다. 관객 한 사람이 멍청이일 수는 있다. 그
러나 멍청이 관객 1000명이 극장에 모이면 천재가 된다."

영화감독 빌리 와일더의 말은 사실일 것이다. 특히 성공한 영화를 감
상하는 관객은 거대한 집단지성으로서 작품의 밑바닥까지 남김없이 살
핀다. 그들은 감독이나 작가가 의도하지 않은 복선과 상징마저 찾아낸
다. 그러는 동안 영화는 신비에서 신화로 완성되어간다. 와일더는 영화
가 관객의 예술임을 알았다. 수많은 영화 관련 명언을 남겨 아직도 회자
된다. "관객은 변덕스러운 존재다." "관객의 목을 움켜쥐고 놓아주지 마
라." "2 더하기 2까지만 보여주고 답이 4임은 관객 스스로 알게 하라."

한 작품으로 아카데미와 칸 영화제를 모두 석권한 영화감독은 많지
않다. 아카데미 4관왕에 빛나는 영화 『기생충』과 봉준호 감독은 그래서
더 대단하다. 프랑스 신문 르몽드가 지난 2월 11일* 보도했듯 "대부분이

---

* 2020년

미국인인 영화산업 종사자 6000여 명이 뽑는 아카데미상이 칸 영화제 심사위원단의 선택과 일치"했기 때문이다. 델버트 맨 감독의 『마티』가 1955년 칸영화제 황금종려상과 1956년 아카데미 작품상을 받은 지 55년만의 쾌거였다. 와일더 감독도 『잃어버린 주말』로 1945년 아카데미상과 칸영화제 최고상(1954년까지는 '황금종려상'이 아니고 '그랑프리'라고 했다)을 차지했다. 그러나 로베르토 로셀리니 감독의 『무방비 도시』를 비롯한 열한 작품이 동시에 상을 받았음을 감안해야 한다.

인명사전은 와일더를 '1906년 오스트리아에서 태어난 유태계 미국인 저널리스트, 영화감독, 극작가, 제작자'라고 소개한다. 이때의 오스트리아는 '오스트리아-헝가리제국'이다. 와일더의 고향은 '수차 베스키즈카'란 곳인데, 현재 폴란드 땅이다. 와일더의 원래 이름은 자무엘이고 빌리는 그의 어머니 에우게니아가 아들을 부를 때 사용한 애칭이다. 빈 대학교를 중퇴하고 기자가 되었다가 독일 베를린에 가서 영화계에 발을 디뎠다. 1933년 아돌프 히틀러가 집권한 뒤 유대인 탄압이 심해지자 파리를 거쳐 미국으로 이주했다. 유럽을 떠나지 못한 그의 가족은 여러 수용소에 흩어져 목숨을 잃었다. 와일더는 할리우드에서 극작가와 감독으로 성공했다. 2002년 오늘 미국 캘리포니아 주 베벌리힐즈에서 세상을 떠날 때까지 『선셋대로』『사브리나』『7년 만의 외출』『저것이 파리의 등불이다』『하오의 연정』『뜨거운 것이 좋아』『아파트 열쇠를 빌려 드립니다』와 같은 걸작을 남겼다.

저널리스트 경력이 말해주듯 와일더는 글 솜씨가 뛰어났다. 하지만 처음 미국에 갔을 때는 영어를 전혀 하지 못했다. 와일더는 라디오를 듣고 영화를 보며 영어를 배웠다. 하루에 단어를 스무 개씩 외웠다. 이렇게 공부한 영어로 할리우드 역사에 길이 남을 작품들을 썼다. 그러나 단지 문장만으로 최고의 경지에 이르기는 어렵다. 와일더의 영화 『제17 포로수용소』에 출연해 아카데미 남자주연상을 받은 윌리엄 홀든은 와일더를 "면도날로 가득한 마음의 소유자"라고 표현했다. 와일더는 솔직하고 냉소적인 사람이었다. 유머감각을 타고났지만 위트에서 독기가 묻어났다. 천재들은 순간에 삶의 밑바닥을 짚어낸다. 와일더도 그런 사람이었다. 그가 남긴 명언은 대개 고전이 됐다. "아침에 일어나기 위해 꿈을 가져야 한다."는 충고도 그 중에 하나다.

20040531
김선일

2004년 오늘, 김선일이 이라크의 무장단체 알 타우히드 왈 지하드에 납치되었다. 김선일은 이라크에서 미군에 각종 물품을 제공하던 한국 군납업체에서 직원으로 일했다. 당시 서른네 살. 2003년 6월 15일 이라크에 가서 1년 동안 현지 근무를 하고 있었다. 이라크인 직원 한 명과 트럭을 타고 팔루자 지역을 지나다 납치됐다. 아랍계 위성방송 알자지라가 6월 21일 처음으로 그의 납치 사실을 보도했다. 우리 정부는 무장단체와

석방을 위한 교섭을 시작했다.

무장단체 측은 이라크에 대한 한국군의 2차 파병 철회를 요구했다. 우리 정부가 요구를 수용하지 않자 6월 22일 김선일의 목숨을 빼앗았다. 이 날 22시 20분, 바그다드에서 팔루자 방향으로 35㎞ 떨어진 지점에서 시신이 발견되었다. 같은 날 알자지라는 무장단체가 보낸 비디오테이프의 내용을 공개했다. 충격적이었다. 김선일은 복면을 한 사나이 셋 앞에서 눈이 가려진 채 무릎을 꿇고 울먹였다. 외교통상부는 하루 뒤 김선일의 피살 사실을 공식 확인하였다.

김선일의 부모는 정부를 원망했다. 그들은 "정부가 파병원칙에 흔들림이 없다는 방침을 재확인해 내 아들을 죽였다. (아들의) 시신을 외교통상부 건물에 묻겠다."고 했다. 같은 해 10월 20일에는 국가를 상대로 '재외국민 보호 의무'를 이행하지 않은 책임을 물어 17억5000여만 원의 손해배상청구소송을 서울중앙지법에 냈다. 유가족들은 국가가 파병원칙을 고수해 "김선일이 피살되도록 고의 방치했다."고 주장했다.

한편에서는 개신교 신자인 김선일이 선교 목적으로 편법 취업했다는 주장도 나왔다. 인터넷에는 그가 회사에 들어가기 전에 제출했다는 자기소개서가 나돈다. "아랍지역에서 본격적으로 사역을 하게 되면 영어와 아랍어와 미용기술을 통하여 그들에게 복음으로 다가가고자 합니다…" 하지만 그를 순교자로 이해하기는 어렵다. 물론 중동에서 미군의 군납업체 직원은 개신교 선교사와 다름없이 위험한 처지임을 모르고 이라크에 가지는 않았을 것이다. '개신교에 책임을 분산시키는 헛소문'이라는 반박도 있었다.

　3년이 지난 뒤, 김선일은 엉뚱한 곳에 소환돼 논쟁의 중심에 섰다. 한나라당이 2007년 6월 20일 대전에서 정책토론회를 열면서 행사장에 김선일의 영상을 방영했다. "사막의 한 가운데에서 우리 대한의 젊은이가 죽어가고 있었다."는 자막도 넣었다. 북한의 핵실험을 연상시키는 장면도 나왔다. 한나라당은 정부의 외교정책 실패를 비판하기 위해서라고 했다. 하지만 한나라당은 가장 앞장서서 이라크 파병을 주장한 정당이었다. 도에 지나쳤다는 비판이 잇달았다. 이때도 나경원이 등장한다. 한나라당의 대변인이었던 그는 언론 인터뷰에서 "지나치다는 지적은 관점에 따라 다르다."고 주장했다.

　죽음은, 죽음의 장면은 언제나 참혹하고 비극적이다. 슬픔, 측은지심, 예기치 못한 죽음에 대한 공포와 주저 외에 우리가 가질 수 있는 감정의 사치나 군더더기는 별로 없다. 김선일의 죽음에서 순교의 요소를 찾아내려는 노력이나 논란은 기독교라는 신앙의 테두리 안에서 교리학자나 성경학자들이 주고받을 논쟁의 일부다. 그가 가슴 뜨거웠을 청년에서 순식간에 싸늘한 시신, 사랑의 고백조차 들을 수 없는 구체적인 슬픔이 되어 돌아왔을 때 우리는 무엇을 느끼고 무엇을 말했던가.

톈안먼

"1976년 4월 4일 저우언라이(周恩來)를 추도하기 위해 톈안먼(天安門) 광장에 모인 군중이 '인민영웅기념비' 주변에 화환을 바치는 가운데 마오쩌둥(毛澤東)과 장칭(江靑) 등 문혁파(文革派)를 비난하는 표어와 구호가 나붙었다. 이에 베이징 시 당국이 5일 새벽 저우언라이를 추도하는 화환을 철거하자 청년 학생들이 방화 등을 하며 시위, 마오쩌둥·장칭 집단은 톈안먼 광장에 정규군 3개 사단과 약 4만 명의 민병을 투입하여 유혈 진압함으로써 3000여 명이 사망·부상·체포당했다."(박문각, 『시사상식사전』)

이 일을 '톈안먼사건(天安門事件)'으로 알고 있는 한국인은 많지 않다. 우리 기억에는 1989년에 '천안문사태'로 알려진 중국 민주화운동이 더 선명하게 남아 있기 때문이다. '제2차 톈안먼사건'이다. 1989년 4월 15일 후야오방(胡耀邦) 총서기가 죽자 그의 명예회복과 민주화를 요구하는 시위가 일어났다. 후야오방의 민주화를 위한 노력을 기억하는 대학생들은 부패와 관료주의 척결을 내세우며 궐기했다. 전국에서 모인 대학생들은 5월 13일부터 베이징(北京) 톈안먼 광장에서 단식 연좌시위를 했다.

시간이 지나면서 광장에는 언론자유, 정치개혁, 부패척결, 민주화 실현 등 정치구호가 등장했다. 리펑(李鵬) 당시 총리는 "국제 적대세력의 조종에 의한 반당, 반사회주의 동란"이라고 규정하며 강경 진압을 주장했다. 그러나 자오쯔양(趙紫陽) 당시 총서기는 이에 반대했다. 자오 총서기는

5월 4일 아시아개발은행 회의에서 "이번 시위는 애국학생의 애국운동"이라고 했다. 그는 선언에 그치지 않고 행동으로써 역사와 인민, 정치를 향한 소신을 선명하게 드러냈다.

자오 총서기는 톈안먼시위를 '5.4의 열정'이라고 표현했다. 5.4운동은 1919년 5월 4일 베이징의 학생들이 일으킨 항일운동이자 반제국주의, 반봉건주의 혁명운동이다. 1989년 5월 19일 새벽, 자오 총서기가 시위대 앞에 나타났다. 인민복 차림에 확성기를 들고 있었다. 그는 눈물을 글썽이며 단식농성을 풀라고 애원했다. "미안합니다. 동지들, 제가 너무 늦게 왔지요. 상황이 아주 안 좋습니다. 제발 광장을 떠나세요!" 이튿날 베이징에 계엄이 선포되었다.

중국공산당의 인식은 자오 총서기의 진심과 거리가 멀었다. 역사의 소용돌이 한복판에 덩샤오핑(鄧小平)이 모습을 드러낸다. 그는 "인민의 군대가 인민을 해쳐서는 안 된다."는 당 원로들의 만류를 뿌리치고 6월 4일 시위대를 향해 발포할 것을 명령했다. "20만 명이 죽더라도 20년의 평화와 안정이 올 수 있다면 어쩔 수 없다." 탱크와 장갑차가 밀고 들어가 이틀 만에 시위를 진압했다. 비공식 집계에 따르면 사망 5000여 명, 부상 3만여 명에 이르는 유혈 참극이었다.

자오 총서기는 6월 23일에 열린 제13기 중앙위원회 4차 전체회의에서 숙청됐다. 반란 혐의로 조사를 받았고, 2005년 1월 17일 세상을 떠날 때까지 가택 연금을 당했다. 죽은 뒤에도 복권되지 못한 그의 장례식을 중국 공산당이 비공개로 치렀다. 중학 중퇴의 학력으로 총서기까지 오른

거인, 과감한 경제개혁과 개방정책으로 한때 덩샤오핑의 후계자로 주목받던 정치가는 이렇게 역사의 저편으로 사라졌다. 그리고 톈안먼사건은 중국 현대사의 오점으로 남았다.

20060410
산송山訟

『조선왕조실록』영조41년(1765년)의 기록.

윤2월 23일, 임금이 밤에 흥화문(興化門)에 나아가 심정최와 윤희복을 친문(親問)한다. 파평윤씨와 청송심씨 가문의 산송(山訟:묘지소송) 때문이었다. 두 문중의 산송은 1614년으로 거슬러 올라간다. 파주에 고려 시중을 지낸 윤관의 묘가 있었는데 실전(失傳)되었다. 효종 때 영의정을 지낸 심지원이 그해 아버지의 묘를 윤관의 묘역 바로 위에 조성했다. 1658년에는 조정에서 이 일대 땅을 하사받아 문중 묘역으로 삼았다. 심지원도 1662년 이 곳에 묻혔다. 그의 묘는 윤관의 묘에 압장(壓葬)한 모양이었다. 압장이란 분묘의 머리에 해당되는 부분에 후손을 매장하는 형태로, 조선 시대에는 금기였다.

심지원이 죽고 100년이 지났다. 1763년, 윤씨 문중에서 윤관의 묘를 찾다가 심지원 묘 앞에 조성한 계체(階砌:무덤 앞에 편평하게 만들어 놓은 장대석)를 허물었다. 심씨 문중은 격분하여 고양군수에게 심지원의 묘를 훼손한

윤 씨들을 처벌하라고 요구했다. 명문가의 분쟁을 감당하기 어려운 고양 군수가 문제를 중앙정부에 넘겨 영조까지 나서게 된 것이다. 임금이 윤관과 심지원의 묘를 그대로 받들라 했으나 윤씨 문중은 물러서지 않았다.

영조는 마침내 "엄하게 처치하지 않으면 기강을 무너지게 하고 풍화(風化)를 위태롭게 하는 일을 진정시킬 수가 없다."며 일흔한 살 노구를 이끌고 친문에 나섰다. 옥체를 상할까 두렵다는 주변의 만류를 뿌리치고 밤을 새워 친문한 다음 심정최와 윤희복에게 모두 벌을 내리고 귀양까지 보냈다. 일흔 넘은 노인이었던 윤희복은 귀양 가는 도중에 죽었다. 양가의 산송은 이후로도 계속됐다.

파평윤씨와 청송심씨는 조선의 권문세가다. 한국학중앙연구원의 『역대인물 종합정보』에 따르면 파평윤씨 문중에서 문과급제자 346명, 무과급제자 317명이 나왔다. 왕비를 가장 많이(4명) 낸 가문이기도 하다. 청송심씨는 문과급제자 198명, 무과급제자 131명을 냈다. 왕비는 셋이 나왔고, 정승 열세 명 가운데 아홉 명이 영의정이었다. 명문가의 자존심이 걸린 싸움이니 어느 쪽도 물러서기 어려웠다.

두 문중은 2005년에야 해결의 실마리를 찾았다. 이 해 8월 4일 심지원의 묘를 비롯한 청송심씨 종중 묘 열아홉 기와 신도비 등을 파평윤씨 문중이 제공하는 2500여 평으로 이장하기로 합의한 것이다. 두 문중의 대종회는 2006년 4월 10일 이 같은 합의 사실을 공개함으로써 해묵은 산송에 종지부를 찍었다. 심지원이 윤관의 묘에 아버지를 안장한 지 392년, 영조가 친문한 지 241년 뒤의 일이었다. 양 문중은 합의서에 "조상을 바로 섬기려는 신념에 의한 것이었으나 세상에는 자칫 곡해될 우려가 있어 대승적인 결정으로 400년간의 갈등을 해소하기로 한다."고 적었다. 그 뒤에는 "두 종중은 서로 존중하고 서로 선대 분묘도 공경하며 영구적으로 관리하도록 협조한다."고 명시했다.

예부터 우리 조상들은 집 지을 때나 묏자리를 잡을 때 풍수지리를 살폈다. 특히 조상의 묏자리를 잘 쓰면 자손들이 복을 받는다 믿는 '음택 풍수'를 중요하게 여겼다. 하지만 윤씨와 심씨 가문의 분쟁은 길지를 다투는 탐욕의 결과라고 보기 어렵다. 오직 가문의 명예와 조상의 안녕을 구한 정성의 발로였으리라. 그랬기에 명예로이 분쟁을 끝내 새로운 역사를 기입할 수 있었다.

20070607
박세리

놀라운 일의 시작은 언제나 놀라움이다. 1994년 4월 9일, 로스앤젤레스 다저스의 한국인 투수 박찬호 선수는 유서 깊은 다저스타디움의 경기장과 불펜을 가르는 경계를 넘어 역사 속으로 달려 들어갔다. 박 선수가 그 선을 넘기 전까지, 한국인들에게 메이저리그란 우주를 달리는 위성에 반사된 환상의 일부였다. 박찬호 선수가 다저스타디움의 마운드를 밟는 순간, 꿈은 현실이 되었다. 수많은 한국인 선수들이 메이저리그에서, 또는 메이저리그를 꿈꾸며 땀을 흘린다.

1998년 7월 7일 위스콘신 주 블랙울프런 골프장에서 열린 미국여자 프로골프(LPGA) US여자오픈 연장전 18번홀. 한국의 여성 골퍼 박세리 선수가 친 드라이브샷이 왼쪽으로 날아가 연못 쪽으로 굴러 들어갔다. 공은 다행히 물에 들어가지 않았지만 경사가 심한 잡초에 묻혀있었다. 박세리 선수는 신발과 양말을 벗고 종아리까지 잠기는 물에 들어가서 공을 빼냈다. 분이 부시도록 흰 박세리 선수의 맨발과 절묘한 위기 탈출. 이 장면은 박 선수의 우승을 결정짓는 퍼트보다 더 선명하게 우리의 기억 속에 남았다.

1988년 구옥희 선수가 '탠더드 레지스터 대회'에서 한국인으로서는 처음으로 LPGA의 타이틀을 차지했지만 우리는 그 가치를 충분히 알지 못했다. 박세리 선수가 주먹을 불끈 쥐며 기뻐할 때, 한국의 여자 골프도 금단처럼 여겼던 선을 넘었다. 미국의 골프장은 더 이상 전설들이 유영하는 환상의 공간이 아니었다. 한국의 여성 골퍼 박세리 선수가 지배하는 공간, 한 세대가 지난 뒤에는 '세리 키즈'가 주름잡는 생태계가 되었다. 우리에게 선(線)이란, 선을 넘는다는 일이란 무슨 의미인가. '선이라는 건 딱 거기까지라는 뜻이다. 선을 지킨다는 건 지금껏 머물던 익숙함의 영역, 딱 거기까지의 세상과 규칙과 관계들을 유지하겠다는 뜻이다. 그건 결국 선을 넘지 않는다면, 결코 다른 세상과 규칙과 관계는 만날 수 없다는 뜻이기도 하다. 새로운 관계를 꿈꾼다면, 사랑을 꿈꾼다면, 선을 넘어야만 한다. 선을 지키는 한, 그와 당신은 딱 거기까지일 수밖에 없다.' (텔레비전 드라마 『응답하라 1988』 9화, 「선을 넘는다는 것」)

2007년 오늘, 박세리 선수는 선을 하나 더 넘었다. LPGA 명예의 전당에 들어간 것이다. 아시아인으로는 최초였다. 그는 2004년에 미켈롭울트라 오픈에서 우승, 명예의 전당 가입에 필요한 점수(27점)를 모두 얻었다. 이날 메릴랜드 주 하브드그레이스 불록 골프코스에서 열린 맥도널드 챔피언십 1라운드를 마쳐 열 시즌 현역 활동이라는 또 하나의 조건을 충족했다. 이제 명예의 전당은 더 이상 전설의 일부가 아니었다. 한국 골프 선수들의 인생에서 이정표이자 목표가 되었다.

수많은 세리 키즈 중에서도 우등생으로 꼽히는 김세영 선수는 지난 5월 6일 미국 캘리포니아 주 데일리시티 레이크머세드 골프클럽에서 막을 내린 메디힐 챔피언십에서 연장 끝에 우승하면서 시즌 첫 우승 트로피를 품에 안았다. 김 선수는 기자들 앞에서 "내 목표는 우승을 차곡차곡 쌓아 골프 명예의 전당에 이름을 올리는 것"이라고 했다. 놀라운 일이다. 어두운 밤에 아무도 모르게, 또는 아무도 보지 않을 때 선 하나를 넘어도 세상은 당신이 그 선을 넘기 전과 같지 않다. 그리고 선을 넘기 전으로 절대 돌아갈 수 없다.

에드먼드 힐러리

안토니오 데 안드라데는 1580년 포르투갈의 올레이로스에서 태어난 천주교 신부다. 1596년 예수회에 들어갔고 1600년부터 세상을 떠나는 1634년까지 인도에서 선교했다. 그는 1624년 동료 선교사 마누엘 마르케스와 함께 힌두교도 순례자들 틈에 끼어 마나 고개(5600m)를 넘는다. 그래서 히말라야를 처음으로 넘은 유럽인이 되었다.

히말라야는 세계에서 가장 높은 산맥이다. 해발 7300m를 넘는 봉우리 30여개를 만년설이 덮고 있다. 산맥은 서쪽의 낭가파르바트(8126m)로부터 동쪽의 남차바르와(7755m) 산까지 이어져 그 길이가 2500km, 남북에 걸친 폭은 200~400km에 이른다. 산스크리트어로 'hima'는 눈(雪)이요, 'alaya'는 보금자리 또는 집이라는 뜻이다.

에베레스트(8848m)는 히말라야뿐 아니라 세계에서 가장 높은 봉우리이다. 8848m는 인도 탐사대가 1953년부터 1956년 사이 측정한 높이다. 다른 주장도 있다. 미국 내셔널지오그래픽과 알파인클럽에서는 8850m, 이탈리아는 8846m를 주장하고 있고, 중국은 2005년 탐사를 거쳐 8844m라고 발표했다.

히말라야 최고봉의 이름이 에베레스트가 된 시기는 1865년이다. 영국이 인도를 지배할 때 총독부 측량국장으로 일한 앤드루 워(Andrew Scott Waugh)가 전임자인 조지 에버리스트(George Everest)의 공적을 기리기 위해 영국 왕립지리학회에 건의했다. 그때까지 봉우리는 '피크-15'로 불렸다. 봉우리에 사람 이름을 붙이지 않는 당시 관행과는 맞지 않은 일이었다고 한다.

1907년에 알파인 클럽(영국 산악회)이 창립 50주년을 기념해 에베레스트 등정 계획을 세웠다. 그러나 네팔이 통상수교를 거부하는 정책을 펴고 있어 실현하지 못했다. 영국은 제1차 세계대전이 끝난 뒤인 1921년에야 첫 원정대를 보냈다. 1938년까지 일곱 차례나 티베트 쪽에서 등정을 시도했으나 번번이 실패했다. 1952년에는 스위스 등반대가 네팔을 경유하는 루트를 공격했으나 역시 실패로 끝났다.

에베레스트를 처음 등정한 산악인은 에드먼드 힐러리(Edmund Hillary)다. 1919년 7월 20일 뉴질랜드의 오클랜드에서 태어나 2008년 오늘 숨을 거둔 힐러리는 1953년 영국원정대 소속으로 히말라야에 도전했다. 5월 29일, 텐징 노르게이와 함께 남동능선을 파고들어 에베레스트의 정상에 오른다. 날씨가 아주 좋았고, 산소공급기의 도움도 받았다. 이후 에베레스트 등정은 산악인의 꿈이 되었다.

1975년 일본의 다베이 준코는 여성으로서 처음으로 에베레스트에 오르는 기록을 세웠다. 1978년 이탈리아 산악의 전설 라인홀트 메스너와 오스트리아의 페터 하벨러는 처음으로 산소공급을 받지 않고 등정에 성공했다. 메스너는 2년 뒤 단독등정 기록을 세웠다. 우리나라에서는 대한산악연맹원정대의 고상돈(작고)이 1977년 9월 15일 펨바 노르부와 함께 정상에 올랐다. 한국 산악 역사상 첫 8000m급 등정 기록이기도 했다.

히말라야는 영혼이 깃든 곳이라고 한다. 인간의 끝없는 등정은 희생을 담보로 했다. 수없는 산악인의 영혼이 설산 아래 스러졌다. 등반 도중에 사망한 우리 산악인도 90명이 넘는다. 1971년 5월 김기섭이 마나슬루에서 산화했다. 2011년에는 한국인 최초로 산소통 없이 에베레스트에 오른 박영석이 안나푸르나에서 실종됐다. 대한민국 여성으로는 처음 에베레스트에 오른 지현옥도 1999년 안나푸르나 정상 등정 뒤 하산길에 목숨을 잃었다.

힐러리도 공포를 느꼈을 것이다. 그는 1953년 5월 29일 정오쯤 정상에 올라 15분쯤 머무른 뒤 하산하면서 기쁨과 안도감을 이렇게 표현했다. "더 이상 스텝(빙하·눈골짜기 등의 급사면을 오르내리기 위해 파 놓은 계단)을 만들 필요도 없고, 횡단할 산등성이도 없으며, 등정의 일념에 불타는 우리를 애태우는 바위나 얼음의 융기도 없다." 1990년에는 한국의 복진영·김재수·박창우가 힐러리가 이용한 루트로 에베레스트에 올랐다.

20080412
김지헌

일제강점기에 여러 가지 이유로 일본에 건너간 조선인은 1945년 무렵 200만 명에 이르렀다. 일본이 태평양전쟁에서 패한 뒤 많은 사람이 귀국했지만, 60만 명은 돌아오지 못했다. 이렇게 해서 일본에서 살게 된

조선인과 그 후손이 '자이니치(在日)'로서 일본 인구의 1%에 이른다. 이들 가운데 '조선적' 동포가 있다. 종전 후 샌프란시스코 강화조약에 의해 일본 국적을 잃었으나 지금까지 한국이나 일본의 국적을 취득하지 않은 동포들이다.

조선은 '조선민주주의인민공화국'이 아니다. 제국주의 일본이 강점했던 한반도 지역을 가리킬 뿐이다. 1965년 한일 수교 이후 많은 조선적 동포가 '한국적'을 취득했지만 일부는 조선적을 지켰다. 일본 법무성의 2015년 말 자료를 보면, 조선적 재일동포는 3만3900여명이다. 이들이 한국에 오려면 한국 정부가 발행한 여행증명서를 갖고 있어야 한다. 김대중, 노무현 정권 때는 쉽게 다녀갔다. 노무현 정부의 여행증명서 발급률은 100%였다. 이명박, 박근혜 정권 때는 제한을 받았다. 이명박 정부 때인 2010년 발급률은 43%다. 보수정권은 조선적 동포가 안보에 위협이 된다고 봤다.

조선적 동포의 내면에는 국적 취득으로 해소할 수 없는 빈자리가 있을지 모른다. 이들에게 '한민족'이라는 정체성은 차별을 견뎌내는 공동체의 다른 이름'이다. 국적을 바꾸면 해결될 일을, 굳이 험난한 삶을 선택한다. 김성경 북한대학원대 교수는 "힘겨운 삶을 살아온 아버지 세대에 대한 존경심과 사랑, 조선학교에서 함께 공부하며 버텨온 친구들에 대한 애틋함, 그리고 조선인 출신이라는 이름으로 살아가야만 하는 자녀들에 대한 책임감 등 뒤섞인 감정이 바로 이들이 말하는 민족 정체성"이라고 칼럼에 적었다.

일본 국적을 얻은 뒤라도 자신의 뿌리가 한반도에 있음을 드러내는 일은 위험한 행동이다. 그러나 적지 않은 젊은이들이 '커밍아웃'을 선택한다. 일본 프로야구 스타 가네모토 도모아키(한국이름 김지헌·은퇴)도 그런 사람이다. 1968년 4월 3일 히로시마에서 태어난 가네모토는 476홈런, 2539안타를 기록한 대스타다. 연속 경기 풀이닝 출장 세계기록(1492경기)도 갖고 있다. 일본인 아내를 맞아 일본 국적을 받았지만 한국인임을 숨기지 않는다. 가네모토의 부모는 한국 국적이다. 가네모토가 2003년에 오사카에 본거지를 둔 한신으로 이적하자 오사카 민단은 '가네모토 응원단'을 구성했다.

재일동포 젊은이들이 두드러지게 활약하는 분야가 예체능계다. 오로지 실력으로 우열을 가리는 분야다. 몸이 크고 굳으며 의지가 강하고 창의적인 젊은이들은 일본 스포츠의 큰 흐름을 지배해왔다. 일본 프로야구 사상 유일하게 통산 400승을 기록한 가네다 마사이치(김정일)와 일곱 차례 타격왕, 3085안타를 친 장훈은 전설이다. 가네다는 일본 국적을 얻어 그의 등번호(34번)가 영구 결번됐지만 한국인임을 모두가 안다. 장훈은 일본 야구 명예의 전당에 올랐지만 여전히 외국인 신분이다.

가네모토는 2008년 오늘 열린 요코하마 베이스타스와의 원정경기에서 7회초에 안타를 쳐 일본 프로야구 역사상 서른일곱 번째로 2000안타를 돌파하였다. 장훈의 3000안타 돌파에 못지않은 자랑스러운 기록이다. 그는 2018년까지 한신의 감독으로 일했다.

20080803
알렉산드르 솔제니친

트로이체 류이코보(Troitse-Lykovo)는 모스크바에 있다. 2008년 오늘 이곳에서 알렉산드르 솔제니친이 죽었다. 향년 89세, 사인은 심장마비였다. 한 시대의 양심으로서 존경받은 소설가의 죽음을 온 러시아가 애도했다. 솔제니친의 시신이 러시아 과학아카데미에 안치되자 조문객들의 행렬이 끝 모르게 이어졌다. 블라디미르 푸틴 당시 총리도 이곳을 찾아 애도했다. 장례식은 돈스코이 사원에서 러시아 정교회식으로 열렸다.

소설가 솔제니친은 『이반 데니소비치의 하루』로 우리에게 기억된다. 1951년 스탈린의 강제노동수용소에 갇힌 사나이의 하루를 담담하게 묘사했다. 주인공 이반은 서민 출신으로, 생활력 강한 인물이다. 그의 강한 영혼은 고통스런 현실을 초월한다. 그럼으로써 세속적이고 인간의 존엄성을 땅에 떨어뜨리는 수용소 생활의 일상 속에서 한 인간으로서의 존엄을 지켜낸다. 이 작품은 강제노동수용소 수감자들의 비인간화를 극명하게 보여준다. 솔제니친은 고통스런 현실을 차분히 적어나간다. 놀랍게도 우리는 그의 문장에서 유머까지 발견한다. 솔제니친 문학의 힘과 진실이 그곳에 있다.

스웨덴 학술원은 1970년 솔제니친을 노벨문학상 수상자로 선정했다. '러시아 문학의 전통을 추구해 온 윤리적인 노력'을 높이 평가했다. 그러나 솔제니친은 소련으로 다시 돌아가지 못할까 두려워 상을 받으러 가지 않았다. 그는 작가로서 양심과 정치적 신념 앞에서 꿋꿋했고, 그 대가를 치렀다. 시련은 일찍 시작되었다. 포병 대위로 동프로이센에 근무하던 1945년에 스탈린을 비판한 글을 편지에 썼다가 체포돼 강제노동수용소 8년(1945~1953), 추방 3년형을 받았다. 1967년엔 소련작가대회에 '검열 폐지'를 요구하는 편지를 보냈다. 이때부터 소련에서 발표하지 못한 작품을 해외에서 간행한다.

강제노동수용소의 실상을 파헤친 『수용소 군도』를 발간하자 소련 정부의 인내도 바닥났다. 솔제니친은 1974년 2월 강제 추방됐다. 그는 미국 버몬트 주의 카벤디시에서 망명 생활을 하다 1994년에 귀국해 트로이체 류이코보에 칩거했다. 마을 사람들조차 텔레비전을 보고 솔제니친이 한 마을에 산다는 사실을 알았을 정도로 두문불출했다. 그는 지하 서재에 틀어박혀 글을 쓰면서 기회 있을 때마다 물질주의를 비판하고 러시아의 전통과 도덕적 가치의 회복을 촉구했다.

나는 중학생일 때 『이반 데니소비치의 하루』를 처음 읽었다. 국어 선생님과 나눠 읽고 생각을 주고받았는데, 나는 "이 책이 노벨상까지 받을 정도로 훌륭한지 모르겠다. 등장인물들이 먹는 데 집착하고 있으며 내용도 단조롭다."고 했다. 선생님은 작품이 드러내는 인간의 꺾이지 않는 생명력과 의지에 대해 설명했다. 내가 산 책은 양장본으로서 번역이 좋지 않고 맞춤법이 형편없었다. 지금은 없다. 친구가 빌려갔다가 잃어버렸다. 그 일로 친구와 심하게 다투었다. 소중한 책이었으므로. 사춘기 소년이 흔히 그러하듯 나는 국어 선생님을 사모하였다. 나는 솔제니친의 책을 매개로 선생님과 처음으로 교감했다.

나는 책을 잃어버린 다음 다시 사지 않았다. 선생님과 함께 읽은 그 책의 유일함을 훼손하고 싶지 않았기 때문이다.

20101220
춘천

'왜 느닷없이 불쑥불쑥 춘천을 가고 싶어지지/가기만 하면 되는 거라/가서, 할 일은 아무것도 생각나지 않는 거라.' (유안진, 「춘천은 가을도 봄이지」)

춘천, 그곳은 어디인가. 시인은 '몽롱한 안개 피듯 언제나 춘천 춘천이면서도/정말, 가본 적은 없지/엄두가 안 나지, 두렵지, 겁나기도 하지'라면서도 '쌓이는 낙엽 밑에는 봄나물 꽃다지 노랑웃음도 쌓이지/단풍도 꽃이 되지 귀도 눈이 되지./춘천이니까.'라고 찬송한다. 유안진에게 춘천은 '지명(地名)부터 세속적인 지명이 아닌 시적인 곳'이다.

세상을 떠난 시인 박남철에게는 '서울 사람의 정신적 피난처와 같'았다. 춘천 출신 남편과 결혼한 뒤 줄곧 춘천에서 생활한 소설가 오정희는 '원하는 만큼의 고독·고립·차단·유폐가 있는 곳이고, 작가로서 필요한 낯섦·거리감을 유지시켜주는 도시'라고 설명한다. 소설가 박형서는 '풍광을 배경처럼 거느린 추억으로 인해 뇌리에 각인된다'고 했다.

시인 이문재는 '지금도 청량리역 앞을 지날 때면, 맥박수가 달라진다'

고 고백했다. 그에게 춘천은 곧 경춘선 열차이며, 일상과 학교와 자신으로부터의 탈출구였다. 춘천 가는 길은 그렇게 청량리 역 앞 광장에 우뚝 선 시계탑 앞에서 시작되었다. 대개는 소주와 찝찔한 새우과자 봉투를 비밀처럼 간직한 채 서울을 떠나곤 했다.

지난해 별세한 시인 이승훈은 춘천 사람이다. 그는 고향을 "가을 산길의 들국화처럼 자그만하고 애잔한 곳"이지만 "상당히 화려한 곳이어서 촌스러운 아름다움 같은 것을 느끼게 된다."고 소개했다. 또한 그 도시는 안개 속에 묘약을 풀어 억센 처녀마저 "춘천을 다녀 온 후 물속에 풍덩 빠졌다 나오기라도 한 것처럼 눈빛과 목소리가 촉촉해"지게 만들었다. (오정희)

사랑이거나 피난처이거나 고독이거나 유폐이거나 사랑의 용광로이거나 그 무엇이었던 공간. 그곳을 향해 출발한 열차는 성북과 화랑대를 지나쳐 대성리와 가평, 강촌을 스쳐 춘천역 앞에 한 시대의 희망과 절망과 우울과 호기심을 부려 놓았다. 그러나 정작 싸늘한 역전에 발을 디디고 서면, 딱히 갈 곳이 없었다. 버스를 타고 소양강 댐을 찾아가 콧물이나 흘렸을까.

'그곳에 도착하게 되면 술 한 잔 마시고 싶어/저녁때 돌아오는 내 취한 모습도 좋겠네.' 가수 김현철의 노래처럼 방금 떠오른 달 아래 마지막 한 잔을 기울인 다음 서울 가는 기차에 몸을 실으면 달빛은 끝내 따라와 그림자 끝에 매달리곤 하였다. 왜 그토록 서러웠는가. 춘천 다녀온 나그네는 청량리 역 근처 어느 골목으로 달빛을 이끌어 술 한 잔을 따라주었다.

경춘선 무궁화호는 수인선 협궤열차와 더불어 베이비붐 세대의 정서를 사로잡았다. 1939년 7월 25일 개통된 이 철로는 2010년 12월 21일

복선전철 개통과 함께 수도권 전철로 편입되면서 역사 속으로 사라졌다. 대신 수도권 전철 경춘선, ITX-청춘이 상봉역과 춘천역을 오가고 있다. 성동~화랑대 구간은 폐선되었다.

과거의 풍경은 끝나 버린 사랑과 같다. 가없는 기대는 미라가 되어 잠들었다. 다만 꿈이나 추억 같은 것이 끄나풀처럼 의식의 주변을 맴돈다. 그래서 소설가 윤후명은 타이르는 것이다. "진실로 그 과거로 돌아가기 위해서는 자신은 그 풍경 속의 가장 쓸쓸한 곳에 가 있을 필요가 있다. 진실한 사랑을 위해서는 인간은 고독해질 필요가 있는 것과 같다."

20120605

루시퍼

태양계는 태양과 여덟 행성(行星), 거기에 딸린 위성 약 160개로 이뤄졌다. 여기에 수많은 소행성, 혜성, 유성과 운석, 옅은 구름을 이룬 성간물질(星間物質) 등을 더할 수 있다. 태양은 항성(恒星)이다. 스스로 빛과 열을 내며 한자리에 머물러 움직이지 않는다. 행성은 항성 주위를 공전하는 천체인데 스스로 빛을 내지 못한다. 지구형(수성·금성·지구·화성)과 목성형(목성·토성·천왕성·해왕성)으로 나눈다. 지구형은 크기와 질량이 작지만 밀도가 높고 표면이 암석으로 돼 있다. 목성형은 크기와 질량이 크지만 밀도가 낮고 암석 표면이 없다.

태양에서 가장 가까운 궤도를 수성이, 두 번째로 가까운 궤도를 금성이 돈다. 금성은 해 뜨기 전 동쪽 하늘이나 해가 진 뒤 서쪽 하늘에서 보인다. 그냥 보면 점 같지만 망원경으로 보면 달처럼 모습이 변한다. 우리는 금성을 '샛별'이라고 한다. 한자어는 계명성(啓明星)이다. 서양에서는 비너스라고 부른다. 고대 그리스에서는 아프로디테라고 불렀다. 아름다운 여성의 이름이다. 기독교에서는 루시퍼(Lucifer)라고 했다. 성경의 이사야서에 '새벽 여신의 아들 샛별'로 기록된 히브리어 '헤렐'의 라틴어 번역이다. 교만한 바빌론의 왕을 조롱하기 위해 이 말을 끌어다 썼다. 샛별이 잠시 빛나다 아침이 오면 사라지듯 왕의 운명도 끝나리라 예언한 것이다.

인간이 보는 우주의 시간은 느리게 간다. '하느님의 정의'도 더디게만 느껴진다. 그러나 하느님에게는 '천 년도 지나간 어제 같고 한 토막 밤과도 비슷'하다. 인류는 2012년 오늘 시작된 21세기 최후의 '금성 일면통과'를 관측했다. 일면통과는 지구보다 태양에 가까운 행성이 태양면을 지나는 천문 현상이다. 행성이 지구와 태양 사이 일직선상에 있을 때 생긴다. 21세기의 금성 일면통과는 두 번(2004·2012년) 있었다. 다음 일면통과는 2117년 12월 10~11일에 일어날 것으로 예상한다. 이 글을 읽는 독자 대부분이 지상의 거처를 떠난 뒤의 일이리라. 그러나 하느님에게는 '곧' 일어날 일이다.

기독교의 루시퍼는 하느님을 모시던 천사였다. 본래 선하게 창조됐으나 교만하여 타락함으로써 악한 영혼이 돼 나락에 떨어진 존재, 곧 사탄이다. 하느님은 전지전능하다는데 어찌 사탄이 생겼는가. 기독교는 설명하기를 "사탄이 하는 모든 일은 하느님의 주권 아래서 제한적으로 이뤄진다."고 했다. 사탄은 부처님 손바닥에 갇힌 손오공 신세다. 세상 종말에 이르면 영원한 불과 유황의 연못에 떨어질 운명이다. 또한 하느님이 사탄의 악행을 놓아두는 이유는 인간에게 더 큰 은혜를 베풀기 위해서다. 구약성경에서 하느님은 욥의 기도를 듣고 그의 소유를 두 배로 늘려준다.

저 비통한 5월의 나날들을 건너와 비로소 돌아보며 빈다. 하느님, 인간의 악행을 헤아려 터럭 하나 빠짐없이 심판하소서. 피비린내를 뒤집어쓴 악귀들이 천수를 다하고 떠날지라도 지상의 밑바닥에 정의와 희망의 빛이 한 줌이라도 고여야 하겠기에. 하여, 마태오는 예고했다. "그날이 오면… 남을 죄짓게 하는 자들과 악행을 일삼는 자들을 모조리 자기 나라에서 추려내어 불구덩이에 처넣을 것이다. 그러면 거기에서 그들은 가슴을 치며 통곡할 것이다. 그때에 의인들은 그들의 아버지의 나라에서 해와 같이 빛날 것이다."

20140524
제사장 사독

"더 챔피언스! 텔레비전에서 챔피언스리그를 알리는 노래가 울려 퍼지면, 내 가슴이 뛰었다. (중략) 성가대의 합창을 연상시키는 느려터진 소프라노. 유럽축구연맹(UEFA)이 주관하는 클럽대항전의 공식 음악은 축구라는 거칠고 대중적인 게임에 약간의 품위를 입히며, 자칫 광란으로 치달을 팬들의 마음을 경기 전에 진정시키는 효과가 있었다. 4년마다 6월 한 달 반짝 나를 흥분시키는 국가대항전인 월드컵보다 국가와 무관한 축구의 향연을 나는 더 즐겼다."

축구를 사랑하는 시인 최영미가 2011년 중앙일보의 위촉을 받아 유럽 축구 르포를 쓴다. 잉글랜드를 향해 떠나기 전에 프롤로그 비슷한 에세이를 남겼다. 그는 청각을 자극한 챔피언스리그의 주제 음악으로 이야기를 시작했다. 거대한 문이 열리는 듯한, 수십만 군중의 심장이 요동치는 듯한 팀파니의 박동과 웅대한 선율은 텔레비전 화면에 경기장의 피치가 떠오르기도 전에 세계 축구팬들의 가슴에 불을 지른다.

1992년부터 '별들의 전쟁' 챔피언스리그의 주제음악으로 사용하는 이 음악은 게오르크 프리드리히 헨델이 작곡한 『제사장 사독(Zadok the Priest)』을 영국의 영화음악 작곡가 토니 브리튼이 현대 감각으로 편곡한 곡이다. 헨델은 1727년 왕위를 계승한 조지2세의 대관식을 위해 모두 네 곡으로 구성된 대관식 찬가(Coronation Anthemes)를 지었다. 『제사장 사독』은 그 중 첫 곡이다.

2014년 오늘, 스페인의 레알 마드리드는 포르투갈 리스본의 에스타디오 다 루즈에서 열린 2013~2014 챔피언스리그 결승에서 아틀레티코 마드리드를 4-1로 누르고 우승했다. 120분 연장 혈투 끝에 얻어낸 기념비적인 승리였다. 2001~2002시즌 이후 12년 만에 통산 열 번째 우승컵을 들어 올림으로써 '라 데시마'(La Decima, 10회 우승)의 위업을 이루었다. 2017~2018시즌에도 우승한 레알은 최다 우승 기록(13회)을 보유하고 있다.

챔피언스리그의 뿌리는 1955년 포르투갈의 리스본에서 첫 대회를 연 '유러피언 챔피언스 클럽컵'이다. 유럽 각국의 리그 우승 팀들이 참가하는 대회였다. 이 대회는 '유러피언컵' 또는 '챔피언스컵'으로 불리며 1960년에 창설된 '컵위너스컵', 1971년에 시작된 'UEFA컵'과 함께 3대 클럽대항전을 이루었다. 컵위너스컵이 1998~99시즌을 마지막으로 폐지되면서 챔피언스리그는 움직일 수 없는 권위를 갖추게 되었다.

2018~2019시즌 챔피언스리그의 결승은 6월 2일 오전 4시 스페인의 마드리드에 있는 완다메트로폴리탄 경기장에서 열린다. 잉글랜드 프리미어리그 소속인 토트넘과 리버풀이 경기한다. 토트넘에 속한 우리 손흥민 선수가 출전한다면 박지성 선수(당시 맨체스터 유나이티드 소속)에 이어 챔피언스리그 결승에 나가는 두 번째 한국 선수가 된다.

박지성 선수는 2008~2009, 2010~2011시즌 결승에 출전했지만 매번 FC바르셀로나(스페인)에 졌다. 맨체스터 유나이티드가 정상에 오른 2007~2008시즌 결승 때는 출전선수 명단에 들지 못했다. 손흥민 선수는 토트넘의 주전 공격수이기 때문에 출전할 가능성이 크다. 대한민국의 수많은 축구팬들이 『제사장 사독』의 선율에 취해 새벽을 밝힐 것이다.*

---

*   리버풀이 2-0으로 이겨 우승을 차지했다.

죽은 이들을 위한 기도

한때 평야로 불리던 땅은 지평선까지 아파트로 덮였다. 그래도 변두리 곳곳에 난민처럼 웅크린 논이며 밭이 위대했던 날들의 대지를 추억하게 한다. 아침 해가 떠오르자 가을걷이 끝낸 무논에 마지막 윤기가 돈다. 곳곳이 찢어진 비닐하우스 문짝도 잠시 숨을 고른다. 소란스럽게 지저귀며 날던 텃새들은 모두 어디로 갔을까.

이 계절은 가을인가 겨울인가. 한낮에 나가 보면 햇볕에 뜨끈하게 데워진 흙이 씨앗을 뿌리면 당장이라도 싹을 틔워줄 듯하다. 그러나 해질 무렵이면 뼛속 깊이 냉기가 스며, 들과 숲에 깃들인 생명들의 귀가를 재촉한다. 명계(冥界)의 여왕 페르세포네가 어머니와 헤어져 남편 하데스의 곁으로 돌아가는 시간이다. 사람들은 숨을 깊게 쉰다. 인간의 모든 언어는 지붕을 두들기는 빗소리에 섞여 고운 음악처럼 들린다.

위대한 여름은 기억으로 남았다. 선명한 기억 속의 저 들은 생명의 에너지를 싹 틔우고 길러내 도시로 보냈다. 그리고 홀로 남아 모든 것을 말한다. 해와 달, 낮과 밤, 빛과 어둠, 위와 아래, 남과 여, 사랑과 미움, 우연과 필연, 삶과 죽음에 이르기까지. 그래서 침묵은 무겁고, 깊다. 무게와 깊이를 견디기 위해 긴 밤이 필요하다.

11월은 삶과 죽음의 경계를 디뎌 내면을 향해 긴 여행을 떠나는 계절. 죽음과 얼굴을 마주보며 삶의 비의를 더듬는 시간이다. 아마도 그래서 가톨릭교회는 이 달을 '위령(慰靈)의 달'로 삼고, 특별히 오늘을 위령의 날로 점찍었을 것이다. 오늘은 죽은 이를 기억하고 그들을 위해 기도하며, 그리하여 인간이 삶과 죽음의 경계를 정할 수 없음을 깨우치게 한다.

우리는 타인의 죽음 앞에 숙연해진다. 그리고 슬퍼한다. 그 슬픔은 한 생명의 소멸을 슬퍼하는 동시에 내 삶의 소멸을 슬퍼하는 것이기도 하다. 타인의 삶 속에 들어가 그 일부가 되어 있는 나의 존재, 그것은 생명이다. 기억, 추억, 사랑이나 우정, 이렇게 명명한 것들. 타인의 삶 속에서 그 일부가 된 내 존재의 소멸에 어찌 무심할 수 있겠는가.

흩어진 집집마다 창에 불이 밝아온다. 닮은 얼굴들이 식탁에 둘러앉을 것이다. 사람들은 마음속으로 잘 먹겠다, 고맙다고 기도하리라. 굳이 기도가 아니라도 그런 마음가짐으로 거룩한 만찬을 맞을 것이다. 표준화된 기도 양식을 많이 보유한 가톨릭에서는 마침기도도 권장한다. 잘 먹었다, 감사하다는 내용과 아울러 세상을 떠난 모든 이가 창조주의 자비를 입어 영원한 평화와 안식을 누릴 수 있기를 기원한다.

식탁은 산 사람만의 자리가 아니다. 죽은 이의 무릎이 내 무릎에 와서 닿는다. 햇곡식을 저작(咀嚼)하는 나의 행위는 떠난 이들을 추모하는 기도와 다름없다. 저 들에서 싹트고 자라 내게 이른 생명의 에너지는 삶과 죽음의 경계가 바로 이 식탁에 다름 아니며 죽음은 거울처럼 나를 비추고 있음을 떠올리게 한다. 이 식탁 위에서, 나의 그득한 목구멍에서, 나의 내면에서 삶과 죽음은 버무려져 하나가 된다.

삶은 오직 진실이며 11월의 저녁은 우리 삶의 최전선이다. 이 세상에 가장 그리운 것들을 그리워하자.

강화가 멀지 않은 김포의 들녘에서.

허진석

시인. 한국체육대학교 교수. 서울에서 태어나 동국대학교 국어국문학과를 졸업하고 동국
대학교 대학원에서 이학박사 학위를 취득했다. 주요 저서로 『농구 코트의 젊은 영웅들』
(1994), 『타이프라이터의 죽음으로부터 불법적인 섹스까지』(1994), 『농구 코트의 젊은 영웅들
2』(1996), 『길거리 농구 핸드북』(1997), 『X-레이 필름 속의 어둠』(2001), 『스포츠 공화국의 탄
생』(2010), 『스포츠 보도의 이론과 실제』(2011), 『그렇다, 우리는 호모 루덴스다』(2012), 『미디
어를 요리하라』(2012·공저), 『아메리칸 바스켓볼』(2013), 『우리 아버지 시대의 마이클 조던, 득
점기계 신동파』(2014), 『놀이인간』(2015), 『휴먼 피치』(2016), 『맘보 김인건』(2017), 『기자의 독
서』(2018), 『옆구리에 대한 궁금증』(2018), 『한국 태권도연구사의 검토』(2019·공저), 『기자의 산
책』(2019), 『아픈 곳이 모두 기억난다』(2019) 등이 있다.

금요일의 역사

초판 1쇄 인쇄 2020년 12월 2일
초판 1쇄 발행 2020년 12월 16일

지은이 허진석
펴낸이 최종숙
펴낸곳 글누림출판사

편 집 이태곤 권분옥 문선희 임애정 강윤경 김선예
디자인 안혜진 최선주
마케팅 박태훈 안현진

주 소 서울시 서초구 동광로46길 6-6(반포4동 577-25) 문창빌딩 2층(06589)
전 화 02-3409-2055(대표), 2058(영업), 2060(편집)
팩 스 02-3409-2059
전자우편 nurim3888@hanmail.net
홈페이지 www.geulnurim.co.kr
블로그 blog.naver.com/geulnurim
북트레블러 post.naver.com/geulnurim
등록번호 제303-2005-000038호.(2005.10.5.)

정가는 뒤표지에 있습니다.
ISBN 978-89-6327-630-4 03900

* 이 도서의 국립중앙도서관 출판예정도서목록(CIP)은 서지정보유통지원시스템 홈페이지(http://seoji.nl.go.kr)와 국가자료종합목록
  구축시스템(http://kolis-net.nl.go.kr)에서 이용하실 수 있습니다. (CIP제어번호: CIP2020050674)